Children's
Bible Stories
for Bedtime

Historias bíblicas
para la hora
de dormir

Children's Bible Stories for Bedtime

TO GROW IN FAITH & LOVE

Julie Lavender

Illustrated by Shahar Kober

Translated by Hercilia Mendizabal Frers

Z KIDS • NEW YORK

Historias bíblicas

para la hora

de dormir

PARA CRECER EN LA FE Y EL AMOR

Julie Lavender

Ilustraciones de Shahar Kober

Traducción de Hercilia Mendizabal Frers

Z KIDS • NEW YORK

Published in the United States by Z Kids, an imprint of Zeitgeist™,
a division of Penguin Random House LLC, New York.

Originally published in the United States as *Children's Bible Stories for Bedtime* by Z Kids,
an imprint of Zeitgeist™, a division of Penguin Random House LLC, New York.
Copyright © 2021 by Penguin Random House LLC.

zeitgeistpublishing.com

Zeitgeist™ is a trademark of Penguin Random House LLC

ISBN: 9780593690178

Spanish translation by Hercilia Mendizabal Frers
Illustrations by Shahar Kober
Book design by Aimee Fleck
Edited by Angelica Martinez

Manufactured in China
1st Printing

Note to Readers: The stories in this book are retellings of stories contained in the Bible and should not take the place of direct Scripture. They are meant to aide in children's greater understanding of the Bible and its messages, using a tone and language ideal for that age group.

Nota para los lectores: Las historias de este libro son relatos de historias de la Biblia y no deben tomar el lugar de las escrituras directas. Su propósito es ayudar a que los niños tengan una mayor comprensión de la Biblia y sus mensajes, utilizando un tono y un lenguaje ideales para ese grupo de edad.

To my grandson, Benaiah, and other
Lavender grand-treasures to come.

May you fall in love with God's Word
and delight in him daily.

A mi nieto, Benaiah, y a los demás
grandes tesoros Lavender que vendrán.

Que se enamoren de la palabra de Dios
y se deleiten en él a diario.

Contents
Contenido

New Testament
Nuevo Testamento

INTRODUCTION

Children's Bible Stories for Bedtime helps you connect with God before falling asleep. Reading God's Word just before bedtime reminds you that God is always with you—from morning until nighttime and even while you sleep.

The message of the stories leads up to and shares the gospel. God loved the world so much that he sent his Son, Jesus, to be the Savior. The good news of the gospel is that Jesus came to save people from their sins. Each story points to Jesus, from Old Testament to New, from the beginning to the end. Long before Jesus was born as a baby to Mary and Joseph, the stories reflect the need for a rescuer and God's promise to send one. God's promise comes true in the birth, life, death, and wondrous resurrection of Jesus.

These biblically accurate retellings of faith-building stories, sprinkled with bright humor, encourage curious minds to think about the character of God and relish the warmth of his never-ending love.

At the end of each story, a time of brief Reflection helps you understand God's Word as it relates to you personally. The Prayer that follows leads you to speak openly and in confident relationship with the one who designed you, remains with you, and has a beautiful plan for your life.

Pondering these inspiring stories is the perfect, calming way to end the day and fall asleep in the comfort of God's presence and peace.

INTRODUCCIÓN

Historias bíblicas para la hora de dormir te ayuda a conectarte con Dios al final del día. Leer la palabra de Dios antes de acostarte te recuerda que Dios está siempre contigo, desde la mañana hasta la noche, e incluso mientras duermes.

El mensaje de las historias nos conduce hasta, y nos comparte, el Evangelio. Dios amaba tanto al mundo que envió a su Hijo, Jesús, para que fuera el Salvador. La buena noticia del Evangelio es que Jesús vino a salvar a la gente de sus pecados. Cada una de las historias apunta a Cristo, desde el Antiguo Testamento hasta el Nuevo, de principio a fin. Mucho antes de que naciera Jesús en el seno de la unión de María y José, las historias reflejan la necesidad de un salvador y la promesa de Dios de enviarlo. La promesa de Dios se hace realidad a través del nacimiento, la vida, la muerte y la maravillosa resurrección de Jesús.

Estos relatos fieles a la Biblia y edificantes para la fe, espolvoreadas con un humor brillante, estimulan a las mentes curiosas para que piensen en el carácter de Dios y se deleiten en su amor eterno.

Al final de cada historia, una breve reflexión te ayuda a comprender la Palabra de Dios según cómo se relaciona contigo en particular. La Oración que sigue te conduce a hablar de manera abierta y en una relación segura con quien te diseñó, está a tu lado y tiene un hermoso plan para tu vida.

Reflexionar acerca de estas historias inspiradoras es la manera serena y perfecta de terminar el día y de dormirse en la comodidad de la presencia y la paz de Dios.

GETTING READY FOR BEDTIME

Winding down before bedtime helps your body get ready to fall asleep. A good night's rest is important for your body. It gives you the energy you'll need for another day of learning, playing, and drawing closer to God.

Here are 10 tips to help you settle down from the day and get ready for bed.

1. **Remove all screen activity at least one hour before bedtime.** Stay away from computers, televisions, phones, and other screens, and avoid playing video games. Games and screens excite the brain and prevent your body from getting sleepy.

2. **Take a bath and put on pajamas.** Be sure to hang the wet towel on a rack to dry. Brush your teeth, and be sure to put away the toothbrush and toothpaste.

3. **Tidy your room.** Put clothes, toys, books, shoes, and other items in their proper place. A cluttered room distracts the brain. A clean room calms the brain.

4. **Organize the clothes and supplies that you'll need for tomorrow.** Choose the outfit you want to wear to school, church, or playtime. Find the matching shoes. Set out a jacket, sweater, or raincoat, if needed. Make sure school supplies, sports equipment, dance shoes, or other extracurricular items are handy. Place everything in one location.

5. **Get one last drink of water.** Be sure to put the dirty glass away.

6. **If it's not quite time for bed yet, listen to calming music.** Or think of something happy and positive, and then draw it in a picture.

7. **Talk with a parent or guardian about good things that happened today, and make a list of God's blessings.** You could even keep a journal by your bed to write in each night. Think of all the things you can be grateful for!

8. **Give family members a bedtime hug.**

9. **Read a Bible story with an adult or on your own.**

10. **Say prayers.** Talk to God, and be sure to thank him for taking such good care of you and for loving you with a never-ending love. Ask God to take care of your family and friends, as well as the whole world. Tell God your concerns too. Finally, ask God to give you a good night's rest.

PREPARÁNDONOS PARA LA HORA DE DORMIR

Relajarse antes de acostarse ayuda al cuerpo a prepararse para conciliar el sueño. Dormir bien durante la noche es muy importante para el cuerpo. Te da la energía que necesitarás para un día más en el que vas a aprender, jugar y acercarte a Dios.

Aquí tienes diez consejos que te ayudarán a desconectarte del día y prepararte para la cama.

1. **Deja a un lado toda actividad que suponga una pantalla, al menos una hora antes de acostarte.** Aléjate de computadoras, televisores, teléfonos y demás pantallas y evita jugar a videojuegos. Estos exaltan al cerebro e impiden que al cuerpo le de sueño.

2. **Date un baño y ponte tu pijama.** Asegúrate de colgar la toalla mojada para que se seque. Cepíllate los dientes, y no olvides guardar el cepillo de dientes y la pasta.

3. **Ordena tu cuarto. Pon la ropa, los libros, los zapatos y demás cosas en el lugar que corresponda.** Un cuarto abarrotado de cosas distrae al cerebro. Un cuarto ordenado calma al cerebro.

4. **Organiza la ropa y todo lo que necesitarás para el día siguiente.** Escoge la ropa que querrás llevar a la escuela, a la iglesia o con la que querrás jugar. Busca zapatos que hagan juego. Prepara una chaqueta, un suéter o un impermeable de ser necesario. Asegúrate de tener a mano útiles para la escuela, equipamiento deportivo, zapatos de danza o cualquier otro elemento para actividades extracurriculares. Pon todo en un mismo lugar.

5. **Bebe un último trago de agua.** Asegúrate de poner el vaso sucio donde corresponda.

6. **Si todavía no es la hora de acostarte, escucha música relajante.** O piensa en algo alegre y positivo, y luego haz un dibujo sobre aquello en lo que pensaste.

7. **Habla con un padre, una madre o un guardián sobre cosas buenas que te hayan pasado hoy, y haz una lista de las bendiciones de Dios.** Incluso podrías tener un diario junto a la cama para escribir todas las noches. ¡Piensa en todas las cosas por las que podrías estar agradecido!

8. **Dales un abrazo de las buenas noches a los miembros de tu familia.**

9. **Lee una historia bíblica con un adulto o por tu cuenta.**

10. **Di tus oraciones.** Háblale a Dios, y agradécele por cuidarte tan bien y por amarte con un amor eterno. Pídele a Dios que cuide de tu familia y de tus amigos, y del mundo entero. Cuéntale tus preocupaciones y pídele a que te ayude a descansar esta noche.

PART ONE

Old Testament

PRIMERA PARTE

Antiguo Testamento

God Creates the World

GENESIS 1

A long, long time ago, the planet was dark and empty. A big bunch of water covered it, but there was nothing else. Except for God.

And then God *created*—he turned the planet into a magnificent world.

God is so powerful and mighty and holy that his very words spoke the heavens and *everything* on earth into being. And he did it in just six days.

On the first day of creation, God said, "Let there be light." And, POOF! Just like that, there was light! Everywhere! It's like flipping your bedroom light switch to turn the lights on. Only, God spoke the words, "Let there be light," and the whole ginormous universe became filled with light.

Then God separated the light and the darkness. He called the light "day," and he called the darkness "night." That was day one.

On day two of God's creation, God said, "Let there be space between the waters." As soon as he said it, some of the water lifted from earth. It rose up, up, up, and then it stayed high above, all around the planet. This left a space in between the waters. God called the space "sky." So, on day two, God created sky.

Dios crea el mundo

GÉNESIS 1

Hace mucho, mucho tiempo, el planeta estaba oscuro y desierto. Lo cubría un gran puñado de agua, pero no había nada... más que Dios.

Y luego Dios *creó*: convirtió el planeta en un mundo magnífico.

Dios es tan poderoso y majestuoso y sagrado que el solo pronunciar sus palabras hizo que ocurrieran los cielos y *todo* lo que existe sobre la faz de la tierra. Y lo hizo en solo seis días.

El primer día de la creación, Dios dijo: «Que haya luz». Y ¡PUF! Así como así, ¡hubo luz! ¡En todas partes! Es como mover el interruptor de la luz en tu cuarto para encender las luces. Solo que Dios pronunció las palabras «Que haya luz» y todo el gigantesco universo se llenó de luz.

Luego, Dios separó la luz de la oscuridad. A la luz la llamó «día» y a la oscuridad la llamó «noche». Eso fue el primer día.

El segundo día de la creación de Dios, Dios dijo: «Que haya un espacio entre las aguas». Apenas lo dijo, parte del agua se elevó de la tierra. Subió más y más y más y luego quedó allí arriba, alrededor de todo el planeta. Esto dejó un espacio entre las aguas. A este espacio, Dios lo llamó «cielo». Así que, el segundo día, Dios creó el cielo.

On the third day of creation, God said, "Let all the water under the sky come together, and let dry ground appear." And, once again, POOF! All the water whooshed here and there to form ponds and lakes and oceans. Where water had once been, dry ground now sat. Some flat ground. Some hilly ground. Huge mountains too.

But he didn't stop there. Day three was a big one! God also created trees—so many that they filled the earth. Willow trees, pine trees, palm trees . . . He created so many trees, we don't have time to name them all!

But God still wasn't done. He covered the ground with bright green grass. Flowers popped out on the earth in all colors and shapes. He created sunflowers, tulips, lilies, roses, and lots more.

Garden vegetation sprang up too, like corn, green beans, tomatoes, potatoes, pumpkins, peppers, and peas. (By the way, which vegetables do you kind of wish God might *not* have created? Carrots? Broccoli? Squash?) Also on day three, God created fruit trees and every other kind of plant that grows fruit.

God created all those things—lakes, dry ground, trees, plants, and flowers—on day three.

And God said, "This is good."

God was happy with his creation. God is the most amazing and creative artist ever. He made such a beautiful world.

El tercer día de la creación, Dios dijo: «Que las aguas debajo del cielo se junten en un solo lugar, para que aparezca la tierra seca». Y, una vez más, ¡PUF! Todo el agua se escurrió para un lado y para el otro, y formó lagunas y lagos y océanos. Donde antes había habido agua, ahora había tierra seca. Parte de la tierra era plana. Parte era quebrada. También había montañas enormes.

Pero no se detuvo ahí. ¡El tercer día fue todo un acontecimiento! Dios también creó árboles... tantos que llenaron la tierra. Sauces, pinos, palmeras... Creó tantos árboles ¡que no tenemos tiempo de nombrarlos a todos!

Pero, aun con todo eso, Dios no había terminado. Cubrió la tierra con pasto verde brillante. Las flores de todos los colores y formas brotaron en la tierra. Creó girasoles, tulipanes, calas, rosas y muchas más.

La vegetación de las huertas también brotó de pronto, como el maíz, los ejotes, los tomates, las papas, los zapallos, los pimientos y los guisantes. (Dicho sea de paso, ¿qué vegetales habrías preferido que Dios *no* creara? ¿Las zanahorias? ¿El brócoli? ¿La calabaza?). Al tercer día, Dios también creó los frutales y todos los tipos de plantas que dan frutas.

Dios creó todas esas cosas —lagos, tierra firme, árboles, plantas y flores— en el tercer día.

«Y Dios vio que esto era bueno».

Dios estaba feliz con su creación. Dios es el artista más increíble y creativo que jamás haya existido. Creó un mundo tan bello.

On day four, God said, "Let there be lights in the sky to give light on earth." The sun appeared to brightly light the daytime. And the moon appeared to give gentle light at night. God also dotted the nighttime sky with lots of twinkling, blinking stars.

Have you ever looked at the night sky and tried to count the stars? One, two, three . . . that's five . . . there's three hundred, one million, two bazillion . . . Nobody can count that high, right? Isn't God awesome? And that was day four.

Guess what God created on day five? Here's a hint: *swim, splash, dive.* God said, "Let the water fill with living creatures." And all the animals that live in the water appeared: whales, dolphins, sea turtles, and crabs. Catfish, clownfish, starfish, and jellyfish.

On day five, guess what else God created? Here's another hint: *flap, swoosh, soar.* God said, "Let there be birds to fly above the earth." And then every bird appeared in the sky: toucans, penguins, peacocks, ducks, geese, bluebirds, and flamingoes.

So, on day five, he created fish and birds. God might have smiled even bigger when he said, "This is good."

Day six may have been the most exciting of all. On the sixth day, God said, "Let the ground produce land animals." God created wild animals, and tame animals, and farm animals. Every animal you've ever seen or read about or heard about—God created each of those on day six.

El cuarto día, Dios dijo: «Que aparezcan luces en el cielo para separar el día de la noche». Apareció el sol para alumbrar con su brillo el día. Y apareció la luna para brindar una tenue luz por la noche. Dios también salpicó el cielo nocturno con muchísimas estrellas titilantes y centellantes.

¿Alguna vez miraste hacia el cielo nocturno e intentaste contar las estrellas? Una, dos, tres... van cinco... van trescientas, un millón, dos requetemillones... Nadie puede contar tan alto, ¿verdad? ¿No es increíble Dios? Y eso fue el cuarto día.

¿Adivina qué creó Dios el quinto día? Te doy una pista: *nadar, chapotear, zambullirse.* Dios dijo: «Que las aguas se colmen de peces y de otras formas de vida». Y aparecieron todos los animales que viven en el agua: ballenas, delfines, tortugas marinas y cangrejos. Bagres, peces payaso, estrellas de mar y medusas.

El quinto día, ¿adivina qué más creó Dios? Te doy otra pista: *aletear, revolotear, planear.* Dios dijo: «Que los cielos se llenen de aves de toda clase». Y entonces aparecieron todo tipo de aves en el cielo y la tierra: tucanes, pingüinos, pavos reales, patos, gansos y flamencos.

Así que, el quinto día, creó a las criaturas que viven en el agua y las aves. Seguramente Dios sonrió aún más cuando dijo «Esto está».

El sexto día tal vez fue el más emocionante de todos. Al sexto día, Dios dijo: «Que la tierra produzca toda clase de animales». Dios creó animales salvajes y animales domésticos y animales de granja. Todos los animales que has visto o sobre los que has leído u oído hablar, Dios creó a cada uno de esos animales al sexto día.

From armadillos to zebras and everything in between. Beavers. Camels. Dalmatians. Raccoons. Skunks. (Yep, even the smelly ones!) Tigers. Yaks.

God loved all that he created. But guess what he created next on day six? People!

God formed a man and a woman named Adam and Eve. God made them in his *likeness*. That means Adam and Eve were creative and kind and loving like God, and they could talk and think and care about each other.

After God formed Adam and Eve, God's six days of creating were done. When God looked around and saw all that he had made, he said, "This is very good."

Our all-powerful and holy God had created a beautiful, magnificent world.

Desde armadillos hasta cebras y todos los demás animales. Castores. Camellos. Dálmatas. Mapaches. Zorrillos. (¡Sip, hasta los olorosos!). Tigres. Yaks.

Dios amaba todo lo que creaba. Pero ¿adivina qué creó a continuación el sexto día? ¡A las personas!

Dios formó a un hombre y a una mujer y los llamó Adán y Eva. Dios los hizo *a su propia imagen*. Eso quiere decir que Adán y Eva eran creativos y bondadosos y amorosos como Dios, y podían hablar y pensar y cuidar uno del otro.

Luego de que Dios formó a Adán y Eva, los seis días de la creación de Dios se dieron por terminados. Cuando Dios miró a su alrededor y vio todo lo que había creado dijo, «¡*Esto está muy bueno!*».

Nuestro Dios, todopoderoso y sagrado, había creado un mundo bello y magnífico.

Reflection

- What's your favorite thing God created?

- If you could create a new animal, what would your animal look like?

- God loves all his creations—the stars, planets, trees, and animals—everything. And he especially loves every person he creates! He loves you and me more than anything.

- Every time we look at a plant or animal or person he created, we can know that God loves them—and you— mightily, with all his heart.

Prayer

Dear God, thank you for the beautiful world you created. You are mighty and holy. Each time I see your sky, water, land, trees, flowers, food, sun, moon, stars, fish, birds, and animals, help me think of you.

Help me remember how much you love me, since you created it all for me to enjoy.

Thank you, God, for loving me more than I can imagine. Amen.

Reflexión

- ¿Cuál de las cosas creadas por Dios es tu favorita?

- Si pudieras crear un nuevo animal, ¿cómo sería?

- Dios ama a toda su creación —estrellas, planetas, árboles y animales—; toda. ¡Y ama en especial a cada persona que crea! Nos ama a ti y a mí más que a nada.

- Cada vez que miramos un planeta o un animal o a una persona que creó, podemos estar seguros de que Dios los ama —y a ti— enormemente, con todo su corazón.

Oración

Querido Dios: gracias por el bello mundo que creaste. Eres majestuoso y santo. Cada vez que veo tu cielo, tu agua, tu tierra, tus árboles, tus flores, tu alimento, tu sol, tu luna, tus estrellas, tus peces, tus aves y tus animales, ayúdame a pensar en ti.

Ayúdame a recordar lo mucho que me amas, ya que lo creaste todo para que yo lo disfrute.

Gracias, Dios, por amarme más de lo que me podría imaginar. Amén.

Adam and Eve

GENESIS 2:7–3

Within six days, God created the whole big world.

After God created the animals, he created the first man. God named him Adam. God made a special place for Adam to live, called the Garden of Eden, and he gave Adam the job of taking care of it.

There were lots and lots of trees in the Garden of Eden with delicious fruit for Adam to eat.

God told Adam, "You can eat the fruit from any of the trees in the garden, except for one. Do not eat the fruit from the tree of the knowledge of good and evil."

God gave Adam another job too, besides taking care of the plants and trees. God let Adam name the animals. (Isn't that job better than washing the dishes?) Camels, donkeys, birds, butterflies, and all the other animals.

Do you ever wonder how Adam could remember all those names? Adam might have said, "Cow. No, wait, I've already used that word. I'll call this one a platypus."

Even though Adam had many animals to hang out with in the Garden of Eden, God knew Adam needed another human in the world.

Adán y Eva

GÉNESIS 2:7-3

Dios creó el mundo entero en seis días.

Después de crear a los animales, creó al primer hombre. Dios lo llamó Adán. Dios creó un lugar especial en el que viviría Adán, llamado el jardín del Edén, y le dio a Adán la tarea de cuidarlo.

Había muchísimos árboles en el jardín del Edén, con frutas deliciosas que Adán podía comer.

Dios le dijo a Adán: «Puedes comer libremente del fruto de cualquier árbol del huerto, excepto del árbol del conocimiento del bien y del mal».

Dios también le dio a Adán otra tarea, además de cuidar de las plantas y los árboles. Dios dejó que Adán nombrara a los animales. (¿No es mejor tarea que lavar los platos?). Camellos, burros, pájaros, mariposas y todos los otros animales.

¿Alguna vez te has preguntado cómo hacía Adán para recordar todos esos nombres? Tal vez Adán dijo: «Vaca. No, espérate un segundo... ya usé ese nombre. Este se llamará ornitorrinco».

A pesar de que Adán tenía muchos animales para que le hicieran compañía en el jardín del Edén, Dios sabía que Adán necesitaba de otro ser humano en el mundo.

God created the first woman, and her name was Eve. Together, Adam and Eve took good care of their beautiful Garden of Eden. They had everything they needed, right there in the garden. God had provided everything they could ever need or want.

What happened next is a sad part of Adam and Eve's story.

One day, while Adam and Eve worked in the garden, a sneaky, evil *serpent* tricked Eve. (A serpent is another name for a snake.) The serpent said, "Did God really say, 'You must not eat from any of the trees in the garden'?"

Eve told the serpent that they could eat from any tree, except from the tree of the knowledge of good and evil. She said, "God told us, 'You must not touch it, or you will die.'"

Eve knew God's rule. And Adam knew God's rule. God wanted them to obey him, but when he created man and woman, he gave them the ability to make their own decisions, to choose right from wrong. Sadly, their human nature let them choose wrong this time. They listened to the tricky serpent instead of God.

The snake said, "You won't die. You'll be more like God."

The serpent lied to Eve. He tricked her into tasting fruit from the tree of the knowledge of good and evil—the one tree God had told them not to eat from.

Dios creó a la primera mujer y su nombre fue Eva. Juntos, Adán y Eva cuidaron de su hermoso jardín del Edén. Tenían todo lo que necesitaban allí en su jardín. Dios había provisto todo lo que pudieran necesitar o desear.

Lo que ocurrió a continuación es una parte triste de la historia de Adán y Eva.

Un día, mientras Adán y Eva trabajaban en el jardín, una serpiente vil y astuta engañó a Eva. La serpiente le dijo: «¿De veras Dios les dijo que no deben comer del fruto de ninguno de los árboles del huerto?».

Eva le dijo a la serpiente que podían comer de cualquiera de los árboles, menos del árbol del conocimiento del bien y del mal: «Dios dijo: "No deben comerlo, ni siquiera tocarlo; si lo hacen, morirán"».

Eva conocía la regla de Dios. Y Adán conocía la regla de Dios. Dios quería que le obedecieran, pero cuando creó al hombre y a la mujer, les dio la capacidad de tomar sus propias decisiones, de elegir entre el bien y el mal. Tristemente, su naturaleza humana los hizo elegir mal esta vez. Escucharon a la engañosa serpiente en vez de a Dios.

La serpiente dijo: «¡No morirán! Serán como Dios».

La serpiente le mintió a Eva. La engañó para que probara la fruta del árbol del conocimiento del bien y del mal, el mismo árbol del que Dios les había dicho que no comieran.

Eve gave fruit to Adam, and he ate some with her. Adam broke God's rule too.

Adam and Eve sinned. They knew it was wrong to eat the fruit, from the very first bite! (Don't you think it was hard to swallow that bite of fruit?) Adam and Eve were so upset about their sin that they hid from God. They were afraid.

When you sin and make bad choices, do you get scared? Does your heart race? Is it hard for you to swallow? Does your voice squeak and crack when you try to talk? I'll bet all those things happened to Adam and Eve.

When God came looking for Adam, God asked him if he'd eaten from the forbidden tree.

"Eve gave me some fruit, and I ate it." Adam blamed Eve for his sin.

When God asked Eve if she had sinned, she blamed the serpent. "The serpent tricked me," she said.

Adam and Eve hurt God when they sinned. God is holy and perfect and good, and he despises sin. God wants us to obey him and be good. God knows what is best for us, and he wants us to choose right instead of wrong.

Because Adam and Eve sinned, God told them they could no longer live in the Garden of Eden.

Eva le dio la fruta a Adán y él comió un poco con ella. Adán también rompió la regla de Dios.

Adán y Eva pecaron. ¡Supieron desde el primer mordisco que no debían comer la fruta! (¿No crees que debe de haber sido difícil de tragar ese mordisco de fruta?). Adán y Eva estaban tan apenados por su pecado que se escondieron de Dios. Tenían miedo.

Cuando pecas y tomas malas decisiones, ¿tienes miedo? ¿Se acelera tu corazón? ¿Se te hace difícil tragar? ¿Se te quiebra la voz cuando intentas hablar? Te apuesto que a Adán y a Eva les pasaron todas esas cosas.

Cuando Dios vino a buscar a Adán, Dios le preguntó si había comido del árbol prohibido.

«La mujer que tú me diste fue quien me dio el fruto y yo lo comí». Adán culpó a Eva por su pecado.

Cuando Dios le preguntó a Eva si ella había pecado, Eva culpó a la serpiente. «La serpiente me engañó», le dijo.

Adán y Eva lastimaron a Dios cuando pecaron. Dios es santo y perfecto y bueno, y detesta el pecado. Dios quiere que le obedezcamos y que seamos buenos. Dios sabe lo que es mejor para nosotros, y quiere que elijamos el bien en vez del mal.

Como Adán y Eva pecaron, Dios les dijo que ya no podían vivir en el jardín del Edén.

Our sins hurt God. Our sins hurt us. And most of the time, our sins hurt other people too. God has rules because he knows what is best for us. God loves us so much that he wants us to obey him.

Even though Adam and Eve had to leave the Garden of Eden, God still loved them very much. Our sins hurt God and make him sad. But God will always love us, no matter what.

Nuestros pecados lastiman a Dios. Nuestros pecados nos lastiman a nosotros mismos. Y, la mayoría de las veces, nuestros pecados también lastiman a otras personas. Dios tiene reglas porque sabe lo que nos conviene. Dios nos ama tanto que quiere que le obedezcamos.

A pesar de que Adán y Eva tuvieron que abandonar el jardín del Edén, Dios seguía amándolos muchísimo. Nuestros pecados lastiman a Dios y lo ponen triste. Pero Dios siempre nos va a amar, pase lo que pase.

Reflection

- Why is it sometimes hard for people to do the right thing?

- Why is it sometimes easy to blame someone else when we do wrong, like Adam and Eve did?

- When we choose to sin—like lying, treating someone unfairly, or disobeying our parents—we hurt God. God is good and perfect and holy. He wants no sin or evil in his presence. God wants us to choose right over wrong, no matter what!

Prayer

Dear God, please forgive me when I do wrong. I know that sin hurts you. I want to do what's right. Please help me choose right instead of wrong.

And when I make a bad choice, help me make it right again.

Thank you that you always love me, God, and that you forgive me when I do wrong. Amen.

Reflexión

- ¿Por qué a veces a las personas les resulta difícil hacer lo correcto?

- ¿Por qué es más fácil a veces culpar a otra persona cuando hacemos algo mal, como lo hicieron Adán y Eva?

- Cuando decidimos pecar —como cuando mentimos, tratamos a alguien de manera injusta o desobedecemos a nuestros padres— lastimamos a Dios. Dios es bueno y perfecto y santo. No quiere que haya pecado ni mal en su presencia. Dios quiere que elijamos el bien sobre el mal, ¡pase lo que pase!

Oración

Querido Dios: por favor perdóname cuando hago algo mal. Yo sé que el pecado te lastima. Quiero hacer lo correcto. Por favor, ayúdame a elegir el bien en vez del mal.

Y cuando tome una decisión equivocada, ayúdame a rectificarla.

Gracias por amarme siempre, Dios, y por perdonarme cuando no hago el bien. Amén.

Noah's Ark

GENESIS 6:5–9:17

A very long time after Adam and Eve left the Garden of Eden, lots of people lived on the earth.

Sadly, most people on earth made bad choices. They treated each other in mean ways. They took things that didn't belong to them. Many of them hurt others with their unkind words. They even killed one another.

Evil and sin filled the earth. All that sin made God sad.

But there was one man who loved God. The man's name was Noah.

Noah made good choices instead of bad ones. Noah obeyed God. God was pleased with Noah because he was a kind and loving man.

God decided to start all over again with the people on the earth. He planned to destroy all of them because of their wicked ways. But he would save Noah. God said to Noah, "I'm going to put an end to all the evil people. I'm going to put an end to their sin. But I will save you and your whole family."

God decided he would bring a terrible flood to the earth. So, he told Noah to build a huge boat. God called it an *ark*. The ark needed to be big enough for Noah, Noah's wife, their three sons—named Shem, Ham, and Japheth—and their wives. Plus, some special passengers would be in the ark with them. God said, "Make the

El arca de Noé

GÉNESIS 6:5-9:17

Mucho tiempo después de que Adán y Eva abandonaran el jardín del Edén, en la tierra vivían muchas personas.

Tristemente, la mayoría de las personas tomaban malas decisiones. Se trataban unos a otros de manera mezquina. Tomaban cosas que no les pertenecían. Muchos usaban palabras hirientes y hacían daño a los demás. Hasta se mataban entre ellos.

El mal y el pecado llenaban la tierra. Todo ese pecado apenó mucho a Dios.

Pero había un hombre que amaba a Dios. El nombre del hombre era Noé.

Noé tomaba buenas decisiones, no malas. Noé obedecía a Dios. Dios estaba complacido con Noé porque era un hombre bueno y amoroso.

Dios decidió comenzar de nuevo con la gente de la tierra. Planeó destruirlos a todos porque actuaban con maldad. Pero salvaría a Noé. Dios le dijo a Noé: «He decidido destruir a todas las criaturas vivientes, porque han llenado la tierra de violencia», pero salvaría a Noé y a su familia.

Dios decidió que enviaría un terrible diluvio a la tierra. Entonces, le dijo a Noé que construyera un barco enorme. Dios lo llamó *arca*. El arca debía ser lo suficientemente grande para Noé, la esposa de Noé, sus tres hijos —Sem, Cam y Jafet— y sus esposas. Y, además, habría con ellos en el arca algunos pasajeros especiales. Dios dijo: «Mete en el

boat large enough to hold two of every kind of animal—one male and one female."

Noah worked for years and years to build the ark. It was a really big task, and Noah obeyed everything God said. He built the boat with a lower deck, a middle deck, and a top deck.

He made a roof for the boat.

He put a door in the side.

And Noah gathered food for every animal. He did just what God told him to do.

Don't you suppose people thought Noah was a little crazy for building a giant boat in his backyard? Do you think he got a sinking feeling every time he saw a neighbor coming his way? (Get it? *Sinking* feeling?) Surely his neighbors laughed at him every time he added a new wooden board to the boat! Their jokes probably hurt Noah.

But Noah's faith never swayed. He stayed strong and trusted his God.

When Noah had finished the ark, God sent two of every animal, one male and one female, to Noah. What a sight to see—a long line of animals marching into the boat!

After the animals were all in the ark, Noah, Noah's wife, Shem, Ham, and Japheth, and their wives got on board.

And then God shut the door.

Drip.

Drip.

Drip.

barco junto contigo a una pareja —macho y hembra— de cada especie animal a fin de mantenerlos vivos durante el diluvio».

Noé trabajó año tras año para construir el arca. Era un trabajo realmente inmenso, y Noé obedeció todo lo que le decía Dios. Construyó un barco de tres pisos: uno inferior, uno intermedio y uno superior.

Construyó un techo en el barco.

Colocó la puerta en uno de los lados.

Y Noé juntó alimentos para cada uno de los animales. Hizo exactamente lo que Dios le pedía.

¿No crees que la gente pensaba que Noé estaba un poco loco por construir un barco gigante en el patio de su casa? ¿No crees que lo inundaba una sensación de incomodidad cada vez que veía acercarse a un vecino? (¿Captas? ¿Lo *inundaba* la incomodidad?). ¡De seguro sus vecinos se reían de él cada vez que agregaba un tablón de madera al barco! Seguramente sus burlas lastimaban a Noé.

Pero la fe de Noé fue inquebrantable. Se mantuvo fuerte y confió en su Dios.

Cuando Noé terminó el arca, Dios envió pares de animales, un macho y una hembra, a Noé. Qué espectáculo: ¡una larga fila de animales subiendo a su barco!

Cuando todos los animales ya estaban en el arca, Noé, su esposa, Sem, Cam y Jafet y sus esposas subieron también.

Y luego Dios cerró la puerta.

Plic.

Plic.

Plic.

Rain began to fall from the sky.

It rained. And it rained. And it rained.

No one on earth had ever seen this much rain before.

Inside the ark, birds and animals chirped and squawked and barked and howled. They ate and ate and made big messes. It must have been a smelly, noisy, crowded, stinky boat! It's a wonder anyone could sleep on that floating zoo!

For 40 days, rain fell, until water covered the entire planet. All the people and animals outside the ark perished. Inside the ark, Noah, his family, and all the animals stayed safe and dry.

After the rain stopped, it took a long time for the water to go away. Noah and his family waited and waited inside the ark.

Finally, after many months, Noah sent out a raven. But the bird flew back and forth because it found no trees or dry ground to land on. Then Noah sent out a dove. Like the raven, the dove didn't find anyplace to land. There was still too much water. The dove returned to Noah in the ark.

In another week, Noah sent out the dove again. This time it came back with an olive leaf!

In one more week, Noah sent out the dove again. When it didn't return, Noah knew it was safe for everyone to leave the ark.

La lluvia empezó a caer desde el cielo.

Llovió. Y llovió. Y llovió.

Nadie en la faz de la tierra había visto tanta lluvia como esta.

Adentro del arca, los pájaros y los animales piaban y graznaban y ladraban y aullaban. Comían y comían e hicieron un gran lío. ¡Debe de haber sido un barco oloroso, ruidoso, abarrotado y apestoso! ¡Quién podía dormir en semejante zoológico flotante!

La lluvia cayó durante cuarenta días, hasta que el agua cubrió el planeta entero. Todas las personas y los animales que quedaron fuera del arca perecieron. Adentro del arca, Noé, su familia y todos los animales permanecieron secos y a salvo.

Cuando paró la lluvia, llevó mucho tiempo para que bajaran las aguas. Noé y su familia esperaron y esperaron dentro del arca.

Por fin, luego de muchos meses, Noé soltó un cuervo. Pero el ave voló de un lado a otro porque no encontraba ningún árbol ni tierra firme en los que posarse. Luego Noé soltó una paloma. Tal como le ocurrió al cuervo, la paloma no encontró un lugar donde posarse. La paloma regresó con Noé al arca.

Una semana más tarde, Noé soltó a la paloma una vez más. ¡Esta vez regresó con una hoja de olivo!

Luego de otra semana más, Noé soltó a la paloma de nuevo. Cuando no regresó, Noé supo que ya podían abandonar el arca y estar a salvo.

Noah worshipped God and thanked him for saving his family.

God told Noah he would never again flood the earth. He made a *covenant* with Noah—that means a promise that God will never break. He said, "I will never flood the whole earth again and destroy all life."

God put a rainbow in the sky as a sign of his promise.

Noé alabó a Dios y le agradeció por salvar a su familia.

Dios le dijo a Noé que nunca más enviaría un diluvio a la tierra. Hizo un *pacto* con Noé —es decir, una promesa que Dios nunca romperá—. Dijo: «Nunca más las aguas de un diluvio volverán a destruir a todos los seres vivos».

Dios desplegó un arcoíris en el cielo como señal de aquella promesa.

Reflection

- What's the strangest thing your parents or teacher ever told you to do?

- Did you obey? And did you understand the strange request much later?

- Noah didn't really understand what God wanted him to do, but Noah obeyed God.

- People around us might not listen to God. They might make bad choices. But, with God's help, we can choose to do right. And we can encourage others to do what is right too.

Prayer

Dear God, bless me with the strength and faith of Noah. Help me be strong if others try to poke fun at my faith in you.

Lead me to trust your words and obey you. Even when others around me are making bad choices, help me to honor you and do what is right.

I love you, God. Amen.

Reflexión

- ¿Cuál es la cosa más extraña que tus padres o tus maestros te han pedido que hagas?

- ¿Les hiciste caso? ¿Y comprendiste ese pedido extraño mucho tiempo después?

- Noé no comprendía del todo lo que Dios quería que hiciera, pero Noé obedeció a Dios.

- La gente a nuestro alrededor tal vez no escuche a Dios. Tal vez tome malas decisiones. Pero, con la ayuda de Dios, podemos elegir bien. Y también podemos alentar a los demás a hacer lo correcto.

Oración

Querido Dios: bendíceme con la fortaleza y la fe de Noé. Ayúdame a ser fuerte si los demás intentan burlarse de mi fe en ti.

Guíame a que confíe en tus palabras y te obedezca. Incluso cuando la gente a mi alrededor tome malas decisiones, ayúdame a honrarte y a hacer lo correcto.

Te amo, Dios. Amén.

The Tower of Babel

GENESIS 11:1–9

When Noah and his family left the ark, God told them to spread out all over the earth. God wanted his children to fill the entire world. Noah's sons had children, and those children grew up and had kids. And those kids grew up and had kids. More and more people lived on the earth.

But, just like before, some of the people disobeyed God.

"Let's settle here in Shinar," some of them said. "Let's make our own city. And let's build a really tall tower that reaches to the heavens."

Say what? What were they even thinking? They didn't have elevators back then. How could they climb that many stairs anyway?

You see, the people were filled with *pride*. Pride means thinking too much of yourself and not thinking about God or other people.

The people who planned to build the tower wanted others to think they were special and important. They thought if they built a tower high into the sky, others would say, "Wow, look how great they are." And then, the people of Shinar figured, they would never have to move anywhere else and fill the earth, like God had told them to do.

La torre de Babel

GÉNESIS 11:1-9

Cuando Noé y su familia abandonaron el arca, Dios les dijo que se dispersaran por toda la tierra. Dios quería que sus hijos llenaran el mundo entero. Los hijos de Noé tuvieron hijos, y esos hijos crecieron y tuvieron hijos. Más y más gente pobló la tierra.

Pero, al igual que antes, algunas personas desobedecieron a Dios.

Algunos querían quedarse en la tierra de Sinar y dijeron: «Vamos, construyamos una gran ciudad para nosotros con una torre que llegue hasta el cielo».

¿Que qué? ¿Qué se les había cruzado por la cabeza? En ese entonces no tenían elevadores. ¿Cómo iban a subir todas esas escaleras?

Lo que pasaba era que esa gente estaba llena de *orgullo*. Orgullo quiere decir que pensamos demasiado en nosotros mismos y no pensamos en Dios o en otras personas. La gente que planeaba construir la torre quería que los demás pensaran que ellos eran especiales e importantes. Creían que, si construían una torre que llegara hasta el cielo, los demás dirían: «Guau, miren qué increíbles son». Y así, pensó la gente de Sinar, ya no tendrían que ir de un lado a otro para llenar la tierra, tal como Dios les había dicho que hicieran.

The people made bricks for the tower. One brick. Stacks of bricks. Piles of bricks. Brick after brick after brick. All the people spoke the same language back then, so it was very easy to talk to each other about the plans for the tower.

"Pack dirt and mud together to make more bricks," someone might have said in the common language.

"Bake them in a hot oven for two hours," another person might have said.

"Take these bricks and start building," another person might have said in that same language.

The people worked so hard to build the tower that their pride and selfishness got in the way of serving God.

God came to see the city and tower that the people were building. He felt disappointed in the prideful people. Just like before, the sin of the people made God sad.

God is good. He is perfect and holy. God wants his children to make right choices. He knows what is best for his people, and he wants them to obey him.

Almost immediately, God decided to put a stop to the tower. And he had an idea. He knew that if he caused the people to speak in different languages, they wouldn't be able to communicate with each other. If they couldn't talk to one another in the same language about the tower, they couldn't finish building the tower to the heavens.

So, that's just what God did.

La gente fabricó ladrillos para la torre. Un ladrillo. Un montón pequeño de ladrillos. Pilas de ladrillos. Ladrillo, tras ladrillo, tras ladrillo. En ese entonces, todos hablaban la misma lengua, por lo que era muy fácil conversar sobre los planes para la torre.

Tal vez alguno dijera en la lengua que compartían: «Junten tierra y lodo para hacer más ladrillos».

Quizá otra persona dijera: «Métanlos en un horno caliente durante dos horas para endurecerlos».

Y tal vez otra más dijera en esa misma lengua: «Tomen estos ladrillos y empiecen a construir».

La gente trabajó tan duro para construir la torre que su orgullo y su mezquindad se interpusieron en el camino de su servicio hacia Dios.

Dios vino a ver la ciudad y la torre que esta gente estaba construyendo. Esta gente orgullosa lo decepcionó. Al igual que había ocurrido antes, el pecado de la gente entristeció a Dios.

Dios es bueno. Es perfecto y santo. Dios quiere que sus hijos tomen las decisiones correctas. Él sabe qué es lo mejor para su pueblo y quiere que le obedezcan.

Casi de inmediato, Dios decidió ponerle fin a la torre. Y tuvo una idea. Sabía que, si hacía que la gente hablara en distintos idiomas, no podrían comunicarse entre ellos. Si no podían hablar entre ellos en el mismo idioma acerca de la torre, no podrían terminar de construir la torre hasta el cielo.

Así que eso fue lo que hizo Dios.

He gave this person one language and that person another language.

Suddenly, everyone was speaking in different languages. They couldn't understand each other.

Everyone was confused about what to do next. They stopped building the city and the tall tower.

The people who did talk the same went to one place together. Another group of people who spoke the same language went to another place together. And another group went to a different place to live. The people spread out and scattered all over the earth. Just like God had wanted the people to do in the first place! Just like he had told them to do.

Wouldn't it have been better if the people had simply listened to God? Then they could've skipped all that brickmaking.

That place became known as *Babel*, a word that meant "confused." All the people became confused when God gave them different languages. They couldn't understand each other.

And that tall tower that the people had wanted to reach the heavens? Well, it didn't get very tall at all! God made sure of that.

Le dio una lengua a esta persona y otra lengua a aquella otra.

De pronto, todos hablaban en diferentes lenguas. No se podían entender.

Todos estaban confundidos en cuanto a qué debían hacer a continuación. Dejaron de construir la ciudad y la torre.

Aquellos que hablaban una misma lengua fueron juntos a un lugar. Otro grupo de gente que hablaba una misma lengua fue a otro lugar. Y otro grupo fue a vivir a otro lugar. Las personas se dispersaron a través de toda la tierra. ¡Tal como Dios había querido que lo hicieran desde un principio! Tal como les había dicho que lo hicieran.

¿No habría sido mejor que la gente simplemente hubiera escuchado a Dios? Así se podrían haber saltado todo el tema de fabricar ladrillos.

Ese lugar fue conocido como *Babel*, una palabra que significaba «desorden y confusión». Toda la gente acabó confundida cuando Dios les asignó diferentes lenguas. No lograban entenderse.

¿Y qué pasó con aquella torre alta con la que la gente quería llegar a los cielos? Pues, ¡no llegó a ser para nada alta! Dios se aseguró de que así fuera.

Reflection

- Do you remember a time when you wanted your way really badly?

- Did your selfishness make you behave unkindly?

- If we're not careful, selfishness can pile up, like a ton of heavy bricks!

- God loves us so much that he wants us to listen to him and obey him. He has a plan for us, and that plan is good. He knows what is best.

- What helps you listen to God and obey?

Prayer

Dear God, help me always listen to you. Help me pray often and never get so busy doing my own thing that I forget about you.

Help me not to be selfish or prideful, because that hurts you and other people, and it hurts me too.

Thank you, God, for Bible stories that teach me to obey you and to make good choices. Amen.

Reflexión

- ¿Recuerdas alguna vez en que realmente hayas querido hacer las cosas a tu manera?

- ¿Hizo tu mezquindad que te comportaras de manera hiriente?

- Si no tenemos cuidado, la mezquindad puede acumularse, ¡como una tonelada de pesados ladrillos!

- Dios nos ama tanto que quiere que lo escuchemos y le obedezcamos. Tiene un plan para nosotros, y ese plan es bueno. Él sabe qué es lo mejor para nosotros.

- ¿Qué te ayuda a escuchar a Dios y obedecerle?

Oración

Querido Dios: ayúdame a escucharte siempre. Ayúdame a orar a menudo y a nunca estar tan ocupado con mis cosas que me olvide de ti.

Ayúdame a no ser mezquino y orgulloso, porque eso los hiere a ti y a los demás, y me hiere a mí también.

Gracias, Dios, por las historias bíblicas que me enseñan a obedecerte y a tomar las decisiones correctas. Amén.

God Calls Abram

GENESIS 12:1−9; 15:5−6; 17:5, 15; 18:1−15; 21:1−7; 22:1−18

After people moved away from the Tower of Babel, more and more men, women, and children lived on the earth. God loved everybody back then, just like he does now. God wanted them to love and obey him too.

God wanted to show the people the right way to live. He picked out one man to do that. That man's name was Abram.

One day, God said to Abram, "I want to make you into a great nation. I want you to be the father of many descendants. I will bless the whole world through you."

Abram might have thought, *What is God talking about? How can I become the father of a great nation? I don't even have children!* You see, Abram and his wife, Sarai, were old by now and childless. They thought they could never have any kids.

God also told Abram to leave his home and go to a land far, far away.

Leave their home? Abram and Sarai had lived with Abram's father in one place for a long time.

That must have been very hard for Abram to leave his family and travel to a new location with just his wife (and one nephew). And it must have been hard for him to believe he could become the father of a nation when he didn't have any kids.

Dios llama a Abram

GÉNESIS 12:1-9; 15:5-6; 17:5, 15; 18:1-15; 21:1-7; 22:1-18

Luego de que la gente se fuera de la torre de Babel, más y más hombres y mujeres y niños vivieron en la tierra. En ese entonces Dios los amaba a todos, al igual que ocurre ahora. Dios también quería que lo amaran y que le obedecieran.

Dios quería mostrarle a la gente la manera correcta de vivir. Para eso, eligió a un hombre. Ese hombre se llamaba Abram.

Un día, Dios le dijo a Abram: «Haré de ti una gran nación; te bendeciré y serás una bendición para otros. Todas las familias de la tierra serán bendecidas por medio de ti».

Abram podría haber pensado: *¿De qué está hablando Dios? ¿Cómo voy a convertirme en una nación? ¡Ni siquiera tengo hijos!* Lo que pasaba era que Abram y su esposa, Sarai, ya eran mayores y no tenían hijos. Creían que no podían tener hijos.

Dios también le dijo a Abram que dejara su casa y se fuera a una tierra muy, muy lejana.

¿Que dejara su casa? Abram y Sarai habían vivido con el padre de Abram en el mismo lugar durante mucho tiempo.

Debe de haber sido muy difícil para Abram dejar a su familia y viajar a un nuevo lugar sin más compañía que su esposa (y un sobrino). Y debe de haber sido difícil creer que se convertiría en el padre de una nación cuando ni siquiera tenía hijos.

But Abram did just that! He packed up all his belongings and obeyed God.

Do you know why he did that? Because Abram trusted God. He believed God's promises. He knew God would do what he said. If God said Abram was going to become the father of a nation, then Abram knew he would become the father of a nation. Abram trusted God, just like that.

Sometimes, life was difficult for Abram and Sarai. There were famines and hard times and more moves, but Abram kept trusting God. Abram even had to rescue his nephew, Lot, from bad people.

Abram and Sarai still had no children. But he just kept trusting in God's promises.

God showed Abram the stars in the sky and said, "Your offspring will be as many as the stars in the sky."

Abram had faith in God. He believed that God would do what he'd said.

God changed Abram's name to *Abraham*, which means "father of many." God changed Sarai's name to Sarah.

One day, three visitors came to Abraham. They told Abraham, "By this time next year, you will have a son."

Sarah heard them and laughed. She could hardly believe she would have a son in her old age!

But God reminded Abraham that nothing is too hard for the Lord.

¡Pero Abram hizo exactamente eso! Empacó todas sus cosas y obedeció a Dios.

¿Sabes por qué lo hizo? Porque Abram confiaba en Dios. Creía en las promesas de Dios. Sabía que Dios haría lo que había dicho. Si Dios decía que Abram se convertiría en el padre de una nación, entonces Abram sabía que se convertiría en el padre de una nación. Abram confiaba en Dios, así nomás.

Por momentos, la vida fue difícil para Abram y Sarai. Atravesaron hambrunas y tiempos duros y más mudanzas, pero Abram nunca dejó de confiar en Dios. Abram incluso tuvo que rescatar a su sobrino, Lot, de gente mala.

Abram y Sarai seguían sin tener hijos. Pero él continuó confiando en las promesas de Dios.

Dios le mostró a Abram las estrellas en el cielo y le dijo: «¡Esa es la cantidad de descendientes que tendrás!».

Abram tenía fe en Dios. Creía en que Dios haría lo que había dicho.

Dios cambió el nombre de Abram a *Abraham*, que significa «padre de muchos». Dios cambió el nombre de Sarai a Sara.

Un día, llegaron hasta Abraham tres visitantes. Uno de ellos le dijo a Abraham: «Yo volveré a verte dentro de un año, ¡y tu esposa, Sara, tendrá un hijo!».

Sara los oyó y se rio. ¡No podía creer que pudiera tener un hijo a su edad tan avanzada!

Pero Dios le recordó a Abraham que nada es difícil para el Señor.

And guess what? One year later, Sarah had a son! They named him Isaac. Abraham and Sarah loved Isaac very much. They were so happy that God had kept his promise and given them a son.

Later, God told Abraham to do something that surprised Abraham. God told him to give up his son Isaac. It was a scary and odd thing God asked Abraham to do. God asked him to sacrifice Isaac. To kill Isaac.

God wanted to be sure that Abraham trusted him completely. Abraham did trust God. He knew that God would take care of his son somehow. Abraham made plans to obey God, but God stopped him.

God said, "Abraham, do not lay a hand on the boy. Now I know you trust me and fear me." (To *fear* God means to make sure you treat God as holy and perfect and good.)

Nearby, Abraham saw a ram caught by his horns in a bush. Abraham sacrificed the ram to God instead of his son.

That was God's way of showing Abraham— and us—that God would one day send his only Son, Jesus, to sacrifice his life to save us.

Abraham trusted God. Sometimes, that was hard to do with the things God asked of Abraham. But Abraham's faith was strong. He trusted God, no matter what.

¿Y adivina qué? Un año más tarde, ¡Sara tuvo un hijo! Lo llamaron Isaac. Abraham y Sara querían mucho a Isaac. Estaban felices de que Dios hubiera cumplido su promesa y les hubiera dado un hijo.

Más tarde, Dios le dijo a Abraham que hiciera algo que lo sorprendió. Dios le dijo que debía renunciar a su hijo, Isaac. Lo que Dios le pedía asustó y desconcertó a Abraham. Dios le pidió que sacrificara a Isaac. Que matara a Isaac.

Dios quería asegurarse de que Abraham confiaba plenamente en él. Abraham confiaba en Dios. Él sabía que Dios de alguna manera cuidaría de su hijo, Isaac. Abraham hizo los preparativos para obedecer a Dios, pero Dios lo detuvo.

Dios dijo: «¡No pongas tu mano sobre el muchacho! Ahora sé que de verdad temes a Dios». (*Temer* a Dios significa asegurarte de que tratas a Dios como santo y perfecto y bueno).

Cerca de allí, Abraham vio a un carnero que tenía los cuernos enredados en un arbusto. Abraham sacrificó al carnero para Dios, en vez de a su hijo.

Esa fue la manera en que Dios le demostró a Abraham —y a nosotros— que un día Dios enviaría a su único hijo, Jesús, a que sacrificara su vida para salvarnos.

Abraham confió en Dios. Por momentos era difícil confiar por las cosas que Dios le pedía a Abraham. Pero la fe de Abraham era fuerte. Confiaba en Dios, pasara lo que pasara.

Reflection

- What's the hardest job your parent or teacher has asked you to do? What's the biggest job you've ever done for God? Sometimes it's difficult to do hard jobs when you don't understand the reason for the job.

- God always knows what's best for us. Even when we don't understand God's plan, we can trust that his plan is good.

- We can be like Abraham. We can trust God too.

Prayer

Dear God, sometimes it's difficult to trust you when things in this world seem hard. Remind me to always trust you, no matter what.

Help me to know without a doubt that you will keep your promises to me, like you did for Abraham.

Thank you, God, that you will always love me and take care of me. Amen.

Reflexión

- ¿Cuál es la tarea más difícil que te ha dado un padre o un maestro? ¿Cuál es la tarea más grande que has hecho para Dios? A veces nos cuesta hacer tareas difíciles cuando no comprendemos la razón de la tarea.

- Dios siempre sabe qué es lo mejor para nosotros. Incluso cuando no comprendemos el plan de Dios, podemos confiar en que es un buen plan.

- Podemos ser como Abraham. También podemos confiar en Dios.

Oración

Querido Dios: a veces es difícil confiar en ti cuando hay cosas en este mundo que parecen ser tan duras. Recuérdame que siempre confíe en ti, pase lo que pase.

Ayúdame a saber, sin lugar a dudas, que cumplirás las promesas que me hagas, como hiciste con Abraham.

Gracias, Dios, por siempre amarme y cuidarme.

Amén.

Rebekah

GENESIS 24

Abraham lived many more years, and God blessed him. By now, Isaac was grown up, and Abraham knew it was time to pick a wife for Isaac.

Back in those days, families often helped choose who their adult children would marry.

Remember that Abraham now lived in the place where God had sent him. Abraham didn't want to pick a wife from this new country. Instead, Abraham wanted a wife for his son who believed in God and loved God.

So, Abraham told his servant to go back to Abraham and Sarah's long-ago home in the old country to find a wife for Isaac.

Abraham remembered God's promise that God would give Abraham and his offspring this land. Isaac had to stay there too because this was where God wanted his chosen people to live.

The servant traveled a long way, back to Abraham's old home. He took 10 camels loaded with gifts for the new wife's family—gold and silver jewelry and other good things.

Rebeca

GÉNESIS 24

Abraham vivió muchos años más y Dios lo bendijo. Para entonces, Isaac había crecido, y Abraham sabía que era hora de encontrarle una esposa.

En esa época, las familias solían ayudar a elegir a quien se casaría con sus hijos ya adultos.

Recuerda que Abraham ahora vivía en el lugar al que lo había enviado Dios. Abraham no quería elegir una esposa de estas nuevas tierras. Abraham quería una esposa para su hijo que creyera en Dios y adorara a Dios.

Entonces, Abraham le dijo a su sirviente que regresara al que fuera hogar de Abraham y Sara tiempo atrás, y que encontrara una esposa para Isaac.

Abraham recordaba la promesa de Dios de que Dios les daría esta tierra a Abraham y a su descendencia. Isaac debía quedarse allí también, porque era allí donde Dios quería que viviera su pueblo elegido.

El sirviente hizo un largo viaje de regreso al antiguo hogar de Abraham. Llevó diez camellos cargados con obsequios para la familia de la nueva esposa —joyas de oro y plata y demás cosas buenas—.

The servant had no idea how he was going to pick a wife for Isaac. He wanted to please his master, Abraham. He also trusted God, just like Abraham did. So the servant prayed to God, asking God to show him just the right wife for Isaac.

When he came near Abraham's old homeland, he saw a spring of water, like a pond, with lots of women nearby. In those days, women carried jars to a well or river to get water for their families and their animals. It was hard work for the women to carry those heavy jars of water. They had to make a lot of trips to get enough for everyone.

The servant trusted God to show him the right wife for Isaac. He had an idea. The servant prayed, "God, I'm going to ask a woman for a drink of water. If she is the right wife for Isaac, let her say, 'Drink, and I'll get water for your camels too.'"

Wasn't that a strange prayer? The servant wanted a good wife for Isaac. Perhaps the servant knew that a young woman willing to give water to all his camels had to be a very kind woman, indeed.

And that's just how it happened! The servant asked a young woman for a drink of water.

She said, "Drink," and gave the servant a drink from her jar. Then she said, "I'll fill the water jar for your camels too."

El sirviente no tenía la menor idea de cómo iba a elegir una esposa para Isaac. Quería complacer a su amo, Abraham. También confiaba en Dios, tal como lo hacía Abraham. Así que, el sirviente le rezó a Dios para pedirle que le señalara a la esposa correcta para Isaac.

Cuando estuvo cerca de la antigua tierra de Abraham, vio un manantial de agua, como un estanque, donde habían muchas mujeres. En esa época, las mujeres cargaban vasijas hasta un pozo o un río para buscar agua para sus familias y sus animales. Era un trabajo duro para las mujeres cargar esas vasijas pesadas llenas de agua. Debían hacer varios viajes para recolectar suficiente agua para todos.

El sirviente confió en que Dios le señalaría a la esposa adecuada para Isaac. Tuvo una idea. El sirviente le oró a Dios: «Yo le diré a una de ellas: "Por favor, deme de beber de su cántaro"; si ella dice: "Sí, beba usted, ¡y también daré de beber a sus camellos!", que sea ella la que has elegido como esposa para Isaac».

¿No fue una oración un tanto extraña? El sirviente quería una buena esposa para Isaac. Tal vez el sirviente sabía que una joven dispuesta a darles agua a todos sus camellos tenía que ser una mujer muy bondadosa, sin duda.

¡Y así fue como ocurrió! El sirviente le pidió un trago de agua a una de las jóvenes.

Ella dijo: «Sí, mi señor, beba», y le dio un trago de su vasija al sirviente. Luego agregó: «También sacaré agua para sus camellos».

She went back and forth, gathering enough water for 10 thirsty camels.

The servant gave the woman a beautiful gold nose ring and two gold bracelets. He asked about her family and asked if he could spend the night at her family's house.

The girl said, "I am Rebekah, and my father has room for you to spend the night."

The servant discovered that Rebekah's family was part of Abraham's family. He knew that this would delight his master, Abraham. He praised God for showing him the right wife for Isaac.

Rebekah's brother, Laban, came to the spring. The servant told Laban about Abraham and Isaac.

"I came to get a wife for my master's son," the servant said. "My master made me promise to get a wife from his family's clan." The servant told Laban that God had led him to Rebekah. The servant told him about the water for the camels.

Laban knew that it was God's plan for Rebekah to be Isaac's wife. Laban didn't want to say no to God.

The servant gave Rebekah and her family the gifts that he had brought on the camels.

Laban and Rebekah's mother asked Rebekah what she thought about leaving to go marry Isaac.

Hizo varios viajes hasta juntar suficiente agua para los diez camellos sedientos.

El sirviente le dio a la joven un hermoso aro de nariz y dos brazaletes de oro. Le preguntó acerca de su familia y le preguntó también si podía pasar la noche en casa de su familia.

«Soy Rebeca», dijo la joven, «y mi padre tiene espacio para huéspedes».

El sirviente descubrió que la familia de Rebeca era parte de la familia de Abraham. Sabía que esto deleitaría a su amo. Alabó a Dios por señalarle a la esposa correcta para Isaac.

El hermano de Rebeca, Labán, llegó hasta el manantial. El sirviente le contó a Labán acerca de Abraham e Isaac.

Le explicó que Abraham le había dicho: «Vuelve a la casa de mi padre, a mis parientes, y encuentra allí una esposa para mi hijo». Le dijo a Labán que Dios lo había guiado hasta Rebeca. El sirviente le contó lo del agua para los camellos.

Labán supo que era el plan de Dios que Rebeca se convirtiera en esposa de Isaac. Labán no quería decirle que no a Dios.

El sirviente les dio a Rebeca y su familia los obsequios que había traído en sus camellos.

La madre de Rebeca y Labán le preguntaron a Rebeca qué opinaba de marcharse para casarse con Isaac.

Rebekah trusted God. She might have been scared to leave her home and go live in a strange land, but she knew this was God's plan for her. Rebekah showed great courage and trust when she said, "I will go with this man to be Isaac's wife."

After the long journey, Rebekah became Isaac's wife. She loved Isaac, and Isaac loved Rebekah.

God had made sure Abraham's offspring would live in the new land. He'd made a very good plan.

Rebeca confiaba en Dios. Tal vez podía asustarle un poco dejar su hogar y marcharse para vivir en una tierra extraña, pero sabía que ese era el plan de Dios para ella. Rebeca demostró gran valentía y confianza cuando les respondió: «Sí, iré a ser la esposa de Isaac».

Tras un largo viaje, Rebeca se convirtió en la esposa de Isaac. Amaba a Isaac e Isaac la amaba a ella.

Dios se había asegurado de que la descendencia de Abraham viviera en la nueva tierra. Había tenido un muy buen plan.

Reflection

- What's the bravest thing you've ever done?

- What helped you have courage to do that brave task?

- Rebekah trusted God to do something hard—leave her own family behind and go to a new land and new family. God's plans are always best, even when it means doing something hard. Rebekah knew that God would be with her wherever she went.

- God can help us have the courage to do hard things, just like Rebekah.

Prayer

Dear God, please give me the courage to be brave like Rebekah. Help me do hard things that you want me to do, even if I'm scared.

Thank you, God, that you are always with me no matter where I go. Amen.

Reflexión

- ¿Qué es lo más valiente que has hecho en tu vida?

- ¿Qué te ayudó a tener el valor para hacer aquella cosa valiente?

- Rebeca confió en Dios para hacer algo difícil —abandonar a su propia familia y marcharse a una nueva tierra con una nueva familia—. Los planes de Dios siempre son la mejor opción, incluso cuando significan hacer algo difícil. Rebeca sabía que Dios estaría con ella dondequiera que fuera.

- Dios puede ayudarnos a tener el coraje para hacer cosas difíciles, tal como lo hizo Rebeca.

Oración

Querido Dios: por favor dame el coraje para ser valiente como Rebeca. Ayúdame a hacer las cosas difíciles que quieres que haga, aun si me dan miedo.

Gracias, Dios, por estar siempre conmigo sin importar adónde vaya. Amén.

Jacob and Esau

GENESIS 25:19–34; 27:1–45; 28:5; 33:4

For a long time, Isaac and Rebekah didn't have any children. Isaac prayed and asked God for children. God answered Isaac's prayer.

While Rebekah was pregnant, she felt the baby tossing and turning inside her. She said to God, "What in the world is happening?"

God told Rebekah, "Two nations are in your womb. One group of people will be stronger than the other. The older will serve the younger."

Well, like always, if God says it, it will happen.

Rebekah didn't have just one baby in her womb. She had two babies. That's what caused all that jostling inside her!

The first baby had reddish skin and hair all over his body. They named him Esau. Jacob was born second.

The brothers were very different and didn't really get along. Esau liked to hunt and work outside. Their father, Isaac, liked him the best. Jacob liked to work at home, helping his mom do things around the tents to take care of the family. Rebekah loved Jacob the best.

Jacob y Esaú

GÉNESIS 25:19-34; 27:1-45; 28:5; 33:4

Durante mucho tiempo, Isaac y Rebeca no tuvieron hijos. Isaac rezaba y pedía tenerlos. Dios respondió a la oración de Isaac.

Mientras Rebeca estaba embarazada, sentía cómo el bebé se movía para un lado y para el otro dentro de su vientre. Le dijo a Dios: «¿Por qué me pasa esto?».

Dios le dijo a Rebeca: «Los hijos que llevas en tu vientre llegarán a ser dos naciones, y desde el principio las dos naciones serán rivales. Una nación será más fuerte que la otra; y tu hijo mayor servirá a tu hijo menor».

Pues, como ocurre siempre, si Dios lo dice, así será.

Rebeca no tenía solo un bebé en su vientre. Tenía dos bebés. ¡Eso era lo que causaban todos esos empujones dentro suyo!

El primer bebé tenía piel rojiza y un vello que recubría todo su cuerpo. Lo llamaron Esaú. Después nació Jacob.

Los hermanos eran muy diferentes y realmente no se llevaban bien. A Esaú le gustaba cazar y trabajar al aire libre. Era el preferido de su padre, Isaac. A Jacob le gustaba trabajar en el hogar, ayudando a su mamá en las tiendas para ocuparse de la familia. Jacob era el preferido de Rebeca.

God doesn't want moms and dads to have favorites. God wants parents to love all their children the same. God loves all his children the same. He loves us with an *unconditional* love. That means he loves us no matter what. He loves us because he created us. He promises to love us forever and ever.

But our sin makes God sad, even though he always loves us. And just like a good father, God disciplines us for our sins. God will always forgive us, if we ask, but things still happen to us because of our sin. Those things are called *consequences*. When we sin, we have to deal with the consequences of our sins.

Jacob and Esau made some bad choices. One day, when Esau came home from hunting all day, he was tired and hungry. He could smell Jacob's stew cooking, even before he got back to the tent.

"I am starving," Esau told Jacob. "Please give me some of that stew."

Jacob told Esau that he could have some stew . . . *if* Esau gave Jacob his *birthright*.

That's a big word that was really important in Bible days. The firstborn son received a birthright, which means he got more of the father's land and money, plus a position of leadership in the family. In return, he had more jobs and tasks as the firstborn.

Dios no quiere que las mamás y los papás tengan hijos favoritos. Dios quiere que los padres amen a todos sus hijos por igual. Dios ama a todos sus hijos por igual. Nos ama de manera *incondicional*. Eso significa que nos ama pase lo que pase. Nos ama porque nos creó. Nos promete amarnos para siempre.

Pero nuestros pecados entristecen a Dios, a pesar de que nos quiere siempre. Y, como buen padre, Dios nos castiga por nuestros pecados. Dios siempre nos va a perdonar si se lo pedimos, pero hay cosas que nos suceden de todos modos por nuestros pecados. Esas cosas se llaman *consecuencias*. Cuando pecamos, tenemos que enfrentarnos a las consecuencias de nuestros pecados.

Jacob y Esaú tomaron algunas malas decisiones. Un día, cuando Esaú regresó a su hogar después de cazar todo el día, estaba cansado y hambriento. Podía oler el guiso que cocinaba Jacob, incluso antes de llegar a la tienda.

«¡Me muero de hambre!», le dijo Esaú a Jacob. «¡Dame un poco de ese guiso!».

Jacob le dijo a Esaú que podía comer el guiso... *si* Esaú le daba su *derecho de nacimiento*.

Eso era algo realmente importante en los tiempos de la Biblia. El hijo mayor recibía un derecho de nacimiento, que significa que recibía más tierras y dinero del padre, además de una posición de liderazgo en la familia. A cambio, tenía más trabajo y tareas por ser el mayor.

And guess what Esau did? He sold his birthright to Jacob for one bowl of stew.

Would you give up your home and land just for a bowl of stew? Even a bowl of your favorite stew?

Jacob made a bad choice too. He was sneaky. When his brother, Esau, had been hungry and tired, he'd tricked Esau into giving him their family's home and land. And those didn't rightfully belong to Jacob.

Later, when their elderly father was dying, Jacob pretended to be Esau so that he could get Esau's special *blessing* from their father too.

In those days, fathers who were about to die gave their children special blessings. Isaac had a blessing for Esau. He had a different blessing for Jacob.

Here is what happened. Because Isaac was dying, he wanted to bless Esau. Their mom heard this. After Esau left to go hunting, their mom told Jacob to wear some of Esau's clothes. And she put goat skins on Jacob's arms so they would feel hairy like Esau's arms.

Isaac had gone blind in his old age, so he could no longer see anyone. Jacob went to his father and lied. He said, "I am Esau. Please give me my blessing."

This was another bad choice for Jacob.

And so, Isaac unknowingly gave Esau's blessing to Jacob.

¿Y adivina qué hizo Esaú? Le vendió su derecho de nacimiento a Jacob por un tazón de guiso.

¿Tú darías tu hogar y tu tierra por un simple tazón de guiso? ¿Incluso si se tratara de un tazón de tu guiso favorito?

Jacob también tomó una mala decisión. Era astuto. Cuando su hermano, Esaú, se encontraba hambriento y cansado, aprovechó la ocasión para que este le entregara el hogar y la tierra de su familia. Y Jacob no tenía un legítimo derecho sobre ellos.

Más adelante, cuando su anciano padre se estaba muriendo, Jacob simuló ser Esaú para también recibir la *bendición* especial de Esaú por parte de su padre.

En aquellos días, los padres que estaban a punto de morir les daban a sus hijos bendiciones especiales. Isaac tenía una bendición para Esaú. Y tenía una bendición diferente para Jacob.

Esto es lo que pasó. Como Isaac estaba muriendo, quería bendecir a Esaú. Rebeca oyó lo que planeaba hacer Isaac. Luego de que Esaú saliera a cazar, ella le dijo a Jacob que se pusiera algo de ropa de Esaú. Y puso pieles de cabrito sobre los brazos de Jacob para que se sintieran velludos como los de Esaú.

Isaac había perdido la vista, así que no podía ver a nadie. Jacob fue hasta donde estaba su padre y mintió. Le dijo: «Soy Esaú. Levántate para que puedas darme tu bendición».

Esta fue otra mala elección de Jacob.

Entonces, sin saberlo, Isaac le dio la bendición de Esaú a Jacob.

When Esau came home from the fields and found out what Jacob had done, he was angry. Esau was so angry that he wanted to kill Jacob.

Rebekah wanted to protect Jacob. She told him to move away.

Jacob and Esau had both made bad choices. Rebekah had made bad choices too. They all had to live with the consequences of their sins.

Over time, God helped the brothers change so that they could forgive each other. And much later, when the brothers saw each other again, they did forgive each other and hugged. They finally treated each other with kindness, like family members should.

Cuando Esaú regresó de los campos y se encontró con lo que había hecho Jacob, estaba enojado. Esaú estaba tan enojado que quería matar a Jacob.

Rebeca quería proteger a Jacob. Le dijo que se marchara.

Tanto Jacob como Esaú no habían elegido bien. Rebeca también había elegido mal. Todos tenían que vivir con las consecuencias de sus pecados.

Con el tiempo, Dios ayudó a que los hermanos cambiaran para que pudieran perdonarse. Y mucho más tarde, cuando los hermanos volvieron a verse, se perdonaron y se abrazaron. Por fin se trataron con bondad, como deberían tratarse los miembros de una familia.

Reflection

- Can you think of a time when you made a bad choice, and that bad choice caused a serious consequence? Like, maybe sneaking an extra cookie for dessert and then you had a stomachache later?

- Our sins sometimes cause awful consequences.

- When we make bad choices, we can ask God for forgiveness. When we ask for forgiveness, God always forgives.

- We can ask others to forgive us too. God wants all of us to forgive each other, just like he forgives us.

Prayer

Dear God, please keep me from making bad choices. I know my bad choices make you sad. I know my bad choices can hurt me too. Thank you, God, for forgiving me when I do bad things.

Help me forgive others when they hurt me. And help me try extra hard not to hurt other people with my words or actions.

Help me chose right from wrong. Amen.

Reflexión

- ¿Puedes pensar en alguna vez que hayas hecho una mala elección, y esa mala elección causara una consecuencia seria? Como, tal vez, ¿comerte una galleta de más para el postre y que luego te duela la panza?

- Nuestros pecados a veces tienen consecuencias terribles.

- Cuando tomamos malas decisiones, podemos pedirle a Dios que nos perdone. Cuando pedimos perdón, Dios siempre perdona.

- También podemos pedirles a los demás que nos perdonen. Dios quiere que todos nos perdonemos, tal como nos perdona él.

Oración

Querido Dios: por favor ayúdame a no tomar malas decisiones. Sé que mis malas decisiones te entristecen. Sé que mis malas decisiones también pueden lastimarme a mí. Gracias, Dios, por perdonarme cuando no hago las cosas bien.

Ayúdame a perdonar a otros cuando me hieren. Y ayúdame a esforzarme mucho por no herir a otras personas con mis palabras o acciones.

Ayúdame a distinguir el bien del mal. Amén.

Rachel and Leah

GENESIS 29–30:34; 32:28; 35:16–26

Jacob left his home because he feared Esau. Jacob had taken Esau's birthright and his blessing, and Esau wanted to kill Jacob. Jacob went to his Uncle Laban's house. Laban let him stay there and work with him.

Laban had two daughters. The oldest was Leah. The Bible says she had "weak eyes." The Bible says that Laban's younger daughter was very beautiful. Her name was Rachel. Some people assume this means Rachel was prettier than Leah.

That must have been hard for Leah to know that everyone thought her younger sister was prettier. Just like Jacob and Esau had brother problems, Rachel and Leah had sister problems.

Jacob worked hard for Laban while he lived with him. After a month, Laban said, "You can't keep working for free. I need to pay you. What wages do you want?"

Jacob was in love with Rachel. Jacob asked Laban if he could have Rachel for his wife.

Laban said, "Work for me for seven years, and then you can have Rachel for your wife."

Jacob loved Rachel so much that he was happy to work for seven years. But at the end of the seven years, Laban tricked Jacob.

Raquel y Lea

GÉNESIS 29-30:34; 32:28; 35:16-26

Jacob abandonó su hogar porque le temía a Esaú. Jacob le había quitado a Esaú su derecho de nacimiento y su bendición, y Esaú quería matarlo. Jacob se fue a la casa de su tío Labán. Labán lo dejó quedarse ahí y trabajar con él.

Labán tenía dos hijas. Lea era la mayor. La Biblia dice que «no había brillo en los ojos de Lea». La Biblia dice que la hija menor de Labán era bellísima. Su nombre era Raquel. Algunas personas asumen que esto significaba que Raquel era más bella que Lea.

Debe de haber sido duro para Lea saber que todos creían que su hermana menor era más bella. Tal como Jacob y Esaú tenían problemas de hermanos, Raquel y Lea tenían problemas de hermanas.

Jacob trabajó duro para Labán mientras vivió con él. Luego de un mes, Labán le dijo: «No deberías trabajar para mí sin recibir pago, solo porque somos parientes. Dime cuánto debería ser tu salario».

Jacob estaba enamorado de Rebeca y le preguntó a Labán si podía casarse con ella. Labán le dijo: «Trabajaba para mí por siete años, y podrás tener a Rebeca como esposa».

Jacob amaba tanto a Raquel que con gusto trabajaría siete años. Pero, al finalizar los siete años, Labán lo engañó.

It seems there were a lot of sneaky tricks going on in their whole family. Jacob tricked Esau to get his birthright. And Jacob tricked their father, Isaac, to get Esau's blessing. Rebekah helped her son Jacob trick his father, Isaac.

And now, Rebekah's brother, Laban, was tricking Jacob.

Sadly, those same sneaky, tricky sins still happen in the world today.

On the night Jacob was supposed to marry Rachel, Laban brought to him Leah instead of Rachel, and it was so dark, Jacob couldn't see who he was marrying. The next day, he found out he had married Leah instead.

Jacob spoke to his new father-in-law and said, "You promised that I could marry Rachel!"

Laban said, "It is our custom for the oldest daughter to marry first. Work seven more years, and you can marry Rachel too."

In those days, men sometimes had more than one wife. Jacob wanted to marry Rachel. He agreed to work seven more years.

Leah knew that Jacob loved Rachel best. Leah felt unloved. Her own father had tricked Jacob into marrying her.

God saw that Leah felt unloved. Remember, God loves all his children the same. He doesn't have favorites. Because God knew that Leah felt unloved, he gave her the special blessing of having several children.

Al parecer, había muchos engaños en esta familia. Jacob engaño a Esaú para obtener su derecho de nacimiento. Y Jacob engañó a su padre, Isaac, para obtener la bendición de Esaú. Rebeca ayudó a su hijo Jacob a engañar a su padre, Isaac.

Y, ahora, el hermano de Rebeca, Labán, engañaba a Jacob.

Por desgracia, esos mismos pecados engañosos y tramposos siguen ocurriendo en el mundo de hoy.

La noche en que Jacob y Raquel se iban a casar, Labán le trajo a Lea en vez de a Raquel y estaba tan oscuro que Jacob no pudo ver con quién se casaba. Al día siguiente, se dio cuenta de que se había casado con Lea en vez de con Raquel.

Jacob habló con su nuevo suegro. «¿Qué me has hecho?» le dijo. «¿Por qué me has engañado?».

Labán le respondió: «Aquí no es nuestra costumbre casar a la hija menor antes que a la mayor. Te daré también a Raquel, siempre y cuando prometas trabajar para mí otros siete años».

En aquella época, los hombres a veces tenían más de una esposa. Jacob quería casarse con Raquel. Aceptó trabajar siete años más.

Lea sabía que Jacob quería más a Raquel. Sentía que él no la amaba. Su propio padre había engañado a Jacob para que se casara con ella.

Dios vio que Lea no se sentía amada. Recuerda, Dios ama a todos sus hijos de igual manera. No tiene favoritos. Como Dios sabía que Lea no se sentía amada, le otorgó la bendición especial de tener varios hijos.

At first, Leah wanted to have more and more kids because she thought that would make Jacob finally love her. Leah was jealous of Rachel because Jacob did love Rachel. And Rachel was jealous of Leah because Leah had children, but Rachel had no children yet.

The sisters were jealous of each other. They treated each other harshly. They fought and bickered.

Finally, Leah realized what was most important—God. Even though Leah felt sad that Jacob loved Rachel best, Leah knew it was more important that God loved her. God loved her even though she wasn't as pretty as Rachel. God loved her even though her father had tricked Jacob into marrying her. God loved Leah, and Leah loved God.

She named her fourth son "Judah" and said, "I will praise the Lord." Leah had learned what was most important of all! Years later, it would be through this son, Judah, that God's Son, Jesus, would be born.

Leah and Rachel still fought and bickered. God gave Leah more children. God also gave Rachel two sons before she died. And before Rachel died, God changed Jacob's name to Israel.

Jacob's 12 sons were part of God's plan. Their families would become the 12 *tribes* of Israel, the chosen people that God had promised he would give Abraham through his offspring.

Al principio, Lea quería tener más y más hijos porque creía que eso haría que Jacob por fin la amara. Lea tenía celos de Raquel porque a ella Jacob sí la amaba. Y Raquel tenía celos de Lea porque ella tenía hijos, pero Raquel todavía no los tenía.

Las hermanas se tenían celos. Se trataban con dureza. Se peleaban y discutían.

Por fin, Lea se dio cuenta de lo que importaba de veras: Dios. A pesar de que estaba triste porque Jacob amaba más a Raquel, Lea sabía que era más importante que Dios la amara. Dios la amaba tanto como a su bella hermana, Raquel. La amaba a pesar de que su padre hubiera engañado a Jacob para que se casara con ella. Dios amaba a Lea, y Lea amaba a Dios.

Llamó a su cuarto hijo Judá y dijo: «¡Ahora alabaré al Señor!». ¡Lea había aprendido qué era lo que realmente importaba! Años más tarde, sería a través de este hijo, Judá, que nacería el Hijo de Dios, Jesús.

Lea y Raquel seguían peleando y discutiendo. Dios le dio más hijos a Lea. Dios también le dio dos hijos a Raquel antes de que muriera. Y antes de que muriera Raquel, Dios cambió el nombre de Jacob a Israel.

Los doce hijos de Jacob fueron parte del plan de Dios. Sus familias se convertirían en las doce *tribus* de Israel, el pueblo elegido que Dios había prometido darle a Abraham a través de su descendencia.

Even though Leah and Rachel sinned by treating each other unkindly, God loved them both the same. The two sisters were also an important part of God's plan for his chosen people.

A pesar de que Lea y Raquel pecaron al tratarse duramente, Dios las amaba a ambas por igual. Las dos hermanas también fueron parte importante del plan de Dios para su pueblo elegido.

Reflection

- How would you describe your outer appearance—what you look like when you look in a mirror?

- What words would you use to describe what you feel inside?

- The story of Leah and Rachel teaches us that God looked at their hearts and what they felt inside. God helped Leah see that he was most important of all to her. She finally realized she was special to God.

- You and I are special to God too. We're all part of God's big plan.

Prayer

Dear God, Leah and Rachel's jealousy caused so many problems. Keep me from being jealous of other people.

Remind me not to judge myself or others by their outside appearance, whether they are good looking or not as good looking. Lead me to look at their heart, like you do.

Thank you that you love me, and help me love you always, because that's most important of all. Amen.

Reflexión

- ¿Cómo describirías tu apariencia externa... el modo en que te ves cuando te miras al espejo?

- ¿Qué palabras usarías para describir lo que sientes por dentro?

- La historia de Lea y Raquel nos enseña que Dios miró sus corazones y lo que sentían por dentro. Dios ayudó a Lea a ver que él era lo más importante para ella. Por fin se dio cuenta de que era especial para Dios.

- Tú y yo también somos especiales para Dios. Todos somos parte del gran plan de Dios.

Oración

Querido Dios: los celos de Lea y Raquel causaron tantos problemas. No me dejes sentir celos de otras personas.

Recuérdame que no debo juzgarme a mí ni juzgar a los demás según su apariencia, tanto si son atractivos como si no lo son. Guíame para ver sus corazones, como lo haces tú.

Gracias por amarme y ayúdame a amarte siempre, porque eso es lo más importante de todo. Amén.

Joseph and His Brothers

GENESIS 35:23–26; 37; 39–41:40

Jacob had 12 sons. That's a house full of boys, right? Reuben was the oldest son. Then came Simeon. After him, more sons were born named Levi, Judah, Dan, Naphtali, Gad, Asher, Issachar, and Zebulun. Joseph was the first son Jacob had with his wife Rachel. Joseph was son number 11. Benjamin came last, and he was Rachel's son too.

Because Jacob loved Rachel more than Leah, Jacob also loved Rachel's son Joseph more than he loved Leah's sons.

Joseph's older brothers were jealous of Joseph.

Jacob made his son Joseph a fancy robe with lots of colors. That made the brothers even more jealous.

Joseph made the mistake of telling his older brothers about two dreams that he had. The dreams seemed to say that Joseph would rule over his brothers and that all of them would bow down to him.

That was a bit boastful, right? Joseph might have been better off if he'd kept those dreams to himself.

José y sus hermanos

GÉNESIS 35:23-26; 37; 39-41:40

Jacob tuvo doce hijos. Eso sí que es una casa llena de varones, ¿verdad? Rubén era el mayor. Luego le seguía Simeón. Después nacieron más hijos llamados Leví, Judá, Isacar, Zabulón, Dan, Neftalí, Gad y Aser. José fue el primer hijo que Jacob tuvo con su esposa Raquel. José fue el hijo número once. El último fue Benjamín, y también era hijo de Raquel.

Como Jacob amaba más a Raquel que a Lea, Jacob también amaba más al hijo de Raquel, José, que a los hijos de Lea.

Los hermanos mayores de José le tenían celos.

Jacob hizo una elaborada túnica de muchos colores para José. Eso causó que los hermanos le tuvieran aún más celos.

José cometió el error de contarles a sus hermanos mayores acerca de dos sueños que había tenido. Los sueños parecían decir que José reinaría sobre sus hermanos y que todos ellos le harían reverencias.

Sonaba un poco engreído, ¿verdad? Tal vez habría sido mejor para José que se guardara los sueños para sí mismo.

One day, Jacob sent Joseph to check on his older brothers, who were in the fields grazing their father's flocks. Can you believe that Joseph wore that fancy robe to check on his brothers? They could see a person coming from far away and recognized Joseph by the robe. That made the brothers very angry. So angry that they decided to kill him.

Reuben didn't want to kill his brother. He talked the others into throwing Joseph into a pit instead. Reuben planned to come back later and rescue him.

The men took Joseph's coat off him and then threw him into the pit.

Some traders came by on their way to Egypt. "Let's sell him to the traders," one of the brothers said, and they did.

After the traders took Joseph away, his older brothers ripped his special coat and put animal blood on it to make it look like Joseph was dead. They took the coat home to show their father and lied to him about Joseph. Jacob's heart felt broken after that.

Meanwhile, in Egypt, Joseph worked as a slave for a rich man named Potiphar. Potiphar was the captain of the guard for the king of Egypt.

You might think that Joseph felt sad and lonely, but he trusted God to take care of him. He worked hard and found favor with Potiphar. God blessed Joseph for trusting him and for working hard. Joseph got a promotion and became Potiphar's assistant.

Un día, Jacob envió a José a ver qué hacían sus hermanos mayores que estaban en los campos mientras pastaban los rebaños de su padre. ¿Puedes creer que José fue a verlos con la túnica puesta? Ellos podían ver que se acercaba una persona y reconocieron a José por la túnica. Eso enfureció a los hermanos. Tanto los enfureció que decidieron matarlo.

Rubén no quería matar a su hermano. Convenció al resto de arrojarlo en una cisterna. El plan de Rubén era regresar luego y rescatarlo.

Los hombres le quitaron la túnica a José y lo arrojaron en la cisterna.

Unos comerciantes pasaban por allí camino a Egipto. «Vendámoslo a esos mercaderes», dijo uno de los hermanos, y así lo hicieron.

Cuando los comerciantes se llevaron a José, sus hermanos mayores rasgaron su preciosa túnica y la ensuciaron con sangre de un animal para que pareciera que José había muerto. Llevaron la túnica a casa para mostrársela a su padre y le mintieron acerca de José. Después de aquello, el corazón de Jacob quedó destrozado.

Mientras tanto, en Egipto, José trabajó como el esclavo de un hombre rico llamado Potifar. Potifar era el capitán de la guardia del rey de Egipto.

Tal vez creas que José se sentía triste y solo, pero confiaba en que Dios lo cuidaría. Trabajó duro y se ganó la confianza de Potifar. Dios bendijo a José por confiar en él y por trabajar duro. A José le dieron una promoción y se convirtió en el asistente de Potifar.

Just when things were looking up for Joseph, another bad thing happened. Potiphar's wife told a lie about Joseph. That got Joseph in big trouble! Potiphar threw him into prison.

I'll bet you're thinking, *This kid has some really bad luck.*

Joseph just kept right on trusting God and working hard. He worked so hard in prison that the prison warden put him in charge of the whole jail. Joseph prospered, even in prison.

Joseph the dreamer met the pharaoh's cupbearer and baker in prison. They'd made the king angry, and he'd sent them to jail. Joseph listened to the cupbearer's strange dream, and he listened to the baker's strange dream. He told them what their dreams meant. Both dreams happened just like Joseph had said they would.

A couple of years later, Pharaoh, the king of Egypt, had a dream that no one could interpret. The cupbearer remembered Joseph and told the king about him.

The king sent for Joseph and told him his dream about seven healthy cows and seven skinny cows. He also told Joseph his other dream about healthy grain and scorched, or dried-up, grain.

Justo cuando las cosas empezaban a mejorar para José, ocurrió algo malo de nuevo. La esposa de Potifar dijo una mentira sobre José. ¡Eso metió en graves problemas a José! Potifar lo mandó encarcelar.

Apuesto que estás pensando: *Este tipo tiene muy mala suerte.*

José siguió confiando en Dios y trabajando duro. Tan duro trabajó estando en prisión que el guarda de la prisión lo puso a cargo de toda la cárcel. José prosperaba, incluso en la prisión.

Allí, José, el soñador, conoció al copero y al panadero del faraón. Habían hecho enojar al rey y él los había encarcelado. José escuchó el extraño sueño del copero, y escuchó el extraño sueño del panadero. Les dijo lo que significaban sus sueños. Ambos sueños sucedieron tal como había dicho José.

Un par de años más tarde, el faraón, rey de Egipto, tuvo un sueño que nadie podía interpretar. El copero recordó a José y le contó al rey acerca de él.

El rey mandó llamar a José y le contó su sueño en el que había siete vacas sanas y siete vacas flacas. También le contó su otro sueño sobre siete espigas llenas de granos y siete espigas chamuscadas, o totalmente secas.

Joseph called upon God to help him know what the dreams meant. He told Pharaoh, "God will help me interpret the dreams." Joseph listened to what God revealed to him about the dreams. Then Joseph said, "God has shown Pharaoh what he is about to do. Rain will fall, and the harvest will be plenty for seven good years. Then a terrible seven-year famine will come to the land."

Joseph told Pharaoh to harvest and save up grain during the seven-year time of plenty. Then Egypt would have enough food for the seven years of famine.

"Great idea," Pharaoh said. "Since God told you all these things, I will put you in charge. There is no one wiser than you to do the job."

Now that really is a promotion. From prison to the palace!

José invocó a Dios para que lo ayudara a interpretar esos sueños. Le dijo al faraón: «Dios puede decirle lo que su sueño significa y darle tranquilidad». José escuchó lo que Dios le revelaba acerca de los sueños. Luego, José dijo: «Dios ha revelado de antemano al faraón lo que está por hacer. Los próximos siete años serán un período de gran prosperidad en toda la tierra de Egipto, pero después llegarán siete años de un hambre tan intensa que hará olvidar toda esa prosperidad de Egipto. El hambre destruirá la tierra».

José le dijo al faraón que cosechara y almacenara el grano durante los siete años de abundancia. De ese modo, Egipto tendría suficientes alimentos para los siete años de hambruna.

Al faraón le pareció una idea excelente y decidió que José estaría a cargo de la tarea: «Como Dios te ha revelado el significado de los sueños a ti, es obvio que no hay nadie más sabio e inteligente que tú. Quedarás a cargo de mi palacio».

Ahora, eso sí que es una promoción. ¡De la prisión al palacio!

Reflection

- Can you remember a recent time when you felt lonely or sad?

- What helped you know that God was still with you?

- Bad things kept happening to Joseph, but he never stopped trusting God. Joseph never stopped praying or talking to God. He worked hard and made good choices. And he knew that God was always with him.

- God always cares for us. He promises to be with us every minute of every day.

Prayer

Dear God, lead me to trust you, even when hard things or bad things happen to me. Help me know that you are always with me.

Thank you that you promise never to leave me. Amen.

Reflexión

- ¿Recuerdas algún momento, no hace mucho, en que te hayas sentido solo o triste?

- ¿Qué fue lo que te ayudó a saber que Dios seguía contigo?

- A José le siguieron sucediendo cosas malas, pero nunca dejó de confiar en Dios. José nunca dejó de rezar ni de hablarle a Dios. Trabajó duro y tomó buenas decisiones. Y sabía que Dios estaba siempre con él.

- Dios siempre nos cuida. Nos promete que estará con nosotros cada minuto de cada día.

Oración

Querido Dios: guíame para que confíe en ti, incluso cuando atraviese momentos difíciles o me ocurran cosas malas. Ayúdame a saber que siempre estás conmigo. Gracias por prometer que nunca me abandonarás. Amén.

Joseph Sees His Brothers Again

GENESIS 41:41–57; 42–45; 50:15–21

After Joseph told Pharaoh the meaning of his dreams, Pharaoh put Joseph in charge of the whole land of Egypt.

Joseph collected all the extra food during the years of plenty. He stored lots of grain in the cities. Joseph and his wife had two sons, Manasseh and Ephraim. Joseph said he chose those names because God helped him forget all his troubles and because God made Joseph fruitful in the land of his suffering.

Joseph always thought of God. He praised God for the good things God did for him while he was in Egypt. And he trusted God during the hard times.

Soon the famine arrived, and food stopped growing. Joseph began to sell the grain he had collected. People came from all over the world to buy grain from Joseph.

Even Joseph's brothers came to Egypt to buy food. Joseph recognized his brothers, but they didn't know who he was. He was dressed like an Egyptian, and he spoke the Egyptian language. The brothers bowed to Joseph. This made Joseph remember his dreams from years ago. His dreams really had come true!

José se reencuentra con sus hermanos

GÉNESIS 41:41-57; 42-45; 50:15-21

Luego de que José interpretara los sueños del faraón, el faraón puso a José a cargo de toda la tierra de Egipto.

José recolectó todos los alimentos sobrantes durante los años de abundancia. Almacenó muchos granos en las ciudades. José y su esposa tuvieron dos hijos: Manasés y Efraín. José dijo que había elegido esos nombres porque Dios lo había ayudado a olvidar todos sus problemas y porque Dios había hecho de él alguien fructífero en la tierra de su sufrimiento.

José siempre pensaba en Dios. Alababa a Dios por las cosas buenas que Dios había hecho por él mientras estaba en Egipto. Y, durante los momentos duros, confiaba en Dios.

Pronto llegó la hambruna y los alimentos dejaron de crecer. José empezó a vender el grano que había recolectado. La gente venía de todas partes del mundo a comprarle granos a José.

Hasta los hermanos de José fueron a Egipto a comprar alimentos. José reconoció a sus hermanos, pero ellos no sabían quién era él. Vestía como un egipcio y hablaba en idioma egipcio. Los hermanos se inclinaron ante José. Esto hizo que José recordara el sueño que había tenido años atrás. ¡Sus sueños de veras se habían hecho realidad!

Joseph was eager to learn more about his brothers, especially his younger brother, Benjamin. They said their youngest brother hadn't traveled to Egypt. He'd stayed home with their father.

Joseph tricked the men at first. Speaking to them through an interpreter, Joseph called his brothers spies. He told the men that one of them would have to stay behind in prison, while the other brothers went back home to get their youngest brother to prove they weren't spies.

The brothers thought God was punishing them because of what they had done to their brother Joseph years before.

The men bought grain and returned home to their father. Except for Simeon. Joseph made him stay behind in jail.

The men told their father that the leader of Egypt wanted Benjamin to go there. Jacob, whose name was now Israel, felt scared that he might lose Benjamin just like he had lost Joseph. He didn't let the brothers go back at first. But when they had eaten all the grain, he sent the brothers again. This time, he sent Benjamin too.

Joseph was so happy to see his younger brother! He called for a big banquet for all of Israel's sons. After the feast, he sent the brothers away with grain. But Joseph tricked the men again. He told one of his servants to hide Joseph's silver cup in Benjamin's grain sack.

José estaba ansioso por saber más sobre sus hermanos, en especial sobre su hermano menor, Benjamín. Le dijeron que el hermano menor no había viajado a Egipto. Se había quedado en casa con su padre.

Al principio, José engañó a los hombres. Les habló a través de un intérprete y los llamó espías. Les dijo que uno de ellos debería quedarse en prisión, mientras los otros regresaban a casa a buscar a su hermano menor para probar que no eran espías.

Los hermanos creyeron que Dios los estaba castigando por lo que le habían hecho a su hermano José años atrás.

Los hombres compraron granos y regresaron a casa con su padre. Menos Simeón. José hizo que se quedara y fuera encarcelado.

Los hombres le contaron a su padre que el líder de Egipto quería que Benjamín fuera con ellos. Jacob, cuyo nombre ahora era Israel, temía perder a Benjamín como había perdido a José. Al principio, no permitió que los hermanos se marcharan. Pero cuando por fin consumieron todos los granos, envió a los hermanos una vez más. Esta vez, también envió a Benjamín.

¡José estaba tan feliz de ver a su hermano menor! Organizó un enorme banquete para todos los hijos de Israel. Luego del festín, envió a los hermanos de vuelta a casa con más granos. Pero José los engañó de nuevo. Le dijo a uno de sus sirvientes que escondiera la copa de plata de José en el saco de granos de Benjamín.

Joseph wanted to see if his brothers had changed. He wanted to know if they were still jealous men or if they actually cared about their brother Benjamin.

When Benjamin found the silver cup, the brothers were afraid. But they did the right thing and went back to tell the leader of Egypt what had happened.

The brothers begged Joseph not to punish Benjamin. Judah even said he would remain in Egypt in Benjamin's place and be Joseph's slave. He asked Joseph to let Benjamin return safely to their father.

Then Joseph knew the brothers really loved Benjamin. He knew the brothers loved their father, Israel, too. Joseph finally said, "I am Joseph, your brother. The one you sold as a slave."

The brothers couldn't believe that Joseph was still alive! They also couldn't believe that Joseph wasn't angry with them.

How do you think you would've felt at that moment? Would you rather stay angry and bitter, or forgive and hug and cry a little and then move on?

Joseph said, "Do not be upset. God sent me to Egypt to save lives during the famine. God sent me here to save your lives too. God had a plan all along. Now, go and bring my father here to live. There is plenty of food here!"

José quería ver si sus hermanos habían cambiado. Quería saber si seguían siendo hombres celosos o si realmente les importaba su hermano Benjamín.

Cuando Benjamín encontró la copa de plata, los hermanos se asustaron. Pero hicieron lo correcto y regresaron a decirle al líder de Egipto lo que había pasado.

Los hermanos le rogaron a José que no castigara a Benjamín. Judá incluso dijo que permanecería en Egipto en lugar de Benjamín y sería esclavo de José. Le pidió a José que permitiera que Benjamín regresara a salvo con su padre.

Entonces, José supo que los hermanos realmente querían a Benjamín. Supo que los hermanos también amaban a su padre, Israel. Por fin, José dijo: «Soy José, su hermano, a quien ustedes vendieron como esclavo en Egipto».

¡Los hermanos no podían creer que José siguiera vivo! Tampoco podían creer que José no estuviera enojado con ellos.

¿Cómo crees que te habrías sentido tú en ese momento? ¿Habrías preferido seguir enojado y resentido, o perdonar y abrazar y llorar un poco y dar vuelta la página?

José les dijo: «No se enojen con ustedes mismos. Dios me mando a Egipto para salvar vidas durante la hambruna. Me mando a que les salvara las vidas a ustedes, también. Dios siempre tuvo un plan. Ahora, traigan a mi padre lo más pronto posible. ¡Aquí si hay un montón de comida!».

Joseph's whole family moved to Egypt. And, wow, was that a happy reunion! Joseph and his father hugged and cried and hugged and cried.

Joseph took care of his brothers, their families, and his father. He gave them the best land to live on. He gave them food to eat during the famine.

Later, when Israel became sick and died, the brothers feared that Joseph would punish them for selling him as a slave long ago. They begged Joseph to forgive them for being so mean.

Joseph cried tears of joy because of his brothers' kindness. He told them, "Do not be afraid. You meant to harm me, but God meant all these things for good. God wanted me to save people's lives. God had a plan."

Toda la familia de José se mudó a Egipto. Y, guau, ¡vaya si fue un reencuentro feliz! José y su padre se abrazaron y lloraron y se abrazaron y lloraron.

José se hizo cargo de sus hermanos, de sus familias y de su padre. Les dio la mejor tierra para que vivieran. Les dio alimentos durante la hambruna.

Más adelante, cuando Israel se enfermó y murió, los hermanos temieron que José fuera a castigarlos por haberlo vendido como un esclavo tanto años antes. Le rogaron a José que los perdonara por haber sido tan miserables.

José lloró lágrimas de felicidad por la bondad de sus hermanos. Les dijo: «No me tengan miedo. Ustedes se propusieron hacerme mal, pero Dios dispuso todo para bien. Él me puso en este cargo para que yo pudiera salvar la vida de muchas personas. Dios siempre tuvo un plan».

Reflection

- Think back to a time when something bad happened to you. How did God turn that bad time into something good?

- Sometimes bad things happen to us. Someone in our family might get sick, or a parent might lose a job, or a friend may be really mean to us. God can turn those bad things into good.

- God uses those hard times to bring glory to his name and to bless us.

Prayer

Dear God, help me remember that you can turn around the bad things that happen to me and make them into good things. You can bring good out of anything. When bad things happen, you have a plan.

Remind me that you can use bad things to bring glory to your name and to bless me and others.

And, just like Joseph, help me to forgive anyone who hurts me. Amen.

Reflexión

- Piensa en una vez en que te haya pasado algo malo. ¿Cómo cambió Dios ese mal momento en algo bueno?

- A veces nos pasan cosas malas. Tal vez se enferme algún familiar, o un padre pierda su trabajo o un amigo pueda ser muy miserable con nosotros. Dios puede dar vuelta esas cosas malas y hacerlas buenas.

- Dios usa esos momentos difíciles para llevar gloria a su nombre y bendecirnos.

Oración

Querido Dios: ayúdame a recordar que puedes dar vuelta las cosas malas que me pasen y convertirlas en cosas buenas. Puedes lograr algo bueno de cualquier situación. Cuando suceden cosas malas, tú tienes un plan.

Recuérdame que puedes usar cosas malas para llevar gloria a tu nombre y para bendecirme a mí y bendecir a otros.

Y, tal como hizo José, ayúdame a perdonar a cualquiera que me lastime. Amén.

Miriam Helps
Baby Moses

EXODUS 1:1–2:10; 6:20

Israel, who used to be called Jacob, and all his family lived in Egypt with Joseph. The sons of Israel and their families were happy to be in Egypt together, even after Israel died.

Years went by. Another pharaoh became king. The new king wasn't as kind to Joseph's family as the other king. The new king grew to despise the children of Israel. He thought there were too many of them. He was afraid they might try to take over the kingdom of Egypt.

Then Pharaoh decided to mistreat the *Israelites*. (Israelites was another name for the children of Israel.) Pharaoh turned all the Israelites into slaves. He made them work hard for the Egyptian people. The Israelites worked hard in the fields to produce food. They worked hard to make bricks, and then they built buildings using the bricks they had made.

It was hot, tiring, hard work.

The people of Egypt were harsh masters. The king hoped if he worked the Israelites too hard, they would become weak and die.

But God was with the Israelites. All the hard work made them stronger. They had more and more children.

Miriam ayuda
al bebé Moisés

ÉXODO 1:1-2:10; 6:20

Israel, que solía llamarse Jacob, y toda su familia vivieron en Egipto con José. Los hijos de Israel y sus familias estaban felices de estar juntos en Egipto, incluso luego de que muriera Israel.

Pasaron muchos años. Otro faraón se hizo rey. El nuevo rey no era tan bondadoso con la familia de José como lo había sido el faraón de tiempo atrás. El nuevo faraón llegó a despreciar a los descendientes de Israel. Creía que había demasiados. Temía que intentaran tomar el reino de Egipto.

Entonces, el faraón decidió tratar mal a los *israelitas*. (Israelita era otro nombre para los descendientes de Israel). El faraón convirtió a todos los israelitas en esclavos. Los hizo trabajar duro para la gente de Egipto. Los israelitas trabajaron duro en los campos para producir alimentos. Trabajaron duro para fabricar ladrillos, y luego construyeron edificios con esos ladrillos que habían fabricado.

Era un trabajo caluroso, agotador y duro.

Los egipcios eran amos muy severos. El rey tenía la esperanza de que, si hacía que los israelitas trabajaran demasiado duro, se debilitarían y morirían.

Pero Dios estaba con los israelitas. Todo ese trabajo duro los hizo más fuertes. Tuvieron más y más hijos.

Then Pharaoh had another idea, one that was even more terrible. "Let's kill all the Israelite baby boys," he said.

One Israelite woman, named Jochebed, gave birth to a baby boy. She hid the baby for three months. When she could hide him no longer, she made a basket for the baby, a basket that would float on water. She put the baby into the basket and placed the basket at the edge of the river, among the tall grasses.

The baby's big sister, Miriam, hid nearby and watched.

What words do you think Miriam prayed as she watched her baby brother, tucked into a basket, bouncing in the river's ripples?

Swish. The basket swayed back and forth on top of the water. And Miriam peeked at the basket from her hiding spot.

Swish. Splash.

Miriam saw Pharaoh's daughter coming to the river to bathe.

Do you think Miriam's heart started racing? Do you think she was frightened? How would you have felt at that very moment? Do you think she wanted to run away and not get caught near the basket?

Pharaoh's daughter heard the baby crying and spotted the basket. Pharaoh's daughter looked into the basket at the tiny boy. She felt sad for the crying baby.

Luego, el faraón tuvo otra idea, una que era aun más terrible. Dijo que iba a matar a todos los bebés israelitas que fueran varones.

Una mujer israelita llamada Jocabed dio a luz a un varón. Ella escondió al bebé durante tres meses. Cuando ya no podía esconderlo más, hizo una cesta para el bebé: una cesta que flotara en el agua. Puso al bebé dentro de la cesta y la colocó en la orilla del río, entre los pastos altos.

La hermana mayor del bebé, Miriam, se escondió cerca de allí y observó.

¿Qué palabras crees que rezó Miriam mientras observaba a su hermanito bebé, acurrucado en la cesta, meciéndose en las pequeñas olas del río?

Fuish. La cesta se mecía de lado a lado sobre el agua. Y Miriam espiaba la cesta desde su escondite.

Fuish. Splash.

Miriam vio a la hija del faraón llegar hasta el río a bañarse.

¿Crees que el corazón de Miriam latió con más fuerza? ¿Crees que tuvo miedo? ¿Cómo te habrías sentido tú en ese preciso instante? ¿Crees que quería salir corriendo para que no la encontraran junto a la cesta?

La hija del faraón oyó el llanto del bebé y vio la cesta. Se inclinó sobre la cesta y vio al pequeño niño. Sintió tristeza por el bebé que lloraba.

Miriam thought of a way to help her baby brother. Boldly, Miriam stepped out from behind the bushes and walked right up to Pharaoh's daughter. Miriam asked, "Would you like me to find a nurse? One who can take care of the baby for you?"

Pharaoh's daughter agreed. She told Miriam, "Yes, go."

Miriam ran as fast as her legs could carry her, all the way home, to get her mother.

"Come quick," she said. "Pharaoh's daughter wants to talk to you!"

Jochebed went quickly with Miriam back to the river. "I'm here. I'm here," Jochebed said. She must have been out of breath from hurrying.

Pharaoh's daughter asked Jochebed to take care of the baby until he was old enough to live with her at the palace.

Miriam helped her mother care for her baby brother. When the boy grew older, their mother took him to Pharaoh's daughter.

Pharaoh's daughter raised him as her own son. She named him *Moses*, which means "to draw out," because she had drawn him out of the water.

Even though Moses was an Israelite, he grew up in the palace like an Egyptian. His heart hurt to know about the Israelites' harsh treatment. He knew those were his people. It made him sad to watch his people work so hard as slaves.

Miriam pensó en la manera de ayudar a su hermanito. Salió valientemente de entre los pastizales y se dirigió a la hija del faraón. Le preguntó: «¿Quiere que vaya a buscar a una mujer hebrea para que cuide del bebé?».

La hija del faraón estuvo de acuerdo. Le dijo: «¡Sí, consigue a una!».

Miriam corrió a toda velocidad hasta su casa para buscar a su madre. Le dijo que la hija del faraón quería hablar con ella.

Jocabed se apresuró a volver al río con Miriam hasta donde estaba la hija del faraón. Jocabed debe de haber llegado sin aire de la prisa que tenía.

La hija del faraón le pidió a Jocabed que cuidara del niño hasta que él tuviera la edad suficiente para vivir con ella en el palacio.

Miriam ayudó a su madre a cuidar de su hermanito. Cuando el niño creció, su madre lo llevo donde la hija del faraón.

La hija del faraón lo crio como propio. Le puso de nombre *Moisés* que significa «sacar» porque «lo sacó del agua».

A pesar de que Moisés era israelita, fue criado en el palacio como egipcio. Le dolía que trataran tan duramente a los israelitas. Él sabía que ese era su pueblo. Lo entristecía ver que su gente trabajara tan arduamente como esclavos.

Years later, Moses would do great things for his people. This was all part of God's big plan to save his chosen people, the Israelites.

And a young, brave girl named Miriam had played a big role in God's amazing plan.

Años más tarde, Moisés haría grandes cosas por su pueblo. Todo era parte del gran plan que tenía Dios para salvar al pueblo elegido, los israelitas.

Y una joven y valiente niña llamada Miriam había jugado un gran papel en el increíble plan de Dios.

Reflection

- What hard jobs have you done for God?

- What helped you have courage to do that job?

- Miriam was just a young girl. Who would've thought she'd play such a big role? Miriam was one of the heroes of the story of saving baby Moses' life.

- God sometimes uses unlikely people to do big jobs. The story of Miriam helps us know that we can do big jobs for God, just like she did.

Prayer

Dear God, lead me to be brave like Miriam so that I can do big jobs for you. Give me the courage to do big jobs, even if I am a little afraid. Give me a strong faith to trust you when I do those big jobs.

Thank you for taking care of me just like you took care of baby Moses and Miriam.

I love you, God. Amen.

Reflexión

- ¿Qué trabajos duros has hecho para Dios?

- ¿Qué te ayudó a tener coraje para hacer ese trabajo?

- Miriam no era más que una jovencita. ¿Quién hubiera pensado que tendría un papel tan importante? Miriam fue una de las heroínas de la historia en la que se salvó la vida del bebé Moisés.

- A veces, Dios usa a las personas menos pensadas para hacer grandes trabajos. La historia de Miriam nos ayuda a entender que podemos hacer grandes trabajos para Dios, tal como lo hizo ella.

Oración

Querido Dios: guíame para que sea valiente como Miriam, así puedo hacer grandes trabajos para ti. Dame el coraje para hacer grandes trabajos, a pesar de estar un poco asustado. Dame fuerza en la fe para confiar en ti cuando hago esos grandes trabajos.

Gracias por cuidarme al igual que tú cuidaste al bebé Moisés y a Miriam.

Te amo, Dios. Amén.

Moses and the Burning Bush

EXODUS 2:11–4:17

Moses grew up in the palace until he was a man. One day, he saw an Egyptian beating an Israelite. That hurt his heart and made him angry. He got so mad that he killed the Egyptian.

When Pharaoh found out what Moses had done, Pharaoh was furious. The king tried to kill Moses, but Moses ran far away to live in the desert. There he learned to work as a shepherd.

That must have been a huge change from living in the palace, right? In the palace, Moses probably had servants who took care of him. Now, Moses took care of stinky sheep. And he slept on the ground in a tent.

Would you rather live in a palace or a tent in the desert?

Moses stayed in the desert a long time. He married a woman named Zipporah, and they had children of their own. By now, the king of Egypt had died, and another mean king had taken his place.

"God, help us!" the Israelites prayed. "Save us from our misery!"

Meanwhile, Moses tended flocks of sheep in the fields. Day after day, the same thing. Feed and water the sheep. Go home and sleep.

But one day, that all changed.

Moisés y la zarza ardiente

ÉXODO 2:11-4:17

Moisés vivió en el palacio hasta que se hizo hombre. Un día, vio que un egipcio le daba una dura paliza a un israelita. Eso hirió su corazón y lo enojó mucho. Tanto se enojó que mató al egipcio.

Cuando el faraón se enteró de lo que había hecho Moisés, se enfureció muchísimo. El rey intentó matar a Moisés, pero Moisés se escapó y se fue a vivir al desierto. Allí aprendió a trabajar como un pastor.

Ese debe de haber sido un cambio enorme comparado con vivir en el palacio, ¿verdad? En el palacio, Moisés seguramente tenía sirvientes que se ocupaban de todo. Ahora, Moisés se ocupaba de ovejas olorosas. Y dormía en el suelo, en una tienda.

¿Preferirías vivir en un palacio o en una tienda en el desierto?

Moisés se quedó en el desierto mucho tiempo. Se casó con una mujer llamada Séfora y tuvieron hijos. Para entonces, el rey de Egipto había muerto y había sido reemplazado por otro rey malvado. Los israelitas clamaban a Dios que los ayudara y los salvara de tanto maltrato.

Mientras tanto, Moisés se ocupaba de rebaños de ovejas en los campos. Día tras día, siempre lo mismo. Alimentar y dar de beber a las ovejas. Regresar a casa y dormir.

Pero un día, todo eso cambió.

Moses thought he and the sheep were alone in the desert. But suddenly, he saw a bush covered in flames. The bush burned bright and hot, with orange and red fire. The odd thing was the bush never burned up! The leaves were still there—still green and alive—yet the bush kept right on burning.

What in the world is going on? Moses thought.

Moses walked closer to check out the strange happening.

Then things really got weird.

The bush started talking! Well, not really the bush. But a voice came from the bush. "Moses!" the voice said. And again, "Moses."

Moses knew it was the voice of God. Moses answered, "Here I am."

God told Moses, "Do not come any closer. Take off your sandals."

Moses had no idea why he needed to be barefoot.

"The place where you are standing is holy ground," God said to Moses.

Moses took off his sandals. He kept listening to God and watching the bush.

"I am the God of your father, the God of Abraham, the God of Isaac, and the God of Jacob."

Now Moses hid his face. He was afraid to look at God. But he listened to every word God said.

"I have seen the misery of my people in Egypt," God said. "I have heard them cry out from all the harsh, hard work. I know they suffer."

Moisés creía que él y las ovejas estaban solos en el desierto. Pero de pronto vio una zarza cubierta en llamas. La zarza ardía con un gran brillo y mucho calor, con fuego naranja y rojo. ¡Lo extraño era que la zarza nunca se consumía! Las hojas seguían allí —verdes, vivas— pero la zarza seguía ardiendo.

«Esto es increíble», pensó Moisés.

Se acercó a revisar este hecho extraño.

Y entonces las cosas sí que se pusieron bien raras.

¡La zarza comenzó a hablar! Bueno, en realidad no fue la zarza. Pero de la zarza salía una voz. «¡Moisés! ¡Moisés!», decía la voz.

Moisés sabía que era la voz de Dios y respondió: «Aquí estoy».

Dios le dijo: «No te acerques más. Quítate las sandalias».

Moisés no tenía la menor idea de por qué tenía que quedar descalzo.

«Estás pisando tierra santa», le dijo Dios a Moisés.

Moisés se quitó las sandalias. Siguió escuchando a Dios y observando la zarza.

«Yo soy el Dios de tu padre, el Dios de Abraham, el Dios de Isaac y el Dios de Jacob».

Ahora Moisés escondió su cara. Tenía miedo de mirar a Dios. Pero escuchó cada palabra que le dijo.

«Ciertamente he visto la opresión que sufre mi pueblo en Egipto. He oído sus gritos de angustia a causa de la crueldad de sus capataces. Estoy al tanto de sus sufrimientos».

God told Moses that he was going to save his people. He would rescue the children of Israel and bring them to better land.

A long time ago, God had told Abraham to move to that land, and he'd promised Abraham that Abraham's offspring would live there too. God had described it as "a land flowing with milk and honey." That meant plenty of cows could live on the land, and bees, and many people too.

As Moses listened to God talk to him from the burning bush, Moses might have thought, *This is great! God plans to rescue my whole family clan—hundreds of thousands of people—from the country of Egypt!*

But then God said, "And, Moses, I'm sending you to save them."

Moses probably felt like fainting! "Me?" he said. "You want to send me?"

God said, "I will be with you."

Moses was scared. He didn't think he could do this big job that God wanted him to do.

Moses asked God, "What if Pharaoh won't listen?"

God said, "Tell him *I AM* sent you." God said that because "I AM" is the name God gave to describe himself. In the Israelite language, Hebrew, "I AM" sounds like *Yahweh*.

"What if they don't believe me?" Moses asked God.

Dios le dijo a Moisés que iba a salvar a su pueblo. Rescataría a los hijos de Israel y los llevaría a una tierra mejor.

Hacía mucho tiempo, Dios le había dicho a Abraham que se mudara a esa tierra, y le había prometido a Abraham que su descendencia también viviría allí. Dios la había descrito como «una tierra donde fluyen la leche y la miel».

Eso significaba que en la tierra vivirían muchísimas vacas y abejas y también mucha gente.

Mientras Moisés escuchaba a Dios que le hablaba desde la zarza ardiente, tal vez pensó, *¡Esto es genial! ¡Dios tiene planeado rescatar a todo mi clan familiar —cientos de miles de personas— del país de Egipto!*

Pero luego Dios dijo: «Tú vas a sacar de Egipto a mi pueblo Israel».

¡Moisés seguramente casi se desmaya! Y le dijo: «¿Quién soy yo para sacar de Egipto al pueblo de Israel?».

Pero Dios le respondió: «Yo estaré contigo».

Moisés tenía miedo. No creía poder hacer este enorme trabajo que Dios quería que hiciera. Le preguntó a Dios que pasaría si el faraón no hacía lo que él le pedía.

Dios respondió: «Dile esto al pueblo de Israel: "Yo Soy me ha enviado a ustedes"». Dios dijo eso porque "Yo Soy" es el nombre que se dio Dios para describirse. En la lengua israelita, el hebreo, "Yo Soy" suena como *Yahweh*.

«¿Qué hago si no me creen o no me hacen caso?», le preguntó Moisés a Dios.

God told Moses to throw his shepherd's staff onto the ground. Moses did. The stick with its curved end became a snake. Moses shrieked and ran. Then God told him to pick up the snake by the tail. When Moses did, it was a shepherd's staff again.

"See?" God said. "They'll believe that I am God."

Moses didn't think he was up for this job. It seemed impossible. He even used the excuse that he couldn't talk well. "Please send someone else, God."

God told Moses that Moses' brother, Aaron, could go with him. "I will be with both of you," God said. "I will help you know what to say."

Moses was still afraid. But he knew he had to do the job God wanted him to do. It would be a really difficult job, but God had promised to be with him.

Dios le dijo a Moisés que arrojara su vara de pastor al suelo. Moisés lo hizo. El palo, con su extremo curvo, se convirtió en serpiente. Moisés dio un alarido y salió corriendo. Luego Dios le dijo que tomara a la serpiente de la cola y la levantara. Cuando Moisés lo hizo, se transformó en una vara otra vez.

Dios le dijo: «Ves? Realiza esta señal y ellos creerán que soy Dios».

Moisés no creía estar a la altura de esta tarea. Parecía imposible. Hasta usó la excusa de que no sabía hablar bien. «¡Te lo ruego, Señor! Envía a cualquier otro».

Dios le dijo a Moisés que su hermano, Aarón, podía ir con él. «Yo estaré con los dos cuando hablen y les enseñaré lo que tienen que hacer», le dijo Dios.

Moisés seguía teniendo miedo. Pero sabía que tenía que hacer el trabajo que Dios le pedía. Sería un trabajo realmente difícil, pero Dios le había prometido que estaría con él.

Reflection

- Have you ever felt like you weren't the right person to do a certain job? Like, maybe you weren't tall enough or smart enough? How did you get that job done?

- When God wants to use us for a big job, he will help us. He'll give us what we need to complete the task.

- We can trust God to help us. We can trust God to be with us each step of the way.

Prayer

Dear God, thank you for the promise that you will always be with me. Thank you that you help me with all my jobs, with everything that I do. Big jobs, little jobs, and everything in between.

Help me know without a doubt that you are with me. Help me not to be afraid when you ask me to do a job.

Lead me to trust you every day. Amen.

Reflexión

- ¿Alguna vez sentiste que no eras la persona adecuada para hacer cierto trabajo? ¿Como que tal vez no eras lo suficientemente alto, o lo suficientemente inteligente? ¿Cómo hiciste para cumplir con la tarea?

- Cuando Dios quiere usarnos para realizar una gran tarea, nos ayudará. Nos dará lo que necesitemos para completar el trabajo.

- Podemos confiar en que Dios nos ayudará. Podemos confiar en que Dios estará con nosotros a cada paso.

Oración

Querido Dios: gracias por prometerme que siempre estarás conmigo. Gracias por ayudarme con todas mis tareas, con todo lo que hago. Tareas grandes, tareas pequeñas; todo tipo de tareas.

Ayúdame a saber, sin lugar a dudas, que estás conmigo. Ayúdame a no temer cuando me pides que haga algo.

Guíame para que confíe en ti todos los días. Amén.

Escape from Egypt

EXODUS 7–14

Moses and his brother, Aaron, went to see Pharaoh, just like God had told them to do.

"Let God's people go," Moses said.

Pharaoh didn't want the Israelites to leave Egypt. Who would do all the hard work if he let them go? The king said, "No. The children of Israel are not leaving."

Moses and Aaron may have thought, *Okay, Pharaoh, you asked for it. Now God will show you his power.*

God decided to send *plagues* to Egypt to prove how mighty he is. Ten plagues in all. (A plague is a bad thing that affects a lot of people, like a really bad illness, or a bug problem, or something even more awful.)

And so, God began.

God told Moses to have Aaron stretch out his wooden staff over the waters. And, POOF! Just like that, all the water in Egypt turned into blood.

Did that convince Pharaoh? Nope. He still wouldn't let the Israelites go.

Moses told Pharaoh, "God said to let his people go, or he'll plague your country with frogs."

Now, frogs don't really seem that bad, right? A *croak, croak* here. And a *ribbit, ribbit* there. Here a hop; there a jump. Everywhere a froggy frog.

El escape de Egipto

ÉXODO 7-14

Moisés y su hermano Aarón fueron a ver al faraón, tal como les había pedido Dios que lo hicieran. Moisés le pidió que dejara ir al pueblo de Dios.

El faraón no quería que los israelitas abandonaran Egipto. ¿Quién haría todo el trabajo duro si los dejaba ir? El rey se negó a dejarlos ir.

Moisés y Aarón tal vez pensaron: *Está bien, faraón, tú te lo buscaste. Ahora Dios va a mostrarte su poder.*

Dios decidió enviar *plagas* a Egipto para demostrar lo poderoso que es. Un total de diez plagas. (Una plaga es algo malo que afecta a mucha gente, como una terrible enfermedad, o un problema de insectos o algo incluso más terrible).

Y entonces, Dios comenzó.

Dios le dijo a Moisés que Aarón desplegara su vara de madera sobre las aguas. Y ¡PAF! Así como así, toda el agua de Egipto se convirtió en sangre.

¿Alcanzó para convencer al faraón? Nop. Seguía sin dejar que los israelitas se marcharan.

Moisés le dijo al faraón: «Esto dice el Señor: Deja ir a mi pueblo. Si te niegas a dejarlo ir, enviaré una plaga de ranas por todo tu territorio».

Ahora, un puñado de ranas no parece algo tan terrible, ¿verdad? Un *croac croac* por aquí. Un *cric cric* por allí. Un saltito acá, un brinco más allá. Ranitas por todos lados.

But God sent millions and millions of frogs. Frogs covered the land so thickly that no one could see the ground. Pharaoh and his people suffered because of so many frogs.

Pharaoh said to Moses and Aaron, "If God will take away the frogs, I'll let his people go."

But Pharaoh lied. After God ended the plague of frogs, Pharaoh said, "Nope. Now the people can't leave."

Next came a plague of gnats. God told Moses to have Aaron strike the ground with his staff. POOF! Just like that, every grain of sand became a gnat. Gnats swarmed all over the people and animals of Egypt. They could barely breathe because of the gnats.

When the small bugs didn't get the best of Pharaoh, God sent bigger insects—flies. The plague of flies pestered the Egyptians . . . but not the Israelites. That way, God showed that the children of Israel were his special people.

Pharaoh told Moses and Aaron, "Now God's people can go, but first pray and ask God to get rid of the bugs." Moses prayed, and God removed all the bugs. But, once again, Pharaoh took back his word. He wouldn't let God's people leave.

Next God sent a plague on the livestock of the Egyptian people. Horses, donkeys, camels, cows, sheep, and goats died. But not one of the animals that belonged to the Israelites died. Even that terrible plague didn't change Pharaoh's mind.

Pero Dios envió millones y millones de ranas. El manto de ranas que cubría la tierra era tan grueso que nadie podía ver el suelo. El faraón y su gente sufrieron porque habían tantas ranas.

El faraón les dijo a Moisés y Aarón: «Si el Señor se lleva a las ranas, yo dejaré salir a su pueblo».

Pero el faraón mentía. En cuanto Dios puso fin a la plaga de ranas, el faraón dijo que los israelitas no podían marcharse.

Luego le siguió una plaga de mosquitos. Dios le dijo a Moisés que Aarón diera un golpe en la tierra con su vara. ¡PUF! Y así de repente, cada grano de arena se convirtió en un mosquito. Los mosquitos revoloteaban alrededor de todas las personas y animales de Egipto. Casi no podían respirar debido a los mosquitos.

Cuando vio que estos bichitos no hacían que el faraón diera el brazo a torcer, Dios envió insectos más grandes: moscas. La plaga de moscas fastidiaba a los egipcios... pero no a los israelitas. De ese modo, Dios demostraba que el pueblo de Israel era su pueblo elegido.

El faraón quería que Dios se deshiciera de las moscas y les dijo a Moisés y Aarón: «Está bien, pueden ir». Moisés rezó y Dios puso fin a la plaga de moscas. Pero, una vez más, el faraón no cumplió con su palabra. No dejó que el pueblo de Dios se marchara.

Entonces, Dios envió una plaga al ganado de los egipcios. Murieron caballos, burros, camellos, vacas, ovejas y cabras. Pero ni esa terrible plaga hizo que el faraón cambiara de opinión.

A plague of sores came next. Painful sores appeared all over the bodies of the Egyptian people and their animals. But Pharaoh said, "No, God's people can't leave."

Next, hail fell from the sky, crushing the crops that had been growing in the fields. Pharaoh still wouldn't let the Israelites leave.

Now God sent even bigger insects. Locusts swarmed the land and ate every plant and tree in sight.

Moses and Aaron told Pharaoh, "Let God's people go so that we may worship him in the desert away from here."

But no. Pharaoh wouldn't give in.

A plague of darkness came next. And after the darkness, the worst plague of all came to the people of Egypt. God said he would kill the firstborn son of every family in Egypt.

But God warned the Israelites to make a sign on their homes. He said that each Israelite family should kill a lamb and prepare a meal. He told them to use some of the lambs' blood and paint it on the doorposts of their houses. He also told them to make flat bread with no yeast as part of their meal.

God said the plague of death would come to the Egyptians. But the sign of blood on the doorposts would make the plague of death *pass over* the homes of the Israelites. None of the Israelites would be hurt.

When death came to the houses of Egypt, weeping and wailing arose

Luego le siguió una plaga de llagas. Unas llagas dolorosas cubrían los cuerpos de los egipcios y de sus animales. Pero el faraón seguía diciendo que el pueblo de Dios no se podía marchar.

Después cayó granizo del cielo que destruyó los cultivos que habían estado creciendo en los campos. Pero el faraón igual no dejó que se marcharan los israelitas.

Entonces Dios envió insectos aún más grandes. Las langostas plagaron la tierra y se comieron todas las plantas y árboles que había.

Moisés y Aarón le dijeron una vez más al faraón que dejara que se marchara el pueblo de Dios para que pudieran adorarlo en el desierto, lejos de allí.

Pero no. El faraón aún se negaba.

La próxima fue una plaga de oscuridad. Y luego de la oscuridad, les cayó a los egipcios la peor plaga de todas. Dios dijo que mataría al primer hijo varón de cada familia de Egipto.

Pero Dios advirtió a los israelitas que pusieran una señal en sus hogares. Dijo que cada familia israelita debía matar un cordero y preparar una comida. Les dijo que usaran la sangre del cordero y que con ella pintaran los dos lados de los marcos de sus puertas. También les dijo que hicieran pan sin levadura como parte de su comida.

Dios dijo que la plaga de la muerta llegaría para los egipcios. Pero la señal de sangre en los marcos de las puertas haría que la plaga de la muerte pasara por encima de las casas de los israelitas. No moriría ningún israelita.

Cuando llegó la muerte a las casas de los egipcios, se elevaron llantos y lamentos

all across their country. But all the Israelite families were safe.

Pharaoh finally told Moses and Aaron, "Go, you and all the Israelites. Leave my country. Go and worship your God."

All of God's children left Egypt that day. God used a tall cloud to lead them during the day, and at night, the tall cloud turned into a bright fire to provide light and guide the people. God led the Israelites to camp near the Red Sea.

And guess what happened next? You guessed it! Pharaoh changed his mind. He didn't want his Israelite slaves to be gone from Egypt! So he sent his army to chase down the Israelites and bring them back.

God had *still* more power to show the Egyptians and Israelites! He told Moses to stretch out his shepherd's staff over the Red Sea. Moses did what God said. The sea opened to form a wide path of dry ground to the other shore, with water standing up on the right and on the left like the walls of a hallway.

The children of Israel walked safely across the dry bottom of the Red Sea and escaped Pharaoh's army.

God had moved an entire sea of water for his people.

When all the Israelites were safe on the other shore, God sent the water crashing down to cover the Egyptian army. They didn't chase the Israelites ever again.

God's people were finally free!

a través de todo el territorio. Pero todas las familias israelitas estuvieron a salvo.

El faraón por fin les dijo a Moisés y Aarón que se largaran, ellos y los demás israelitas. Les dijo que abandonaran su reino y que se fueran a adorar a su Dios.

Todos los hijos de Dios se marcharon de Egipto ese mismo día. Dios utilizó una nube alta para guiarlos durante el día, y durante la noche la nube se convertía en un fuego luminoso para alumbrar y guiar a la gente. Dios guio a los israelitas para que acamparan cerca del mar Rojo.

¿Y adivina qué pasó después? ¡Adivinaste! El faraón se arrepintió. ¡No quería que sus esclavos israelitas se marcharan de Egipto! Así que, envió a su ejército para que apresara a los israelitas y los trajera de regreso.

¡Dios tenía *aún más* poder para mostrar a los egipcios y los israelitas! Le dijo a Moisés que estirara su vara de pastor sobre el mar Rojo. Moisés hizo lo que le indicó Dios. El mar se abrió y formó un amplio sendero de tierra seca que llegaba a la otra orilla, con el agua vertical a la derecha y a la izquierda, como las paredes de un pasillo.

Los hijos de Israel caminaron a salvo a través del fondo seco del mar Rojo y escaparon del ejército del faraón.

Dios había movido todo un mar de agua por su pueblo.

Cuando todos los israelitas estuvieron a salvo en la otra orilla, Dios hizo colapsar el agua sobre el ejército egipcio. Nunca más persiguieron a los israelitas.

¡El pueblo de Dios por fin era libre!

Reflection

- What is the most powerful thing you've seen a real person do?

- No one can do the things God can do, not even superheroes. God is much more powerful.

- When God promised his chosen people that he would take care of them, he meant it. God's love for his people never ends.

- God loves you and me with an unfailing love too. God will never stop loving us. Ever.

Prayer

Dear God, I praise you because you are mighty. I praise you because you are powerful. I praise you because there is no other God but you. There is no one who can do the things you can do.

Thank you for saving the Israelites, and thank you for sending Jesus to save me. Thank you that you always love me. Amen.

Reflexión

- ¿Qué es lo más poderoso que has visto hacer a una persona?

- Nadie puede hacer las cosas que puede hacer Dios, ni siquiera los superhéroes. Dios es mucho más poderoso.

- Cuando Dios le prometió a su pueblo elegido que cuidaría de él, lo decía en serio. El amor de Dios por su pueblo es eterno.

- Dios también nos ama a ti y a mí con un amor inquebrantable. Dios nunca va a dejar de amarnos. Jamás.

Oración

Querido Dios: te alabo porque eres poderoso. Te alabo porque eres omnipotente. Te alabo porque no hay otro Dios más que tú. No hay nadie que pueda hacer las cosas que haces tú.

Gracias por salvar a los israelitas, y gracias por enviar a Jesús para salvarme. Gracias por amarme siempre. Amén.

God Provides in the Desert

EXODUS 15:22–17:7

The children of God were finally free from years and years of slavery. They celebrated with music and songs and dancing. The people praised God. They thanked him for saving them.

All God's people were full of joy.

Until . . .

Shortly after they crossed the Red Sea, the people spent three days traveling in the desert without finding water. Even with all the powerful things God had done for them, the people began to grumble. And pout. And complain.

When they finally found water, it tasted bad. And they grumbled some more.

God showed Moses a piece of wood. When Moses threw it into the water—POOF!—the water tasted good. God was still in the miracle business! He just kept on showing his mighty power to his children.

God said to the people, "Listen to me and do what is right. Keep my commands. Make good choices. Then I will not bring on you the plagues I brought on the Egyptians." God reminded them, "I am the Lord."

Dios provee en el desierto

ÉXODO 15:22-17:7

Los hijos de Dios por fin se habían liberado de años y años de esclavitud. Celebraron con música y cantos y bailes. El pueblo adoró a Dios. Le agradecieron por salvarlos.

Todo el pueblo de Dios estaba lleno de alegría.

Hasta que...

Poco después de cruzar el mar Rojo, el pueblo pasó tres días viajando en el desierto sin encontrar agua. Incluso con todas las cosas increíbles que Dios había hecho por ellos, la gente empezó a refunfuñar. Y a hacer pucheros. Y a quejarse.

Cuando por fin encontraron agua, no sabía bien. Y se quejaron un poco más.

Dios le mostró a Moisés un pedazo de madera. Cuando Moisés lo tiró al agua, ¡PUF!, el agua empezó a saber bien. ¡Dios seguía con el tema de los milagros! Y siguió mostrándoles a sus hijos que era todopoderoso.

Dios le dijo a su pueblo: «Si ustedes escuchan atentamente la voz del Señor su Dios y hacen lo que es correcto ante sus ojos, obedeciendo sus mandatos y cumpliendo todos sus decretos, entonces no les enviaré ninguna de las enfermedades que envié a los egipcios». Y les recordó: «Porque yo soy el Señor».

God guided them to another place, a wonderful place. There were a dozen springs of water and lots of palm trees for shade. The people camped near the water and stopped grumbling.

Until . . .

When their tummies rumbled from hunger, the people grumbled to Moses. "We need food," they said. "We're going to starve!"

God told the Israelites he would send meat in the evenings and bread in the mornings.

That very evening, quail came and covered the camp. The people were happy again! "Quail for dinner!" they said.

And the next morning, a layer of dew covered the desert floor around them. When the dew drops faded away, they became thin, white flakes that looked like frost. The Israelites had never seen anything like it. When they tasted the flakes, they realized the odd flakes were pieces of yummy bread.

"What is this?" the people asked each other. "What is it?"

No one had ever seen or tasted anything like the bread God sent. So they called it *manna*, which means, "What is it?"

God gave them specific instructions about the manna. He wanted to see if the people would follow his instructions. He also wanted them to know that he would provide for them and take care of them. And white stuff appearing on the ground was how he planned to show them.

Dios los guio hacia otro lugar, un lugar maravilloso. Había una docena de manantiales y muchas palmeras que daban sombra. La gente acampó cerca del agua y dejó de quejarse.

Hasta que...

Cuando sus panzas empezaron a hacer ruido por el hambre, la gente se quejó con Moisés. «Tú nos has traído a este desierto para matarnos de hambre», le dijeron.

Dios les dijo a los israelitas que les enviaría carne por las tardes y pan por las mañanas.

Esa misma noche llegaron codornices que cubrieron el campamento. ¡La gente volvió a estar feliz! ¡Codornices para la cena!

Y, a la mañana siguiente, una capa de rocío cubrió el desierto donde estaban. Cuando las gotas de rocío se evaporaron, se convirtieron en láminas finas y blancas que parecían escarcha. Los israelitas nunca habían visto algo así. Cuando probaron las láminas, se dieron cuenta de que las extrañas láminas eran un pan delicioso.

«¿Qué es esto?», se preguntaban unos a otros.

Nadie había visto ni probado jamás algo como el pan que enviaba Dios. Así que lo llamaron *maná* que significa «¿qué es esto?».

Dios les dio instrucciones muy específicas sobre el maná. Quería ver si la gente seguiría sus instrucciones. También quería que supieran que él los proveería de lo que necesitaran y que los cuidaría. Y planeaba demostrárselo con esta cosa blanca que aparecía en el suelo.

God said, "Gather only the amount of manna you can eat in one day. No more." However, on the sixth day, God said they should gather enough for two days. He wanted them to rest from work on the seventh day, just like God had done long ago when he'd created the world.

The people gathered what they would need for the first day. Some gathered extra and tried to keep it overnight, even though God and Moses had told them not to. When those people woke up the next morning, the bread they'd tried to save was full of small bugs called maggots. And the bread smelled bad.

Moses was angry that those people had disobeyed God.

Each morning, God gave everyone new manna. And each evening, the quail came.

On the sixth day, the people gathered enough manna for two days. On the seventh day, the day of rest, God didn't send manna. And guess what? This time, no maggots came to the extra manna. And it tasted delicious! Even though some of the Israelites looked for manna on the seventh day, they found none.

God did just what he said he would do.

And the people stopped grumbling.

Until . . .

When they moved to a new camp, the Israelites couldn't find water.

"Why did you bring us here to die?" the people grumbled.

A través de Moisés, Dios les dijo: «Cada grupo familiar juntará todo lo que necesite. No guarden nada para el día siguiente». Pero, en el sexto día, Dios les dijo que juntaran suficiente para dos días. Quería que descansaran en el séptimo día, tal como lo había hecho Dios tiempo atrás cuando creó el mundo.

La gente juntó lo que necesitaría para el primer día. Algunos juntaron de más e intentaron guardarlo por la noche, a pesar de que Dios y Moisés les habían dicho que no lo hicieran. Cuando esa gente despertó al día siguiente, el pan que habían intentado guardar estaba repleto de unos bichitos llamados larvas y olía horrible.

A Moisés lo enfureció que esa gente no hubiera obedecido a Dios.

Todas las mañanas, Dios les daba a todos nuevo maná. Y cada tarde, llegaban las codornices.

El sexto día, la gente recolectó suficiente maná para dos días. El séptimo día, el día de descanso, Dios no envió maná. ¿Y adivina qué? Esta vez, el maná extra no se llenó de larvas. ¡Y sabía delicioso! A pesar de que algunos israelitas buscaron maná durante el séptimo día, no lo encontraron.

Dios hizo exactamente lo que había dicho.

Y la gente dejó de quejarse.

Hasta que...

Cuando se marcharon a un nuevo campamento, los israelitas no podían encontrar agua. Se quejaban y le preguntaban a Moisés por qué los había llevado allí a morir.

How could they forget all the times God had taken care of them?

God told Moses to strike a rock with his staff. Moses did. *Smack!* Clean, delicious water flowed right out of the rock.

The people cheered and praised the Lord. The people stopped grumbling.

Until . . .

¿Cómo podían olvidar todas las veces que Dios se había hecho cargo de ellos?

Dios le dijo a Moisés que golpeara una roca con su vara. Moisés lo hizo. *¡Plac!* De la roca fluyó agua limpia y deliciosa.

La gente celebró y alabó al Señor. La gente dejó de quejarse.

Hasta que...

Reflection

- The last time you grumbled, why were you unhappy?

- God took care of his people. But when something went wrong, they grumbled.

- We can make that mistake sometimes too. God does good things for us, but at the first sign of trouble, we complain.

- God wants us to trust him and not complain. If we need something, simply pray and ask God, without grumbling. God promises to take care of us.

Prayer

Dear God, thank you that you promise to take care of my needs. That doesn't mean that I'll get everything I want. It does mean you are always with me.

Help me not to grumble when things don't go my way. Thank you for all the good things that you do for me. Amen.

Reflexión

- La última vez que te quejaste, ¿por qué fue?

- Dios cuidó de su pueblo. Pero cuando algo salía mal, todos se quejaban.

- A veces nosotros también podemos cometer ese error. Dios hace cosas buenas por nosotros, pero al primer indicio de un problema, nos quejamos.

- Dios quiere que confiemos en él y no nos quejemos. Si necesitamos algo, simplemente recemos y pidámosle a Dios, sin quejarnos. Dios promete que se hará cargo de nosotros.

Oración

Querido Dios: gracias por prometer hacerte cargo de mis necesidades. Eso no quiere decir que obtendré todo lo que quiero. Lo que significa es que estás siempre conmigo.

Ayúdame a no quejarme cuando las cosas no salen como yo quiero. Gracias por todas las cosas buenas que haces por mí. Amén.

The 10 Commandments

EXODUS 19:16–20:17; 31:18

Thunder and lightning. Thick clouds and smoke. A loud trumpet blast. Sounds like a scene from a movie, right?

God was about to do something BIG. He does a lot of big things in the Bible, doesn't he? Who could forget how God created the world in just six days? Who could forget how God led Joseph from slave to prisoner to the second most important man in Egypt?

Who could forget all those plagues—frogs, gnats, locusts, and hail? Surely, everyone remembers how God opened the Red Sea so the Israelites could walk through it on dry ground.

And who could forget how God gave his chosen people manna every morning and quail every night . . . and water from a rock?

But guess what? The people of God forgot those big things.

God knew the people of Israel needed rules to help them remember how important God is. He knew they needed rules to help them live the right way and make good choices. God knew that his people would be happiest if they followed his rules.

So God told Moses to come to him on the top of Mount Sinai because God had something important to tell him.

Los diez mandamientos

ÉXODO 19:16-20:17; 31:18

Truenos y relámpagos. Nubes densas y humo. El fuerte estallido de una trompeta. Parece la escena de una película, ¿no es así?

Dios estaba a punto de hacer algo IMPRESIONANTE. Hace muchas cosas impresionantes en la Biblia, ¿verdad? ¿Quién puede olvidar que creó el mundo en tan solo seis días? ¿Quién puede olvidar cómo llevó a José de ser esclavo, a ser prisionero, a ser el segundo hombre más importante de Egipto?

¿Quién puede olvidar todas esas plagas: ranas, mosquitos, langostas y granizo? Sin duda todos recuerdan cómo partió las aguas del mar Rojo para que los israelitas pudieran caminar sobre tierra firme.

¿Y quién puede olvidar cómo Dios le dio a su pueblo elegido el maná cada mañana y codornices cada tarde... y agua de una roca?

Pero ¿adivina qué? El pueblo de Dios se olvidó de todas esas cosas increíbles.

Dios sabía que el pueblo de Israel necesitaba reglas que los ayudaran a recordar lo importante que es Dios. Sabía que necesitaban reglas que los ayudaran a vivir del modo correcto y a tomar decisiones acertadas. Dios sabía que su pueblo sería más feliz si seguía estas reglas.

Así que, Dios le dijo a Moisés que fuera a encontrarse con él en la cima del monte Sinaí, porque Dios tenía algo importante que decirle.

Moses looked up at the mountain. A thick cloud and smoke covered it. Lightning flashed from the cloud. Thunder boomed from it. Trumpet sounds blasted from the cloud. The whole mountain shook. Moses climbed to the top of the quivering mountain to meet with God.

That must have been a challenge, right? Let's hope he had that staff to hold him steady!

On top of the mountain, God gave Moses important rules. The rules would help the people live the right way and stay safe. The rules would also help the people of Israel show the world that they were God's special people.

God wanted to set apart the nation of Israel to show everyone else in the world how to live.

God was ready to speak to Moses. He gave Moses 10 really important rules first, before he told him many other rules. These 10 rules were so important that God carved the rules with his own finger into large, flat pieces of rock.

We call these rules the 10 Commandments.

Here are the 10 big rules God gave Moses that day on the mountain.

The First Commandment: *Do not worship other gods.*

God is the only God there is. He didn't want his people to worship and honor the fake gods invented by other people in the world.

Moisés levantó la vista hacia la montaña. La cubrían una nube densa y humo. De la nube destellaban rayos. De ella retumbaban truenos y estallaban sonidos de trompetas. Toda la montaña temblaba. Moisés subió por la montaña temblorosa para encontrarse con Dios.

Debe de haber sido un gran desafío, ¿verdad? ¡Ojalá haya tenido esa vara para mantener el equilibrio!

En la cima de la montaña, Dios le dio a Moisés una serie de reglas muy importantes. Las reglas ayudarían a que la gente viviera de la manera correcta y que estuviera a salvo. Las reglas también ayudarían al pueblo de Israel a demostrarle al mundo que ellos eran un pueblo especial para Dios.

Dios quería destacar a la nación de Israel para mostrarle al resto del mundo cómo vivir.

Dios estaba listo para hablarle a Moisés. Primero, le dio diez reglas muy importantes, antes de darle muchas otras reglas. Estas diez reglas eran tan importantes que Dios las talló con su propio dedo en unos pedazos de roca grandes y planas.

A estas reglas las llamamos los Diez Mandamientos.

Estas son las diez grandes reglas que Dios le dio a Moisés ese día en la montaña.

Primer Mandamiento: *No tengas ningún otro Dios aparte de mí.*

Dios es el único Dios que hay. No quería que su pueblo adorara y honrara a falsos dioses inventados por otra gente en el mundo.

The Second Commandment: *Do not make idols.*

The Israelites would be moving to the country of Canaan. The people already living in Canaan, and people in other parts of the world, made little statues of the false gods they imagined to be real. They called these statues "idols." God said not to make those or worship them.

Not many people have statue idols today. But we sometimes make a kind of idol out of things, and we shouldn't, because we might love those things more than God. Things like money, fancy clothes, famous movie stars, talented singers, or athletes. We have to be careful not to love any of those things more than we love God. God wants to be first in our lives.

The Third Commandment: *Do not use God's name in bad ways.*

God's name should never be used like a cuss word. When we say God's name, we should speak to him, and about him, with love.

The Fourth Commandment: *Keep the Sabbath day as a holy day.*

Segundo Mandamiento: *No tengas ninguna clase de ídolo.*

Los israelitas irían al territorio de Canaán. La gente que ya vivía en Canaán, y la gente en otras partes del mundo, hacía pequeñas estatuas de falsos dioses que creían ser reales. A estas estatuas las llamaban «ídolos». Dios dijo que no las hicieran ni las adoraran.

Hoy en día, no hay mucha gente que tenga estatuas de ídolos. Pero a veces transformamos cosas en especies de ídolos, y no deberíamos hacerlo porque podríamos amar a esas cosas más que a Dios. Cosas como el dinero, la ropa elegante, las estrellas de cine famosas, los cantantes talentosos o los deportistas. Debemos tener cuidado de no amar a esas cosas más de lo que amamos a Dios. Dios quiere estar primero en nuestras vidas.

Tercer Mandamiento: *No hagas mal uso del nombre del Señor tu Dios.*

El nombre de Dios nunca debe ser usado para maldecir. Cuando decimos el nombre de Dios, deberíamos estar hablando con él, y sobre él, con amor.

Cuarto Mandamiento: *Acuérdate de guardar el día de descanso al mantenerlo santo.*

Sabbath day means a day of rest. For us, that's usually Sunday. This commandment means that God wants his people to rest from working and also to spend special time with God, worshipping him and talking to him in prayer.

The Fifth Commandment: *Honor your father and mother.*

God expects us to respect our parents. He gave us our parents to love us, care for us, and to help us grow to become kind and loving, like God.

The Sixth Commandment: *Do not murder anyone.*

Killing people is wrong. We should never, ever kill another person.

The Seventh Commandment: *Do not take someone else's husband or wife to be your husband or wife.*

God wants husbands and wives to be true to each other.

The Eighth Commandment: *Do not steal.*

God does not want people to take things that do not belong to them.

Día del sabbat significa día de descanso. Para nosotros, suele ser el domingo. Este mandamiento significa que Dios quiere que su pueblo descanse del trabajo y también que dedique un tiempo especial para pasarlo con Dios, adorándolo y hablando con él en oración.

Quinto Mandamiento: *Honra a tu padre y a tu madre.*

Dios espera de nosotros que respetemos a nuestros padres. Nos dio a nuestros padres para que nos quieran, nos cuiden y que nos ayuden a crecer y llegar a ser bondadosos y amorosos, como Dios.

Sexto Mandamiento: *No cometas asesinato.*

Matar a una persona está mal. Nunca, jamás, deberíamos matar a otra persona.

Séptimo Mandamiento: *No cometas adulterio.*

Esto significa no tomar al esposo o a la esposa de otra persona. Dios quiere que los esposos y las esposas sean fieles.

Octavo Mandamiento: *No robes.*

Dios no quiere que las personas tomen cosas que no les pertenecen.

The Ninth Commandment: *Do not speak untrue words about other people.*

God wants people to tell the truth. At times, that can be hard to do. But even little lies are wrong. Often, a little lie leads to another lie that leads to still another lie. The lies get bigger and bigger. "Just tell the truth," God said.

The Tenth Commandment: *Do not want something that belongs to someone else.*

God wants us to be content with the things we have. He doesn't want us to be jealous of the things other people have.

God told Moses these 10 Commandments and carved them on flat pieces of stone. God did this so Moses and the Israelites could always keep them and remember them.

He gave Moses many other rules for the people to follow, but these were 10 of the most important rules of all.

Noveno Mandamiento: *No des falso testimonio contra tu prójimo.*

Dios quiere que las personas digan la verdad. A veces, eso puede resultar difícil. Pero, hasta decir las mentiras más pequeñas está mal. A menudo, una mentira pequeña lleva a otra mentira que lleva a otra mentira y a otra más. Las mentiras crecen y crecen. Dios quiere que simplemente digamos la verdad.

Décimo Mandamiento: *No codicies ninguna cosa que le pertenezca a tu prójimo.*

Dios quiere que estemos felices con las cosas que tenemos. No quiere que estemos celosos de las cosas que tienen otros.

Dios le dijo estos Diez Mandamientos a Moisés y los talló en placas de piedra. Dios hizo esto para que Moisés y los israelitas pudieran guardarlos para siempre y recordarlos.

Le dio muchas otras reglas a Moisés para que la gente siguiera, pero estas eran las diez reglas más importantes de todas.

Reflection

- Which one of the 10 Commandments is the hardest for you to follow?

- Which one of your parents' or teacher's rules is the hardest for you?

- God gave Moses rules to help people live safely and happily.

- God wanted his chosen ones to show the rest of the world the right way to live. God loves everyone in the world so much that he wants what's best for them. And following God's rules is best!

Prayer

Dear God, sometimes it's hard to follow rules. Because we're humans who make mistakes, we like to do things our own way. But you gave us rules because you know what is best for us. You know that always following your rules will make us the happiest and keep us the safest.

Help me follow rules, God, and be obedient. Help me obey the 10 Commandments because you know what is best for me. Amen.

Reflexión

- ¿Cuál de los Diez Mandamientos es el más difícil de cumplir para ti?

- ¿Cuál de las reglas de tus padres o maestros es la más de difícil de cumplir para ti?

- Dios le dio reglas a Moisés para ayudar a que la gente viviera feliz y segura.

- Dios quería que su pueblo elegido le mostrara al resto del mundo cuál era la manera correcta de vivir. Dios ama tanto a todo el mundo que quiere lo mejor para todos. ¡Y cumplir con las reglas de Dios es genial!

Oración

Querido Dios: a veces es difícil cumplir con las reglas. Como somos humanos que cometen errores, nos gusta hacer las cosas a nuestra manera. Pero tú nos diste reglas porque tú sabes lo que es mejor para nosotros. Tú sabes que cumplir tus reglas siempre nos hará más felices y nos mantendrá seguros.

Ayúdame a cumplir con las reglas, Dios, y a ser obediente. Ayúdame a obedecer los Diez Mandamientos porque sabes lo que es mejor para mí. Amén.

The 12 Spies

NUMBERS 10:11–11:35; 13–14

God told the people of Israel to pack up their belongings and head toward the Promised Land.

A long time ago, God had told Abraham that he would be the father of a great nation. God had also said that he would one day give the land of Canaan to God's people.

At last, God's people were headed to that wonderful land of milk and honey.

It was a long trek from Mount Sinai, where God had given Moses the 10 Commandments, to the land of Canaan. Once again, God led the people with a tall, white cloud. And guess what? As the people traveled, they grumbled. Again.

"We need meat," somebody said.

"We're tired of eating this white, flaky manna," another one said.

Remember? No one had ever seen that white stuff, so they had given it the name manna because that means "What is it?"

God had also told Moses he would give the people meat. God had sent quail. And so the people ate quail. And more quail the next day. And more quail the next day. Quail, quail, quail, until someone might have begged, "Quit with the quail!"

Los doce espías

NÚMEROS 10:11-11:35; 13-14

Dios le dijo al pueblo de Israel que empacara sus pertenencias y se dirigiera a la Tierra Prometida.

Hacía mucho tiempo, Dios le había dicho a Abraham que sería el padre de una gran nación. Dios también le había dicho que algún día le daría la tierra de Canaán al pueblo de Dios.

Por fin, el pueblo de Dios se dirigía a esa maravillosa tierra de leche y miel.

El trecho entre el monte Sinaí, donde Dios le había dado los Diez Mandamientos a Moisés, y la tierra de Canaán era largo. Una vez más, Dios guio al pueblo con una alta nube blanca. ¿Y adivina qué? Mientras la gente viajaba, se quejaba. De nuevo.

«¡Oh, si tuviéramos un poco de carne!», decían unos. Y otros clamaban: «¡Estamos hartos de comer este maná! Hasta hemos perdido el apetito».

¿Recuerdas? Nadie había visto esa cosa blanca antes, así que la habían llamado maná porque significa «¿qué es esto?».

Dios también le había dicho a Moisés que le daría carne a la gente. Dios había enviado codornices. Y la gente comió codornices. Y más codornices al día siguiente. Y más codornices al otro día. Codornices, codornices, codornices, hasta que tal vez alguno rogó: «¡Cortemos con las codornices!».

If you had to eat the same food every day for a really long time, what would you want it to be? Quail? Chicken? Pizza? Wait—pizza hadn't been invented yet!

Finally the people's journey ended. They reached the amazing Promised Land.

God told Moses to send 12 men to explore Canaan. God chose that special number to represent each of the 12 tribes, or families, of Israel.

One from Reuben's tribe.
One from Simeon's tribe.
One from Judah's tribe.
One from Issachar's tribe.
One from Ephraim's tribe.
One from Benjamin's tribe.
One from Zebulun's tribe.
One from Manasseh's tribe.
One from Dan's tribe.
One from Asher's tribe.
One from Naphtali's tribe.
One from Gad's tribe.

The 12 men snuck into Canaan from the south and explored. The men spent 40 days checking out the land and the fruit trees and the people.

"Look at the size of those grapes," one of the men probably said.

"This one is bigger than my head," another guy could have said.

He might have exaggerated just a little.

The men gathered clusters of grapes, handfuls of pomegranates, and bunches of figs to take back with them.

Si tuvieras que comer lo mismo todos los días durante un largo tiempo, ¿qué te gustaría que fuera? ¿Codornices? ¿Pollo? ¿Pizza? Espera... ¡la pizza todavía no se había inventado!

Por fin, el viaje terminó. Llegaron a la increíble Tierra Prometida.

Dios le dijo a Moisés que enviara a doce hombres a explorar Canaán. Dios eligió ese número especial para representar a cada una de las doce tribus, o familias, de Israel.

Uno de la tribu de Rubén.
Uno de la tribu de Simeón.
Uno de la tribu de Judá.
Uno de la tribu de Isacar.
Uno de la tribu de Efraín.
Uno de la tribu de Benjamín.
Uno de la tribu de Zabulón.
Uno de la tribu de Manasés.
Uno de la tribu de Dan.
Uno de la tribu de Aser.
Uno de la tribu de Neftalí.
Uno de la tribu de Gad.

Los doce hombres entraron a hurtadillas por el sur de Canaán y exploraron. Los hombres pasaron cuarenta días explorando el territorio y los frutales y a la gente.

«Mira el tamaño de esas uvas», tal vez dijo uno de los hombres.

«Esta es más grande que mi cabeza», tal vez respondió otro.

Puede haber exagerado un poquito.

Los hombres juntaron racimos de uvas, manojos de granadas y pilas de higos para llevarse con ellos.

The people of Israel couldn't wait to hear what the spies had to say about the land of Canaan.

"Good golly, what gorgeous grapes," one of the Israelite mamas probably gushed.

"That's a pile of plump pomegranates," one of the Israelite kids might have proclaimed.

"What a find of fresh figs," another child could have fancied.

The people marveled at the amazing fruit.

"The land really does flow with milk and honey," said one of the spies. "Look at this great fruit."

When he spoke again, the people suddenly lost their appetite for juicy fruit.

"But some of the people there are giants!"

Uh oh. That's not the news they wanted to hear!

Ten of the spies gave a bad report. "Too many people live in Canaan," they told the Israelites. "We're not strong enough to take their land." Their words scared God's chosen people.

But two spies, Caleb and Joshua, spoke up. They said, "The land is good! God promised the land to us. We can do this with God on our side. We can live in the land that God promised us. We can trust God."

Two trusted God. Ten didn't trust God.

Would you have chosen Team Caleb and Joshua? Or Team 10 Scared Spies?

El pueblo de Israel esperaba con ansias las noticias de los espías sobre la tierra de Canaán.

«Caramba, qué uvas más preciosas», probablemente exclamaron las madres israelitas.

«Qué pila de granadas más gordas», tal vez proclamó uno de los niños israelitas.

«Qué higos más frescos», puede haber agregado otra niña.

La gente quedó maravillada ante la increíble fruta.

«Entramos en la tierra donde fluyen la leche y la miel», dijo uno de los espías. «Aquí está la clase de frutos que allí se producen».

Cuando habló de nuevo, la gente de repente perdió el apetito por frutas jugosas.

«Sin embargo, el pueblo que la habita es poderoso y sus ciudades son grandes y fortificadas. ¡Hasta vimos gigantes allí...!».

Oh, oh. ¡Esas no eran las noticias que querían recibir!

Diez de los espías brindaron un informe desalentador. «¡No podemos ir contra ellos!», dijeron. «Son más fuertes que nosotros!». Sus palabras asustaron al pueblo elegido de Dios.

Pero dos espías, Caleb y Josué, alzaron la voz y dijeron: «¡La tierra que atravesamos es maravillosa! Dios nos ha prometido esta tierra. ¡El Señor está con nosotros!¡Confiemos en Dios!».

Dos confiaban en Dios. Diez no confiaban en Dios.

¿Tú habrías elegido el equipo de Caleb y Josué? ¿O habrías elegido el equipo de los Diez Espías Asustados?

Ten men talked the people of Israel out of trusting God. They let fear win instead.

God was angry with the people of Israel. And disappointed. God wanted to teach his chosen people to trust him.

Because many of the people didn't trust God, God said that none of the unbelievers would ever enter the Promised Land. God loved his special people, but he told Moses the people would wander the desert for 40 years as punishment. They could never live in the Promised Land.

Only Caleb and Joshua and the next generation of Israelites would get to live in Canaan one day.

Diez hombres convencieron al pueblo de Israel de que no confiara en Dios. En vez de confiar, dejaron que ganara el miedo.

Dios estaba furioso con el pueblo de Israel. Y decepcionado. Dios quería enseñarle a su pueblo elegido a que confiara en él.

Como muchas de las personas no confiaban en Dios, Dios les dijo que ninguno de los no creyentes entraría jamás a la Tierra Prometida. Dios amaba a su pueblo querido, pero le dijo a Moisés que, como castigo, la gente deambularía por el desierto durante cuarenta años. Nunca podrían vivir en la Tierra Prometida.

Solamente Caleb y Josué y la próxima generación de israelitas podrían vivir en Canaán algún día.

Reflection

- Can you remember a time when you let one of your friends talk you out of being brave?

- What did that person say that made you doubt you could be brave?

- Most of God's people missed out on the Promised Land because they doubted God.

- Even when something seems impossible, we can know that God will always be with us. We don't have to be afraid. We can trust God to do what he promises.

Prayer

Dear God, I know you have big plans for me, just like you had big plans for the people of Israel. Help me not to miss out on those big things because of fear. Lead me to be more like Caleb and Joshua, to trust you and be brave.

Remind me that you are always with me, no matter where I go or what I do. Help me trust your plans and your promises. Amen.

Reflexión

- ¿Recuerdas alguna vez en la que un amigo te haya convencido de que no hagas algo valiente?

- ¿Qué fue lo que dijo esa persona que te hizo dudar de tu valentía?

- La gran mayoría del pueblo de Dios se perdió de ingresar a la Tierra Prometida porque no confió en Dios.

- Incluso cuando algo parece imposible, siempre podemos contar con Dios. No tenemos que temer. Podemos confiar en que Dios cumple lo que promete.

Oración

Querido Dios: sé que tienes grandes planes para mí, tal como tenías grandes planes para el pueblo de Israel. Ayúdame a no perderme de esas cosas por temor. Guíame para que sea más como Caleb y Josué, para confiar en ti y ser valiente.

Recuérdame que estás siempre conmigo, sin importar adónde vaya o qué haga. Ayúdame a confiar en tus planes y tus promesas. Amén.

Rahab to the Rescue

NUMBERS 20:2–13; 27:12–23;
DEUTERONOMY 34;
JOSHUA 1:1–9; 2:1–21

The Israelites wandered in the desert for 40 years, just like God had said. They camped here for a bit and then packed up and moved there. They camped there for a time and then packed up and moved over yonder.

Camping. Packing. Tromping. Moving. Then repeat.

Quite often, God's chosen people were grouchy. They complained a lot. They forgot about the many ways God took care of them.

Moses never forgot what God did for his chosen people. Moses was a mighty man who led and took care of God's people. Yet even Moses wasn't perfect.

One day, Moses got so tired of hearing the people's complaints that he lost his temper.

Here's what happened.

The people begged for fresh water. God told Moses to speak to a giant rock, and then fresh, clear water would gush out of it. Instead, Moses angrily struck the rock with his staff. Water did pour out of the rock, but Moses had disobeyed God.

Moses was getting old, and he knew that the people would need a new leader. God told Moses to make Joshua the new leader.

Rahab al rescate

NÚMEROS 20:2-13; 27:12-23;
DEUTERONOMIO 34;
JOSUÉ 1:1-9; 2:1-21

Los israelitas deambularon por el desierto durante cuarenta años, tal como les había dicho Dios. Acampaban por aquí un tiempo, y luego empacaban sus cosas y se trasladaban un poco más allá. Acampaban allí por un tiempo más, y luego empacaban sus cosas y se trasladaban nuevamente a otro lugar.

Acampar. Empacar. Marchar. Trasladarse. Repetir.

A menudo, el pueblo de Dios estaba de mal humor. Se quejaban mucho. Se olvidaban de las muchas maneras en que Dios los había cuidado.

Moisés nunca olvidó lo que Dios había hecho por su pueblo elegido. Moisés era un hombre fuerte que guiaba y cuidaba al pueblo de Dios. Pero ni Moisés era perfecto.

Un día, Moisés se cansó de escuchar las quejas de la gente y se salió de sus casillas.

Esto es lo que ocurrió.

La gente rogaba que le dieran agua potable. Dios le dijo a Moisés que hablara con una roca gigante, y que de ella saldría un chorro de agua limpia. En vez de hablar, un Moisés encolerizado le dio un fuerte golpe a la roca con su vara. De la roca salió agua, pero Moisés había desobedecido a Dios.

Moisés ya era un hombre mayor y sabía que el pueblo necesitaría un nuevo líder. Dios le dijo a Moisés que el nuevo líder fuera Josué.

After Joshua became the new leader, Moses knew his days were coming to an end. Moses climbed to the top of a mountain, and God let Moses see all the Promised Land. Sadly, Moses couldn't go to the lush land of Canaan because he had disobeyed God.

Moses died there on the mountain. The people cried and grieved.

God spoke to the new leader. "Joshua, get ready to cross the Jordan River."

God also told Joshua, "Be strong and have courage. I will never leave you. I will be with you wherever you go."

Joshua led the people to the river. Across the river stood the strong, sturdy walls of the city of Jericho.

Time for more spies!

Joshua chose two men to cross the river, sneak into the city of Jericho, and spy on the people there. God wanted his people to take the city of Jericho as part of their land.

The two spies got past the walls of the city. "Okay, now what?" they wondered.

Fortunately, a brave woman named Rahab let the two men come inside her house. Many people in Jericho knew that Rahab was a sinful woman. But she wanted to help God's people. She told the two Israelite men, "I know that the Lord has given you this land. The people of Jericho are afraid. We know what God has done for the people of Israel. We know your God is the only God."

Cuando Josué se convirtió en el nuevo líder, Moisés supo que se acercaba su fin. Trepó a la cima de una montaña, y Dios le permitió ver toda la Tierra Prometida. Tristemente, Moisés no pudo llegar a la abundante tierra de Canaán porque había desobedecido a Dios.

Moisés murió allí, en la montaña. La gente se apenó y lloró su muerte.

Dios le habló al nuevo líder y le dijo que se prepare para cruzar el río Jordán.

Dios también le dijo: «Sé fuerte y valiente. Nunca te abandonaré. Donde vayas, ahí estaré contigo».

Josué guio a la gente hasta el río. Al otro lado del río estaba el fuerte y robusto muro de la ciudad de Jericó.

¡Había llegado la hora de enviar más espías!

Josué eligió a dos hombres para que cruzaran el río, se escabulleran en la ciudad de Jericó y espiaran a la gente que vivía allí. Dios quería que su pueblo tomara la ciudad de Jericó y la hiciera parte de su tierra.

Los dos espías lograron traspasar los muros de la ciudad. Y luego se preguntaron: ¿Y ahora qué?

Por fortuna, una mujer valiente llamada Rahab dejó que los dos hombres se escondieran en su casa. En Jericó, mucha gente sabía que Rahab era una pecadora. Pero ella quería ayudar al pueblo de Dios. Les dijo a los dos israelitas: «Sé que el Señor les ha dado esta tierra. Todos en Jericó les tienen miedo. Pues hemos oído cómo el Señor ha ayudado al pueblo de Israel. Sabemos que el Señor su Dios es el Dios supremo».

Guards came looking for the two spies. Quick-thinking Rahab told the spies to hide on the roof.

The roof? You might think that's a strange place to hide, but back in those days, most houses had flat roofs. That means no one could stand outside and see whether anyone was on the roof. Now it sounds like a great hiding spot, right?

Where's the best place you've ever hidden?

The two spies climbed to the roof and hid under some large plant leaves. Families often dried flax plants on the roof and then turned the plant fibers into fabric to make clothes.

And you thought you had a tough job, just folding the laundry.

The men's hearts must have pounded like drums as they covered themselves with the dried plants. Rahab's heart must have pounded too when the guards banged on the door, yelling, "Open up! Give us the spies!"

Rahab told the guards that the men left. "Hurry, and you might catch them," she said.

Sneaky, huh?

The guards ran out the door to look for the spies. Rahab climbed to the roof. She told the spies, "You're safe now. The guards went somewhere else to look for you."

"How can we get out of here?" the spies wondered. "The gates are closed."

Unos guardias llegaron hasta la casa buscando a los dos espías. Rápida de reflejos, Rahab les dijo a los espías que se escondieran en el techo.

¿El techo? Podría parecerte un lugar un tanto extraño para esconderse, pero, en esa época, la mayoría de las casas tenía techos planos. Eso significa que nadie podía pararse afuera y ver quién estaba en el techo. Ahora sí que suena como un gran escondite, ¿verdad?

¿Cuál es el mejor escondite que has usado?

Los dos espías treparon al techo y se escondieron debajo de unas grandes plantas. Las familias a menudo secaban plantas de lino en los techos y luego convertían las fibras de la planta en tela para hacer ropa.

Y tú que creías que la tenías difícil nada más por tener que doblar la ropa.

Los corazones de los hombres deben de haber latido como tambores mientras se cubrían con plantas secas. ¡El corazón de Rahab debe de haber latido con fuerza cuando los guardias golpearon a la puerta seguramente exigiendo a gritos: «¡Abre la puerta! ¡Entréganos a los espías!».

Rahab les dijo a los guardias que los hombres se habían marchado. «Si se apresuran, probablemente los alcancen», les dijo.

Astuta, ¿verdad?

Los guardias salieron corriendo a buscar a los espías. Rahab subió al techo y les dijo a los espías que estaban a salvo porque los guardias se habían marchado a buscarlos a otro lado.

¿Cómo salimos de aquí?, pensaron los espías. Las puertas del muro estaban cerradas.

Well, guess what Rahab just happened to have? A rope!

Rahab helped the men escape through a window of her house. Using the rope, the men safely climbed down outside the Jericho wall. Good thing those two were expert spies AND climbers!

Before the spies left, Rahab begged the men to save her family. The spies said, "Tie a red cord in your window. When we come back, we'll make sure you are safe. Because you helped us, we promise to save your family."

Even though Rahab, a woman with many sins, was not part of God's chosen people, Israel, she believed God and trusted God. She wanted to help God's people.

Pues, ¿adivinen qué tenía Rahab? ¡Dio la casualidad de que tenía una soga!

Rahab ayudó a los hombres a escapar por una ventana de su casa. Los hombres usaron la soga para bajar, sanos y salvos, hasta el otro lado de la pared de Jericó. ¡Suerte que esos dos eran expertos espías Y escaladores!

Antes de que los espías se marcharan, Rahab les rogó que salvaran a su familia. Los espías dijeron: «Cuando entremos en esta tierra, deberás dejar esta cuerda de color escarlata colgada de la ventana». Con eso, le aseguraron de que, por haberlos ayudado, nada le pasaría ni a ella ni a su familia.

A pesar de que Rahab, una mujer muy pecadora, no era parte del pueblo elegido de Dios, Israel, ella creía en Dios y confiaba en él. Quería ayudar al pueblo de Dios.

Reflection

- Have you ever helped someone in trouble?

- How did you help them?

- Sometimes God uses unlikely people to do big jobs. Rahab wasn't an Israelite, but she did big things for God's people when she hid the spies.

- Some people might have wondered how a young woman could get two strong men over those walls, but Rahab knew just how to help them escape. Rahab wasn't perfect, but God chose her to help his people.

Prayer

Dear God, help me be kind to God's people, like Rahab was. Help me trust you, like Rahab did, especially when you have a big job for me to do.

Thank you for Rahab's story, because it teaches me that you can use me for big jobs, despite my faults and sins.

You are the wonderful God of heaven and earth. You are the only God. Thank you for creating me. Amen.

Reflexión

- ¿Alguna vez has ayudado a alguien que estaba en problemas?

- ¿Cómo lo ayudaste?

- A veces Dios usa a la persona menos pensada para hacer un trabajo importante. Rahab no era una israelita, pero hizo grandes cosas para el pueblo de Dios cuando escondió a los espías.

- Hay gente que tal vez se preguntó cómo una joven pudo ayudar a dos hombres fornidos a cruzar el muro, pero Rahab sabía cómo ayudarlos a escapar. Rahab no era perfecta, pero Dios la eligió para ayudar a su pueblo.

Oración

Querido Dios: ayúdame a ser bondadoso con el pueblo de Dios, como lo fue Rahab. Ayúdame a confiar en ti, como lo hizo Rahab, en especial cuando tienes un trabajo importante que quieres que haga.

Gracias por la historia de Rahab, porque me enseña que puedes usarme para grandes tareas, a pesar de mis fallas y mis pecados.

Eres el Dios maravilloso del cielo y de la tierra. Eres el único Dios. Gracias por crearme. Amén.

The Walls of Jericho

JOSHUA 2:22–4; 6:1–25

The two spies couldn't wait to get back to the people of Israel and tell them the good news. "The Lord has surely given the land into our hands!" they shouted excitedly. "The people of Jericho are afraid of us. They've heard about our one true God. They know all the good things he did for us in Egypt and in the desert."

This time, the spies trusted God. The people listened to the spies and trusted God too.

Just one problem: Somehow, a lot of men and women and children and cattle and donkeys had to get across the Jordan River.

But God had a plan, like he always does. Nothing takes him by surprise. God didn't say, "What? You mean there's a river blocking the path? Whatever will we do?"

God had a plan. A good one. And . . . it involved another miracle!

If you think this miracle is good, wait until you see the next Jericho miracle. It gets even better. God's miracles are, well, miraculous! God can do mighty and powerful things. But we're getting ahead of our story. Let's get back to the Jordan River miracle.

Las paredes de Jericó

JOSUÉ 2:22-4; 6:1-25

Los dos espías no veían la hora de regresar junto al pueblo de Israel y contarles las buenas noticias. «El Señor nos ha dado el territorio», dijeron, «pues toda la gente de esa tierra nos tiene pavor». También les dijeron que esta gente había oído hablar de su único Dios y que sabían todo lo que había hecho por el pueblo de Israel en Egipto y en el desierto.

Esta vez, los espías confiaron en Dios. La gente escuchó a los espías y también confió en Dios.

Solo había un pequeño problema: había que hacer que, de alguna manera, muchos hombres y mujeres y niños y ganado y burros cruzaran el río Jordán.

Pero, como siempre, Dios tenía un plan. Nada lo toma por sorpresa. Dios no dijo, «¿Qué? ¿Cómo que hay un río cortando el paso? ¿Qué vamos a hacer?».

Dios tenía un plan. Un muy buen plan. Y... ¡estaba relacionado con otro milagro!

Si crees que este es un buen milagro, espera hasta que veas el próximo milagro en Jericó. Se pone mucho mejor. Los milagros de Dios son, pues, ¡milagrosos! Dios puede hacer cosas todopoderosas. Pero no nos adelantemos. Volvamos al milagro del río Jordán.

Joshua gathered all the people of Israel. Now, the priests of Israel were all from the tribe of Levi. Joshua told the priests to lead the way across the Jordan River while carrying the ark of the covenant. The ark of the covenant was God's special wooden box, with two angel statues on top. All of it was covered in gold. The ark contained the stone tablets with the 10 Commandments that God had given to Moses. The priests carried the ark of the covenant with two poles.

Are you ready for the miracle?

As soon as the priests who were carrying the ark stepped into the Jordan River, the water stopped. It stopped flowing upstream from where they stood, and it piled itself into a big, huge wall of water. Now the people could walk across on dry ground.

How cool is that? Do you think the people remembered their parents and grandparents telling them about the other time God did that, when he parted the Red Sea?

The priests, still carrying the ark, stopped in the middle of the riverbed. They stood there and patiently waited until the entire nation of Israel had crossed on dry ground.

Then God told Joshua to have one man from each of the 12 tribes pick up a stone from the middle of the riverbed, right where the priests stood. The men carried the stones to their camp.

Josué reunió a todo el pueblo de Israel. Los sacerdotes de Israel eran todos de la tribu de Levi. Josué les dijo a los sacerdotes que guiaran el camino a través del río Jordán mientras llevaban el arca del pacto. El arca del pacto era la caja especial de Dios hecha en madera, con dos estatuas de ángeles arriba. Estaba toda recubierta en oro. El arca contenía las placas de piedra con los Diez Mandamientos que Dios le había dado a Moisés. Los sacerdotes cargaron el arca del pacto con dos palos.

¿Estás listo para el milagro?

En cuanto los sacerdotes que cargaban con el arca pusieron un pie en el río Jordán, el agua se detuvo. Dejó de correr río arriba desde donde estaban parados y se acumuló formando una pared de agua enorme. Ahora la gente podía cruzar sobre tierra seca.

¿No es genial? ¿Crees que la gente recordaba lo que les habían contado sus padres y abuelos sobre aquella otra vez en que Dios hizo lo mismo, cuando partió las aguas del mar Rojo?

Los sacerdotes, que aún cargaban el arca, se detuvieron en el medio del lecho del río. Allí se pararon y esperaron con paciencia hasta que toda la nación de Israel cruzó a través de tierra seca.

Luego, Dios le dijo a Josué que un hombre de cada una de las doce tribus tomara una piedra del medio del lecho del río, donde se encontraban los sacerdotes. Los hombres llevaron las piedras a su campamento.

Joshua stacked the 12 stones as a memorial to remind the people of God's power. God wanted the people to remember how he had stopped the river from flowing so they could walk on dry ground.

When all the people had crossed the river, the priests with the ark finally finished crossing. As soon as their feet left the riverbed, the water came crashing down in a deafening noise. The river flowed normally again.

On the other side of the river, the Israelites faced another problem. The city of Jericho was surrounded by tall, stone walls and strong gates. No one could get inside the giant city.

But God had a plan. A rather strange plan.

Here's what God told Joshua to do. "For six days, have all the armed men of Israel walk around the walls of the city, one time each day. At the very front of the line, have seven priests lead them while holding trumpets. Behind those priests, have other priests carry the ark of the covenant.

"On the seventh day, march around the city seven times, with the priests blowing the trumpets. Then have the priests sound a long, loud trumpet blast, and have the whole army shout as loud as possible. When they do, the city walls will fall down."

Say what? That sounds like the strangest battle plan ever, doesn't it? What would your idea be to capture the city of Jericho?

Josué apiló las doce piedras como un monumento para recordarle a la gente del poder que tenía Dios. Dios quería que la gente recordara cómo había interrumpido el flujo del río para que pudieran caminar sobre tierra seca.

Cuando todos cruzaron el río, los sacerdotes que llevaban el arca al fin terminaron de cruzar también. En cuanto sus pies salieron del lecho del río, el agua se estrelló contra el lecho con un estruendo ensordecedor y el río volvió a fluir con normalidad.

Al otro lado del río, los israelitas se enfrentaron a otro problema. La ciudad de Jericó estaba rodeada por un alto muro de piedra y por sólidas puertas. Nadie podía entrar a la gigantesca ciudad.

Pero Dios tenía un plan. Un plan un tanto extraño.

Esto es lo que Dios le dijo a Josué: «Tú y tus hombres de guerra marcharán alrededor de la ciudad una vez al día durante seis días. Siete sacerdotes caminarán delante del arca; cada uno llevará un cuerno de carnero. El séptimo día, marcharán alrededor de la ciudad siete veces mientras los sacerdotes tocan los cuernos. Cuando oigas a los sacerdotes dar un toque prolongado, haz que todo el pueblo grite lo más fuerte posible. Entonces los muros de la ciudad se derrumbarán».

¿Que... qué? Suena como el plan de batalla más extraño del mundo, ¿no es así? ¿Cuál sería *tu* plan para capturar la ciudad de Jericó?

God's way might have sounded a little odd, but God always knows best. His plans and ideas are always the right ones.

Not one single person doubted God. The people did exactly what God said.

Day one—one march around the city.

Day two—one march around the city.

Day three—one march around the city.

Day four—one march around the city.

Day five—one march around the city.

Day six—one march around the city.

Day seven—seven laps around the city with the priests blowing trumpets. Then the priests blew the trumpets really loud, and all the Israelite soldiers shouted. "RAAAAH!!!"

Guess what happened? The walls of Jericho came tumbling down, exactly as God had said they would.

The Israelites took control of the city, just like God wanted them to do.

And Joshua remembered the two spies' promise to Rahab. He sent the spies to save her and her whole family.

La idea de Dios debe de haber sonado un tanto rara, pero Dios siempre sabe lo que hace. Sus planes e ideas siempre son los correctos.

Ni una sola persona dudó de lo que le pedía Dios. La gente hizo exactamente lo que Dios les dijo que hicieran.

Primer día: marchar una vez alrededor de la ciudad.

Segundo día: marchar una vez alrededor de la ciudad.

Tercer día: marchar una vez alrededor de la ciudad.

Cuarto día: marchar una vez alrededor de la ciudad.

Quinto día: marchar una vez alrededor de la ciudad.

Sexto día: marchar una vez alrededor de la ciudad.

Séptimo día: dar siete vueltas alrededor de la ciudad mientras los sacerdotes hacen sonar sus cuernos. Luego, los sacerdotes soplaron sus cuernos con toda su fuerza y todos los soldados israelitas gritaron: «¡¡RAAAH!!».

¿Adivina qué pasó? Las paredes de Jericó se derrumbaron, exactamente como Dios les había dicho.

Los israelitas tomaron la ciudad, tal como Dios quería que lo hicieran.

Y Josué no olvidó la promesa que le habían hecho los dos espías a Rahab. Envió a los espías a que los salvaran a ella y a toda su familia.

Reflection

- Has God ever asked you to do something that you didn't understand?

- Was it as strange as marching around a city while yelling?

- Maybe God asked you to sit with the new kid or include someone at recess, even though they are the worst ball player ever.

- The Israelites trusted God, even though his instructions seemed weird. Like the Israelites, we can trust God, even when we don't understand his plan.

Prayer

Dear God, sometimes I don't understand your plans. Sometimes I don't know why you want me to do the things you ask me to do. But, God, I know your plans are always best. Help me to have the courage to march forward with your plans, because I know you will always be with me.

Thank you, God, that you have taught me to trust you. Amen.

Reflexión

- ¿Alguna vez te ha pedido Dios que hagas algo que tú no comprendías?

- ¿Fue tan extraño como marchar alrededor de una ciudad a los gritos?

- Tal vez Dios te pidió que te sentaras con el estudiante nuevo; o que incluyeras a alguien durante el recreo, aunque fuera el peor jugador de pelota de todos los tiempos.

- Los israelitas confiaban en Dios, a pesar de que sus instrucciones parecían extrañas. Al igual que los israelitas, podemos confiar en Dios, incluso cuando no entendemos sus planes.

Oración

Querido Dios: a veces no entiendo tus planes. A veces no sé por qué quieres que haga las cosas que me pides que haga. Pero, Dios, yo sé que tus planes siempre son los mejores. Ayúdame a tener el coraje para marchar hacia delante con tus planes, porque sé que siempre estarás conmigo.

Gracias, Dios, por haberme enseñado a confiar en ti. Amén.

Gideon and the Time of the Judges

JOSHUA 8–13; 24:29–31;
JUDGES 1–2; 6–7:23

God's chosen people, the Israelites, were finally home. God had promised the land of Canaan to Abraham a long, long time ago. God had told Abraham that his descendants would become a great nation, a chosen nation, for God to show the whole world how to live and love only God.

Even though God gave the land of Canaan to the Israelites, other people groups lived there too. Those people worshipped false gods. They did not worship the one true God.

God didn't want the others living there to have a bad influence on God's people. So, God told the Israelites to drive out everyone from the Promised Land except his special people. That caused wars and fighting.

But, once again, the stubborn Israelites didn't listen to God. They didn't make all the bad people leave Canaan after the wars.

When the Israelites finally had control over the land of Canaan, Joshua divided the land between the 12 tribes of Israel.

Gedeón y la época de los jueces

JOSUÉ 8-13; 24:29-31;
JUECES 1-2; 6-7:23

El pueblo elegido de Dios, los israelitas, por fin habían llegado a casa. Hacía mucho, mucho tiempo, Dios le había prometido la tierra de Canaán a Abraham. Dios le había dicho a Abraham que sus descendientes se convertirían en una gran nación, una nación elegida a través de la cual Dios le mostraría a todo el mundo cómo vivir y amar solamente a Dios.

A pesar de que Dios le dio la tierra de Canaán a los israelitas, había otros grupos de personas que seguían viviendo allí. Esas personas adoraban a falsos dioses. No adoraban al único y verdadero Dios.

Dios no quería que los otros que vivían allí tuvieran una influencia negativa sobre el pueblo de Dios. Así que Dios les dijo a los israelitas que expulsaran de la Tierra Prometida a todos menos a su pueblo elegido. Eso provocó guerras y muchas peleas.

Pero, una vez más, los testarudos israelitas no escucharon a Dios. No hicieron que toda la gente mala dejara Canaán después de las guerras.

Cuando los israelitas por fin controlaron todo el territorio de Canaán, Josué dividió la tierra entre las doce tribus de Israel.

God told the Israelites that if they worshipped only him, he would take care of them. He told them not to worship the false gods of the people living around them. Joshua made them promise to worship only God. And they did . . . for a time.

But after Joshua grew old and died, the people of God no longer had a leader. Many of them stopped thinking about all that God had done, and still did, for them.

When the people forgot about God and worshipped false gods, God took his hand of protection away from them. Other nations would come to the land of Israel to fight the Israelites. When the people of God had big trouble, they would remember God and call out to him.

God raised up 12 leaders called *judges*, one at a time, to help the Israelite people in their times of need. But each time, when the trouble was over, the people forgot about God.

One day, trouble showed up, with a capital "M." Midianites. Mean Midianites, to be exact. The Midianites were enemies of God's people. For many years, the Midianites raided the nation of Israel, stealing their food at harvest time and destroying their fields. They came every year to plunder and ravage.

The frightened people of Israel cried out to God again. God sent the angel of the Lord to a man named Gideon. The angel told Gideon that God wanted Gideon to save his people.

Dios les dijo a los israelitas que si lo adoraban solamente a él, él los cuidaría. Les dijo que no adoraran a los falsos dioses de la gente que vivía a su alrededor. Josué les hizo prometer que solamente adorarían a Dios. Y así lo hicieron... por un tiempo.

Pero luego de que Josué envejeció y murió, el pueblo de Dios ya no tuvo un líder. Muchos de ellos dejaron de pensar en lo mucho que Dios había hecho, y todavía hacía, por ellos.

Cuando la gente se olvidó de Dios y empezó a adorar a falsos dioses, Dios les quitó su mano protectora. Empezaron a llegar otras naciones hasta la tierra de Israel a pelear con los israelitas. Cuando el pueblo de Dios se veía en serios problemas, entonces sí se acordaba de Dios y lo llamaba.

Dios elevó a doce líderes llamados *jueces*, uno a la vez, para que ayudaran al pueblo israelita durante los tiempos difíciles. Pero una y otra vez, cuando los problemas se solucionaban, la gente se olvidaba de Dios.

Un día, surgió un problema, con M mayúscula. Madianitas. Malvados madianitas, para ser precisos. Los madianitas eran enemigos del pueblo de Dios. Durante muchos años, los madianitas habían atacado a la nación de Israel, le habían robado su comida durante la cosecha y destruido sus campos. Todos los años venían a saquear y arrasar con todo.

El atemorizado pueblo de Israel clamó a Dios una vez más. Dios envió al ángel del Señor a un hombre llamado Gedeón. El ángel le dijo que Dios quería que Gedeón salvara a su pueblo.

Gideon didn't think he could fight the Midianites. "Who, me?" he said. "But my tribe is the weakest tribe. I'm not strong. I can't do it." Gideon didn't feel like a hero. He didn't think he could do the job.

The angel told Gideon that with God's help, Gideon could rescue the Israelites from the invaders. But even before Gideon had time to gather an army of fighters, the angel told Gideon to do something else. "Tear down the altar of the false god. Build an altar to the one true God instead."

God wanted the Israelites to know he was their God. He wanted them to worship only him. And he wanted to be sure they remembered him before going into battle.

Gideon asked for volunteers to fight with him. A lot of soldiers stepped up to fight, but God told Gideon the army was too big.

Gideon must have thought God was joking. "You're kidding, right?" he might have said. "Don't we need a lot of fighters to win the battle?"

But God knew that a huge army might make the Israelites think they'd won the battle on their own, without God's help.

"Nope, too many people," God might have said. "Tell the ones who are frightened to turn away."

When a bunch of men went back home, God said, "The army is still too big."

By now, Gideon was probably shaking in his army boots!

Gedeón no se creía capaz de combatir a los madianitas. «Pero —respondió Gedeón—, ¿cómo podré yo hacer esto? ¡Mi clan es el más débil del pueblo! Yo no soy fuerte. No lo puedo hacer». Gedeón no se sentía un héroe. No creía poder cumplir con esa tarea.

El ángel le dijo a Gedeón que, con la ayuda de Dios, Gedeón podía rescatar a los israelitas de los invasores. Pero, incluso antes de que Gedeón tuviera tiempo de juntar un ejército de luchadores, el ángel le dijo que hiciera otra cosa. «Derriba el altar del dios falso. Después construye un altar al Señor tu Dios».

Dios quería que los israelitas supieran que él era su Dios. Quería que lo adoraran solamente a él. Y quería asegurarse de que lo recordaran antes de empezar la batalla.

Gedeón pidió voluntarios para que pelearan con él. Muchos soldados se ofrecieron, pero Dios le dijo a Gedeón que el ejército era demasiado grande.

Gedeón debe de haber pensado que Dios estaba bromeando. «Es chiste, ¿verdad?», puede haber dicho. «Acaso no necesitamos a muchos luchadores para ganar la batalla?».

Pero Dios sabía que un ejército enorme podría hacer que los israelitas creyeran que habían ganado la batalla por sí mismos, sin la ayuda de Dios.

«Nop, demasiada gente», le puede haber dicho Dios. «Diles a los que están asustados que se marchen».

Cuando un puñado de hombres regresó a su casa, Dios dijo: «Todavía son demasiados».

¡A estas alturas Gedeón probablemente temblaba como una hoja!

But God had a plan to choose the fighters. He told Gideon to take the men to the water for a drink. Only the men who lapped the water like dogs should stay with Gideon. Those who drank the water by scooping it in their hands should go home. When Gideon counted the men, he had only 300 people in his army.

God said, "With three hundred men, I will give you victory."

And you know what? God did just that. When the battle was over, the Israelites were free from the Midianite bullies.

Pero Dios tenía un plan para elegir a los luchadores. Le dijo a Gedeón que llevara a sus hombres hasta un manantial a tomar agua. Solo aquellos hombres que bebieran con sus lenguas el agua en sus manos, como perros, debían quedarse con Gedeón. Aquellos que se arrodillaran a beber el agua directamente del río, debían regresar a sus casas. Cuando Gedeón contó a los hombres, tenía solamente trescientos hombres en su ejército.

Dios le dijo: «Con estos trescientos hombres, te daré la victoria».

¿Y sabes qué? Dios hizo precisamente eso. Cuando terminó la batalla, los israelitas se habían librado de los acosadores madianitas.

Reflection

- When is a time that you felt like a hero?

- What did you do that was extra special?

- How did God help you with that task?

- God often uses unlikely heroes to accomplish his plans. That way, God gets the glory.

- Like Gideon, for example. It took huge courage and a lot of trust in God, but Gideon got the job done with God's help.

- God wants you and me to be courageous too.

Prayer

Dear God, big jobs can be scary. Help me trust you to do the big jobs you want me to do. Please give me courage when I am afraid. Lead me to be brave like Gideon.

Thank you for being the one true God. Help me worship only you. Thank you for loving me. Amen.

Reflexión

- ¿En qué ocasión te sentiste como un héroe?

- ¿Qué hiciste que fue extraespecial?

- ¿Cómo te ayudó Dios con esa tarea?

- A menudo, Dios usa a los héroes más impensados para cumplir con sus planes. De ese modo, Dios se lleva la gloria.

- Como lo hizo Gedeón, por ejemplo. Le tomó mucha valentía y una confianza plena en Dios, pero Gedeón logró el objetivo con la ayuda de Dios.

- Dios quiere que tú y yo también seamos valientes.

Oración

Querido Dios: las grandes tareas pueden dar miedo. Ayúdame a confiar en ti para hacer las grandes tareas que quieres que haga. Por favor, dame coraje cuando tenga miedo. Guíame para ser valiente como Gedeón.

Gracias por ser el único y verdadero Dios. Ayúdame a adorarte sólo a ti. Gracias por amarme. Amén.

Ruth and Naomi

RUTH 1–4:13

When a great famine occurred, food was scarce all over the land of Israel. Some families moved to other places to find food.

A man named Elimelek traveled to the country of Moab with his wife, Naomi, and their two sons. They walked a long way to get there, but then they settled in Moab.

After a time, Naomi's husband died. She grieved the loss of her husband. Her sons married women from Moab. One son married a woman named Orpah. The other son married a woman named Ruth.

Naomi lived with her sons and daughters-in-law in the land of Moab for about 10 years. Then Naomi suffered another tragedy. Both of her sons died. That left Naomi, Orpah, and Ruth without husbands. In those days, it was often hard for women to find work. Most women depended on the men in their families to earn money.

When Naomi heard that the famine in Israel was over, she wanted to go back home to the town of Bethlehem, located in a part of the country known as Judah. She had no way to take care of herself in Moab. She hoped life might be better in Judah.

Rut y Noemí

RUT 1–4:13

La comida escaseaba en toda la tierra de Israel porque hubo una gran hambruna. Algunas familias se mudaron a otros lugares en busca de comida.

Un hombre llamado Elimelec viajó a la zona de Moab con su esposa, Noemí, y con sus dos hijos. Caminaron mucho para llegar allí, pero luego se asentaron en Moab.

Después de un tiempo, el esposo de Noemí murió. Ella lloró la muerte de su esposo. Sus hijos se casaron con mujeres de Moab. Uno de los hijos se casó con una mujer llamada Orfa. El otro se casó con una mujer llamada Rut.

Noemí vivió con sus hijos y sus nueras en la tierra de Moab durante unos diez años. Luego Noemí sufrió otra tragedia. Murieron sus dos hijos. Eso dejó a Noemí, a Orfa y a Rut sin maridos. En esa época, solía ser difícil para las mujeres encontrar trabajo. La mayoría de las mujeres dependían de los hombres de sus familias para ganar dinero.

Cuando Noemí oyó que la hambruna en Israel había terminado, quiso regresar a la ciudad de Belén, ubicada en una parte del territorio conocido como Judá. No tenía cómo hacerse cargo de ella misma en Moab. Tenía la esperanza de que la vida en Judá fuera mejor.

Naomi and Orpah and Ruth packed up their few belongings and started walking toward Naomi's home. Before long, Naomi stopped on the dusty road and turned to her daughters-in-law, whom she loved dearly.

Naomi said, "Please go back to your mothers' homes and live with your own families." She didn't want to lose her daughters-in-law, but she thought it was only fair to let them go back to their own people. She said, "Maybe each of you can find another husband to take care of you."

Ruth and Orpah loved Naomi so much that they wanted to journey with her to Judah. "We'll go with you," they both said.

"But I can't take care of you," Naomi insisted. "I have no money, no home, no land, no food."

The women cried and hugged. Naomi loved Orpah and Ruth. And Orpah and Ruth loved their mother-in-law.

What do you think you would have done? Would you rather be poor and hungry in your own country with your own family? Or would you rather be poor and hungry in a strange country?

Even though Orpah loved her mother-in-law, she chose to go back to Moab. Orpah kissed Naomi goodbye.

But Ruth still wanted to go with Naomi. Ruth told Naomi, "Where you go, I will go. Where you stay, I will stay. Your people will be my people. And your God will be my God."

You see, the people in Moab worshipped false gods. They didn't worship the one true God. Ruth chose Naomi. And Ruth chose the real God.

Noemí, Orfa y Rut empacaron lo poco que tenían y empezaron a caminar en dirección a la ciudad natal de Noemí. Poco después, Noemí se detuvo en el camino polvoriento y se dirigió a sus nueras, a quienes quería muchísimo.

Noemí les dijo: «Vuelva cada una a la casa de su madre». Ella no quería perder a sus nueras, pero le pareció lo más justo dejarlas regresar a su pueblo y a sus propias familias. Dijo: «Que el Señor las bendiga con la seguridad de un nuevo matrimonio».

Rut y Orfa querían tanto a Noemí que querían seguir el trayecto con ella hasta Judá. «Queremos ir contigo», dijeron las dos.

Pero Noemí insistió que no se podía hacer cargo de ellas, que no tenía dinero, ni hogar, ni tierra, ni comida.

Las mujeres lloraron y se abrazaron. Noemí quería mucho a Orfa y a Rut. Y Orfa y Rut querían mucho a su suegra.

¿Qué crees que habrías hecho tú? ¿Preferirías ser pobre y pasar hambre en tu propio país con tu propia familia? ¿O preferirías ser pobre y pasar hambre en un país extraño?

A pesar de que Orfa quería mucho a su suegra, eligió regresar a Moab. Orfa se despidió con un beso y se marchó.

Pero Rut insistía con quedarse con Noemí. Rut le dijo: «A donde tú vayas, yo iré; dondequiera que tú vivas, yo viviré. Tu pueblo será mi pueblo, y tu Dios será mi Dios».

Lo que pasaba era que la gente en Moab adoraba a falsos dioses. No adoraban al único y verdadero Dios. Rut eligió a Noemí. Y Rut eligió al verdadero Dios.

So the two women made the long journey back to Bethlehem. Bethlehem was now their home.

Now, Naomi and Ruth knew that God had made a rule. At harvest time, Israelite farmers should leave extra grain and crops in their fields. This was so that poor people could collect this leftover food. Ruth said, "Let me go to the fields and pick up leftover grain." And so Ruth went to work, gathering food for the two women to eat.

As part of God's plan, Ruth picked up grain in the field of a man named Boaz. Boaz was a very kind relative of Elimelek, who had been Naomi's husband.

Boaz asked his workers about the new woman picking up grain. They told him all about Ruth's kindness to Naomi. Generous Boaz told Ruth to collect as much food as she and Naomi needed each day. "Come back every day and collect more," he said.

Ruth couldn't wait to get home and tell Naomi what had happened. When Ruth told her about the kindness of Boaz and showed her all the grain she'd gathered, Naomi said, "Boaz is our redeemer."

Just like God had rules about leaving food for the poor, God also had rules for male relatives to take care of widows in the family and other women who needed help.

Así que las dos mujeres hicieron el largo viaje de regreso a Belén. Ahora Belén sería su hogar.

Noemí y Rut sabían que Dios tenía una regla. Durante la cosecha, los granjeros israelitas debían dejar granos y cultivos extras en sus campos. Esto era para que la gente pobre pudiera recoger los alimentos que sobraban. Rut dijo: «Déjame ir a los campos de cosecha a recoger las espigas de grano dejadas atrás». Y así fue que Rut se fue a trabajar, recolectando comida para las dos mujeres.

Parte del plan de Dios fue que Rut recolectara granos en los campos de un hombre llamado Booz. Booz era un hombre muy bueno y era pariente de Elimelec, que había sido el marido de Noemí.

Booz les preguntó a sus trabajadores acerca de la nueva mujer que recolectaba granos. Le contaron acerca de la bondad de Rut hacia Noemí. El generoso Booz le dijo a Rut que recolectara tanta comida como ella y Noemí necesitaran, y que regresara todos los días por más.

Rut estaba ansiosa por regresar a casa y contarle a Noemí lo que había ocurrido. Cuando Rut le contó acerca de la bondad de Booz y le mostró todo el grano que había recolectado, Noemí dijo: «Ese hombre es uno de los redentores de nuestra familia».

Al igual que Dios tenía reglas sobre dejar comida para los pobres, Dios también tenía reglas para que los parientes hombres se hicieran cargo de las viudas de la familia y de otras mujeres que necesitaran ayuda.

The special name for a family member who took care of a woman this way was called a *redeemer*. That's because the person usually redeems the land that once belonged to their relative. *Redeem* means "to buy back."

Kind Boaz offered to buy back the land that had once belonged to Elimelek, in order to clear the debt that Naomi owed. And he offered to marry Ruth and take care of both women.

Boaz was a generous and kind man with a big heart. He loved Naomi and Ruth dearly and took care of them.

El nombre que se le daba a un miembro de la familia que se hacía cargo de una mujer de este modo era *redentor*. Eso es porque, por lo general, la persona redime la tierra que una vez le perteneció a su pariente. *Redimir* significa «comprar de nuevo».

El bondadoso Booz ofreció comprar la tierra que una vez le perteneció a Elimelec para cancelar la deuda que tenía Noemí. Y se ofreció a casarse con Rut para cuidar de ambas mujeres.

Booz era un hombre generoso y bueno; tenía un gran corazón. Quería muchísimo a Noemí y a Rut y se hizo cargo de ellas.

Reflection

- God loves when we treat others kindly, especially those who are sad or can't take care of themselves.

- How can you show kindness to someone tomorrow?

- In the days of Naomi and Ruth, God had a plan for a redeemer to care for a family member. That was part of God's plan to show us that he would one day send his Son, Jesus, to be our redeemer, to pay the debt for our sins.

Prayer

Dear God, help me show kindness to everyone in my family. Help me show kindness to my friends. Help me be kind to my teachers, coaches, neighbors, and grocery store workers. Teach me to be kind to everybody I meet.

And, God, especially help me find ways to be kind to the poor and hungry and needy. Show me the best way to help them. Amen.

Reflexión

- A Dios le encanta que tratemos a otros con bondad, en especial a aquellos que están tristes o que no pueden valerse por sí mismos.

- ¿Cómo puedes ser bueno con alguien mañana?

- En la época en que vivieron Noemí y Rut, Dios tenía un plan en el cual un redentor se hacía cargo de un familiar. Era parte del plan de Dios para demostrarnos que algún día enviaría a su hijo, Jesús, para que fuera nuestro redentor, para que pagara la deuda de nuestros pecados.

Oración

Querido Dios: ayúdame a ser bueno con todos los miembros de mi familia. Ayúdame a ser bueno con mis amigos. Ayúdame a ser bueno con mis maestros, entrenadores, vecinos y con los trabajadores del mercado. Enséñame a ser bueno con todas las personas que conozca.

Y, Dios, ayúdame especialmente a encontrar maneras de ser bueno con los pobres y hambrientos y necesitados. Muéstrame la mejor manera de ayudarlos. Amén.

God Answers Hannah's Prayer

1 SAMUEL 1–3

A woman named Hannah was very sad. She loved her husband, Elkanah, and she loved God. But Hannah often cried because she had no children. She dearly wanted a child.

As was the custom in those days, Hannah and Elkanah made a journey once each year to a place called Shiloh. They brought their offerings to God and prayed at God's *tabernacle* there. The tabernacle was a tent so large that it was like a church building. The tabernacle in Shiloh was *so* far away from where Hannah and Elkanah lived that it took them a long time to get there.

How would you like to travel several days to get to church? Aren't we glad we don't have to travel that far to worship the Lord?

Every year, the trip made Hannah sad because it reminded her that God had not chosen to give her a child. Hannah cried each year, and she never stopped asking God for a child.

One year, during the trip, Hannah was especially sad. She cried, and she prayed and prayed. She begged God for a baby of her own. Tears streamed down her face as she asked God for a child. She prayed silently, in her heart, but her lips moved as if she were talking out loud.

Dios responde a la oración de Ana

1 SAMUEL 1-3

Había una mujer llamada Ana que estaba muy triste. Amaba a su marido, Elcana, y amaba a Dios. Pero Ana lloraba a menudo porque no tenía hijos. Quería un hijo con todas sus ansias.

Tal como se acostumbraba en esa época, Ana y Elcana viajaban una vez al año a un lugar llamado Silo. Llevaban sus ofrendas para Dios y rezaban en el *tabernáculo* que estaba allí. El tabernáculo era una tienda tan grande que se parecía al edificio de una iglesia. El tabernáculo de Silo estaba *tan* lejos de donde vivían Ana y Elcana que les tomaba mucho tiempo llegar hasta allí.

¿Qué pensarías tú si tuvieras que viajar varios días para llegar a una iglesia? ¿No somos afortunados por no tener que viajar tan lejos para adorar al Señor?

Todos los años, el viaje entristecía a Ana porque le recordaba que Dios había decidido no darle un hijo. Todos los años Ana lloraba, y nunca dejó de pedirle un hijo a Dios.

Un año, durante el viaje, Ana estaba especialmente triste. Lloraba, y rezaba y rezaba. Le rogaba a Dios por un bebé propio. Las lágrimas corrían por su cara mientras le pedía a Dios que le diera un niño. Rezaba en silencio, en su corazón, pero sus labios se movían como si estuviese hablando en voz alta.

Hannah prayed, *God, will you please remember me and give me a son? If I may only have a son, I will return him to you. He will serve you all the days of his life.*

Hannah was so distraught that she didn't even see Eli, the priest, standing nearby. Eli asked Hannah if she was not feeling well.

"I am deeply troubled and sad," Hannah told the priest. "I pray with tears for something that I want desperately."

Eli spoke words of comfort to Hannah and said a blessing for her. He said, "May God grant you what you have asked of him."

Eli's words made Hannah feel better. She stopped crying and felt peace in her heart.

God did hear Hannah, and he answered her prayer. Hannah gave birth to a precious little boy. She named him *Samuel* because the name meant "I asked the Lord for him."

Hannah loved Samuel very much and took good care of him. Even though she wished he could live with her forever, she remembered her promise to God. When Samuel was older, she journeyed again with her husband to Shiloh and took Samuel with her.

Hannah presented little Samuel to Eli, the priest. Hannah said, "Remember me? I'm the woman who stood here beside you and prayed to the Lord. I prayed for this child. God answered my prayer. And now I give him to the Lord to serve God all the days of his life."

Ana rezaba: *Oh Señor, por favor, ¿se puede acordar de mí y darme un hijo? Si solo me da un hijo, entonces se lo devolveré. Él le servirá todos los días de su vida.*

Ana estaba tan desconsolada que no vio a Elí, el sacerdote, parado cerca suyo. Elí le preguntó a Ana si se sentía mal.

«¡Oh no, señor! Como estoy muy desanimada, derramaba ante el Señor lo que hay en mi corazón».

Elí dijo unas palabras para consolar a Ana y le dio una bendición: «Que el Señor te conceda lo que le has pedido».

Las palabras de Elí hicieron que Ana se sintiera mejor. Dejó de llorar y sintió paz en su corazón.

Dios escuchó a Ana y respondió a su oración: Ana dio a luz a un precioso niño. Lo llamó *Samuel* porque el nombre quería decir «Se lo pedí al Señor».

Ana amó mucho a Samuel y lo cuidó muy bien. Aunque quería que él viviera con ella para siempre, recordaba la promesa que le había hecho a Dios. Cuando Samuel creció, viajó una vez más hasta Silo con su esposo y llevó a Samuel con ella.

Ana le presentó a Elí, el sacerdote, al pequeño Samuel. Ana le dijo: «Señor, ¿se acuerda de mí? Soy aquella misma mujer que estuvo aquí hace varios años orando al Señor. Le pedí al Señor que me diera este niño, y él concedió mi petición. Ahora se lo entrego al Señor, y le pertenecerá a él toda su vida».

Hannah loved Samuel deeply. Leaving him with Eli in Shiloh made her sad, but she knew God wanted her son to be his special servant. She also knew Eli would take good care of Samuel, and she knew Samuel could serve God, even though he was a young boy.

Eli helped Samuel find ways to serve God at the tabernacle.

Hannah had kept her promise by taking Samuel to the tabernacle to live with Eli and serve God. And so God blessed Hannah and Elkanah with three more sons and two daughters.

Each year, when the family returned to the tabernacle to bring their sacrifices and offerings, Hannah brought a new robe for Samuel that she'd made with her own hands.

Young Samuel served the Lord every day in the tabernacle. Some of the people who came to the tabernacle might have wondered, *How can such a young boy serve the Lord?*

Even young kids can find ways to serve God!

Samuel kept working for the Lord and learning more about God every day. When Samuel was older, he became a mighty prophet for God. A *prophet* is a person who is a messenger for God. God speaks into the prophet's heart, and the prophet shares God's messages with the people.

Samuel often reminded the people of Israel to love and obey their loving God.

Ana amaba a Samuel con todo su corazón. Dejarlo en Silo con Elí la entristecía, pero sabía que Dios quería que su hijo fuese un servidor especial. También sabía que Elí cuidaría muy bien de Samuel, y sabía que Samuel podía servir a Dios, a pesar de ser un niño.

Elí ayudó a Samuel para que encontrara maneras de servir a Dios en el tabernáculo.

Ana había cumplido su promesa al llevar a Samuel al tabernáculo para vivir con Elí y servir a Dios. Y entonces Dios bendijo a Ana y Elcana con otros tres hijos y dos hijas.

Todos los años, cuando la familia regresaba al tabernáculo para llevar los sacrificios y ofrendas, Ana traía una túnica nueva para Samuel que había hecho con sus propias manos.

El joven Samuel servía a Dios en el tabernáculo todos los días. Algunas personas que llegaban al tabernáculo tal vez se preguntaran: *¿Cómo puede un muchacho tan joven servir al Señor?*

¡Hasta los más pequeños pueden encontrar maneras de servir a Dios!

Samuel siguió trabajando para el Señor y aprendiendo más acerca de Dios todos los días. Cuando creció, se convirtió en un gran profeta para Dios. Un *profeta* es una persona que es mensajera de Dios. Dios le habla al corazón del profeta, y el profeta comparte el mensaje de Dios con la gente.

A menudo, Samuel le recordaba al pueblo de Israel que amara y obedeciera a su Dios que tanto lo amaba.

Reflection

- God loves us so much, and he listens to every one of our prayers. Sometimes, it may feel like God doesn't hear us if we don't get what we pray for. Since God knows what is best for us, sometimes his answer to our prayer request is "no." Sometimes his answer is "not now." And sometimes his answer is "yes."

- Can you name a recent "yes" from God?

- What about a "no"?

Prayer

Dear God, thank you for listening to every one of my prayers. Help me remember that even if I don't get exactly what I pray for, you know what is best for me.

Thank you that your answers to my prayers are always part of your plan for me. I love you, God. Amen.

Reflexión

- Dios nos ama muchísimo y escucha cada una de nuestras oraciones. A veces, nos puede parecer que Dios no nos escucha si no recibimos lo que le pedimos en oración. Como Dios sabe qué es lo mejor para nosotros, a veces su respuesta a nuestro pedido mediante la oración es «ahora no». Y, a veces su respuesta es «sí».

- ¿Recuerdas algún «sí» reciente que hayas recibido de Dios?

- ¿Qué tal un «no»?

Oración

Querido Dios: gracias por escuchar cada una de mis oraciones. Ayúdame a recordar que, incluso si no recibo exactamente lo que pido, tú sabes qué es lo mejor para mí.

Gracias, porque tus respuestas a mis oraciones siempre son parte del plan que tienes para mí. Te amo, Dios. Amén.

Saul Becomes King

1 SAMUEL 8:1–13:14

Samuel, the prophet, led God's people for many years. When Samuel was an old man, the people of Israel asked for a king to lead them. They knew other nations had kings for leaders, and they wanted to be like the other nations.

God wanted to be the king of his chosen people. Remember, God had picked the people of Israel to be his chosen people.

The people begged and begged for a human king. God told Samuel to give the people what they wanted. But he also told Samuel to remind the Israelites that it was not a good idea to have a human king for a leader.

God loved his people very much, and he wanted what was best for them. God knew he was a wiser and more loving leader than a human king could ever be.

God loves you and me the same way too, and he wants what's best for us.

Have you ever wanted something really, really badly, but then when you got what you wanted, it wasn't a good thing? God didn't want that to happen to his people.

Nevertheless, he promised to reveal the man that Samuel should *anoint* as king.

What does it mean to anoint? Back in those days, a prophet or priest poured certain oils over a person's head to show that they had been chosen by God to do a special job. That is anointing.

Saúl se convierte en rey

1 SAMUEL 8:1-13:14

Durante muchos años, Samuel, el profeta, guio al pueblo de Dios. Cuando Samuel llegó a ser un anciano, el pueblo de Israel pidió tener un rey que lo guiara. Conocían otras naciones lideradas por reyes, y querían ser como las otras naciones.

Dios quería ser el rey de su pueblo elegido. Recuerda, Dios había escogido al pueblo de Israel para que fuera su pueblo elegido.

La gente rogó y rogó tener un rey humano. Dios le dijo a Samuel que le diera a la gente lo que pedía. Pero también le dijo a Samuel que les recordara a los israelitas que no era una buena idea tener un rey humano como líder.

Dios quería mucho a su pueblo, y quería lo mejor para ellos. Dios sabía que él era un líder más sabio y bueno de lo que jamás podría ser un rey humano.

Dios también nos ama así a ti y a mí, y quiere lo mejor para nosotros.

¿Alguna vez has querido algo mucho, mucho, pero cuando lo conseguiste no era algo bueno? Dios no quería que le pasara eso a su pueblo.

Sin embargo, prometió que revelaría el hombre que Samuel debía *ungir* como rey.

¿Qué significa ungir? En esa época, un profeta o un sacerdote vertía ciertos aceites sobre la cabeza de una persona para demostrar que había sido elegida por Dios para hacer un trabajo especial. Eso es ungir.

Here's the funny way Samuel knew how to find the king. God told Samuel, "The man looking for his father's missing donkeys will be Israel's first king." That's an odd clue, right?

But Samuel met a man named Saul who was, indeed, looking for his father's missing donkeys. When Samuel anointed Saul, he said, "God has chosen you to be Israel's king."

Saul knew that would be a big job. At first, he didn't think he could do it. He said, "I come from the smallest tribe of Israel." Saul thought he was nobody important. Maybe that's part of the reason God chose Saul—because Saul was humble rather than proud.

When the time came for Samuel to tell all the people who would be king, Saul was nowhere to be found! Saul was so nervous about being king that he tried to hide! He thought he could hide from God and from the people.

Have you ever been so afraid of doing something that you hid under your bed or inside your closet? Hiding doesn't solve the problem, though.

God knew right where Saul was hiding, so he told the people, and they went and got Saul.

Saul must not have picked a very good hiding spot, right? Do you suppose he was a terrible hide-and-seek player? Maybe that's why he couldn't find his father's donkeys too, huh?

Esta es la manera chistosa en que Samuel supo cómo encontrar al rey: Dios le dijo a Samuel, «El hombre buscando los burros de su padre será el primer rey de Israel». Es una clave medio extraña, ¿no crees?

Pero Samuel se encontró con un hombre llamado Saúl que, en efecto, estaba buscando los burros de su padre. Cuando Samuel ungió a Saúl, le dijo: «El Señor te ha designado para que gobiernes a Israel».

Saúl sabía que sería una tarea inmensa. Al principio no creía poder hacerlo. Dijo: «Pero solo soy de la tribu más pequeña de Israel». Saúl no se consideraba una persona importante. Tal vez esa fuera parte de la razón por la que Dios había elegido a Saúl: porque era humilde en lugar de ser orgulloso.

Cuando llegó la hora de que Samuel le dijera a todo el pueblo quién sería rey, ¡no podían encontrar a Saúl por ninguna parte! Estaba tan nervioso de convertirse en rey, ¡que intentó esconderse! Creyó que podría esconderse de Dios y de la gente.

¿Alguna vez has tenido tanto miedo de hacer algo que te escondiste debajo de la cama o dentro del armario? Pero, esconderse no resuelve el problema.

Dios sabía exactamente dónde se escondía Saúl, así que se lo dijo a su gente, y ellos fueron a buscarlo.

Es probable que Saúl no hubiera elegido un buen escondite, ¿verdad? ¿Crees que tal vez era muy malo jugando a las escondidas? Ah, tal vez por eso no había podido encontrar los burros de su padre.

When Samuel presented Saul to the people of God, Samuel said, "Here's the man God chose to be your king. There is no one like him anywhere."

The people were happy because they got what they wanted. "Long live the king!" the people shouted.

Samuel wrote down everything God said about being a king, so that Saul would know how to be a good king.

Samuel warned the people again. First he said, "Fear the Lord." (To *fear* God means make sure you treat God as holy and perfect and good.) Then Samuel said, "If you serve and obey God, your nation will be blessed. If you rebel against God, he will not bless you."

At first, Saul was a very good king. He listened to God and did everything God told him to do. He rescued the Israelites from their enemies.

However, in a short time, Saul became filled with pride. He thought too highly of himself. Saul thought he'd won the battles and that he was a great king. He didn't give God praise or thanks for winning the battles. And he didn't obey God.

Samuel reminded Saul that God had expected obedience. He told Saul that God was going to take away his job as king because Saul didn't respect God.

Saul's pride had caused him to lose his job as king.

Cuando Samuel presentó a Saúl ante el pueblo de Dios, dijo: «Este es el hombre que el Señor ha escogido como su rey. ¡No hay nadie como él!».

La gente estaba feliz porque ahora tenía lo que quería. Todos gritaron: «¡Viva el rey!».

Samuel escribió todo lo que había dicho Dios acerca de ser rey para que Saúl supiera cómo ser un buen rey.

Samuel advirtió al pueblo una vez más. Empezó diciendo, «Si ustedes temen al Señor...» (*temer* a Dios significa asegurarse de tratar a Dios como santo y perfecto y bueno), y prosiguió, «Si sirven y obedecen a Dios, su nación será bendecida. Pero si se rebelan contra Dios, él no los bendecirá.

Al principio, Saúl fue un muy buen rey. Escuchaba a Dios y hacía todo lo que Dios le ordenaba. Rescató a los israelitas de sus enemigos.

Sin embargo, en poco tiempo, Saúl se llenó de orgullo. Tenía la autoestima demasiado alta. Saúl creía que él había ganado las batallas y que era un gran rey. No alababa a Dios ni le agradecía por ganar las batallas. Y no obedecía a Dios.

Samuel le recordó a Saúl que Dios esperaba que lo obedecieran. Le dijo que Dios le iba a quitar su trabajo como rey porque Saúl no respetaba a Dios.

El orgullo de Saúl le había hecho perder su trabajo de rey.

Reflection

- At first, King Saul obeyed God. Unfortunately, Saul's heart soon filled with pride. Instead of praising and thanking God for Israel's victories, Saul thought he deserved the praise himself.

- God wants us to give him praise for everything, since he blesses us with our abilities and successes.

- Do you sometimes struggle with pride?

- How can you change that?

- God doesn't want our hearts filled with pride. God wants our hearts filled with love for him.

Prayer

Dear God, sometimes I forget to give you praise and thanks for everything. At times, I can be prideful and think that I'm doing great things, like scoring goals or getting good test grades or running faster than my friends. Remind me that you are the one who helps me do all those things.

Help me to give you praise and thanks for all those good things. Please keep pride out of my heart. Amen.

Reflexión

- Al principio, el rey Saúl obedeció a Dios. Por desgracia, el corazón de Saúl pronto se llenó de orgullo. En lugar de agradecer y adorar a Dios por las victorias de Israel, Saúl creyó que él se merecía los elogios y que lo alabaran.

- Dios quiere que lo alabemos por todo, ya que es él quien nos bendice con nuestras capacidades y éxitos.

- ¿Luchas con tu orgullo a veces?

- ¿Qué puedes hacer para que eso cambie?

- Dios no quiere que tengamos los corazones llenos de orgullo. Dios quiere que tengamos los corazones llenos de amor hacia él.

Oración

Querido Dios: a veces me olvido de alabarte y agradecerte por todo. A veces puedo ser orgulloso y pensar que estoy haciendo grandes cosas, como meter goles o sacar buenas calificaciones o correr más rápido que mis amigos. Recuérdame que eres tú el que me ayuda a hacer todas esas cosas.

Ayúdame a alabarte y agradecerte por todas esas cosas buenas. Por favor, mantén el orgullo fuera de mi corazón. Amén.

David Trusts God

1 SAMUEL 16–17

When King Saul no longer obeyed God, God told Samuel to anoint a new king. God sent Samuel to the family of a man named Jesse. God said, "One of Jesse's sons will be the new king."

Jesse lived in Bethlehem and had lots of sons. Jesse presented the sons to Samuel, beginning with the oldest son.

Samuel thought for sure that God wanted the oldest son. Samuel thought he looked like a king and had lived long enough to know how to be a good king.

"Nope, that's not the one," God said to Samuel. God reminded Samuel that the outside wasn't as important as the inside. God said, "People think about what a person looks like on the outside. But the Lord looks at the heart."

Jesse brought another son to Samuel.
God said, "Not that one either."

Another son, then another, and then another. Samuel watched seven of Jesse's sons pass by him. Each time, God said, "Not that one."

Samuel had just about given up, thinking that was all the sons. He asked Jesse, "Do you have any other sons?"

Jesse said, "The youngest is out tending sheep."

David confía en Dios

1 SAMUEL 16-17

Cuando el rey Saúl dejó de obedecer a Dios, Dios le dijo a Samuel que ungiera a un nuevo rey. Dios envió a Samuel con la familia de un hombre llamado Isaí. Dios dijo: «He elegido a uno de sus hijos para que sea mi rey».

Isaí vivía en Belén y tenía muchos hijos. Isaí le presentó sus hijos a Samuel, empezando por el mayor.

Samuel estaba seguro de que Dios querría al hijo mayor. A Samuel le pareció que se veía como un rey y que había vivido lo suficiente como para saber cómo ser un buen rey.

«Nop, ese no es,» le dijo Dios a Samuel. Le recordó que lo de afuera no era tan importante como lo de adentro. «La gente juzga por las apariencias, pero el Señor mira el corazón».

Isaí trajo a otro hijo ante Samuel. Pero Dios dijo que ese tampoco era.

Luego otro hijo, y otro y otro. Samuel vio pasar a siete de los hijos de Isaí y preguntó: «¿Son estos todos los hijos que tienes?».

Isaí respondió: «Queda todavía el más joven. Pero está en el campo cuidando las ovejas».

Later, when David came home from tending the sheep, Samuel might have thought, *You're kidding, right, God?* But Samuel was surprised to hear God say, "This is the one." Samuel didn't expect God to choose the youngest son. Even though David was handsome and strong, Samuel had thought God would pick a different son.

God doesn't want us to make decisions about people by just looking at their outside appearance. When we do that, we're judging other people. God wants us to get to know the person's heart—what they're like on the inside.

Once Samuel anointed David, David went back to work in the fields with his father's flocks. It wasn't time for him to become king yet. For now, David's job was to tend the sheep.

David worked hard to protect his father's flocks. He protected the sheep from bears and lions. He was a good shepherd. David trusted God to help him take care of the sheep. And he trusted God to one day help him be a good king.

Besides being a good shepherd, David was a good musician too. He played the harp beautifully. He played so well that many people knew about his skills. Someone asked him to come play the harp for King Saul. When King Saul had a bad day and became angry, David's music calmed him.

David's older brothers were part of King Saul's army. They helped defend the Israelites against the enemies of God's people. One group of people, the Philistines, gave the children of God a lot of trouble. They picked fights often and took things from the Israelites.

Más tarde, cuando David volvió de cuidar las ovejas, Samuel tal vez pensó: *Es chiste, ¿verdad, Dios?* Pero a Samuel le sorprendió oír que Dios le decía, «Este es». Samuel no se esperaba que Dios eligiera al hijo menor. A pesar de que David era apuesto y fuerte, Samuel creyó que Dios elegiría a otro hijo.

Dios no quiere que tomemos decisiones acerca de la gente con solo mirar su apariencia. Cuando lo hacemos, estamos juzgando. Dios quiere que lleguemos a conocer el corazón de las personas, cómo son por dentro.

Una vez que Samuel ungió a David, él regresó a trabajar a los campos con el rebaño de su padre. Todavía no era la hora de convertirse en rey. Por el momento, el trabajo de David era cuidar del rebaño.

David trabajó duro para proteger el rebaño de su padre. Protegió a las ovejas de osos y leones. Era un buen pastor. David confiaba en la ayuda de Dios para cuidar de las ovejas. Y confiaba en la ayuda de Dios para, algún día, convertirse en un buen rey.

Además de ser un buen pastor, David era un excelente músico. Tocaba muy bien el arpa. Tan bien la tocaba, que mucha gente sabía de su talento. Alguien pidió que viniera a tocar el arpa para el rey Saúl. Cuando el rey Saúl tenía un mal día y se enojaba, la música de David lo calmaba.

Los hermanos mayores de David formaban parte del ejército del rey Saúl. Ayudaban a defender a los israelitas contra los enemigos del pueblo de Dios. Un grupo de personas, los filisteos, les traían muchos problemas a los hijos de Dios. Peleaban con los israelitas con frecuencia, y les robaban cosas.

Once, when King Saul's army and the Philistine army were fighting, David's father asked David to go to the battlefield and check on his older brothers. David's father, Jesse, gave him bread and other food to take to his brothers.

When David got there, he saw a really tall man in the Philistine army who looked like a giant. Everyone was afraid of the giant, whose name was Goliath. But David wanted to fight Goliath. David wanted to help the people of Israel.

King Saul told him, "You're not able to fight this giant. You are just a young man. A shepherd."

But David told the king that he'd fought lions and bears while tending his father's sheep. David said, "God will rescue me from the Philistine." David trusted God to help him defeat Goliath.

King Saul offered his armor to David, but it was too big for the young man. Instead, David picked up five smooth stones and put them in a pouch. He bravely walked up to the giant with just those five stones and a slingshot.

David aimed a rock at Goliath with his slingshot. Just one smooth stone took down the bully giant. The frightened Philistine army turned and ran away.

God's people were safe once more because David had trusted God to help him.

Una vez, durante una lucha entre el ejército del rey Saúl y el de los filisteos, el padre de David le pidió que fuera al campo de batalla para ver cómo estaban sus hermanos. El padre de David, Isaí, le dio pan y otra comida para que los llevara a sus hermanos.

Cuando David llegó al lugar, vio a un hombre muy alto en el ejército de los filisteos que parecía un gigante. Todos le tenían miedo al gigante. Su nombre era Goliat. Pero David quería pelear contra Goliat. David quería ayudar al pueblo de Israel.

El rey Saúl le dijo: «¡No hay forma de que tú puedas pelear contra este hombre gigante! Eres tan solo un muchacho, un pastor».

Pero David le dijo al rey que había peleado con leones y osos mientras cuidaba del rebaño de su padre. Dijo también: «¡El mismo Señor que me rescató de las garras del león y del oso me rescatará de este filisteo!». David confiaba en que Dios lo ayudaría a vencer a Goliat.

El rey Saúl le ofreció a David su armadura, pero era demasiado grande para el joven. En vez, David recogió cinco piedras lisas y las puso en un saco. Caminó con valentía hasta el gigante tan solo con esas cinco piedras y una honda.

Con su honda, David le lanzó a Goliat una de las piedras. Una sola piedra derribó al gigante matón. El ejército filisteo huyó despavorido.

El pueblo de Dios estaba a salvo una vez más porque David había confiado en que Dios lo ayudaría.

Reflection

- David trusted God when he found out he would one day be king. And when he played the harp for a king. And when he had to fight a giant.

- David had practiced trusting God ever since he was a little boy. All that practicing made it easier for David to trust God when he fought a giant.

- How can you practice trusting God?

- What can you trust God to help you with tomorrow?

Prayer

Dear God, please lead me to trust you, like David did. Help me trust you with little things every day, so that I can also trust you with big things.

And, God, I may not have to fight a giant like David did, but please help me trust you when I feel like I am under attack by people who don't love you. Amen.

Reflexión

- David confió en Dios cuando se enteró de que un día se convertiría en rey. Y también cuando tocó el arpa para un rey. Y cuando tuvo que pelear con un gigante.

- David había practicado confiar en Dios desde que era un niño. Toda esa práctica facilitó que David confiara en Dios cuando peleó con un gigante.

- ¿Cómo puedes tú practicar confiar en Dios?

- ¿En qué puedes confiar que Dios te ayudará mañana?

Oración

Querido Dios: por favor guíame para confiar en ti, como lo hizo David. Ayúdame a confiar en ti con cosas pequeñas todos los días, así puedo también confiar en ti con las cosas grandes.

Y, Dios, es probable que no tenga que enfrentarme a un gigante como le pasó a David, pero por favor ayúdame a confiar en ti cuando me sienta atacado por gente que no te quiere. Amén.

David Is a Good Friend

1 SAMUEL 18–20; 2 SAMUEL 9

King Saul celebrated the victory that they had won over the bully giant and the Philistine army. He was happy that David had brought peace to the people of Israel. He asked David to move into the king's home. He wanted David to be like family.

King Saul also sent David on a lot of military missions. God made sure that David always succeeded.

While living in the king's home, David became best friends with the king's son, Jonathan. They spent time together. Jonathan gave David his royal robe, sword, and bow. They were kind to each other.

Saul delighted in David's company and his victories in battle . . . at first. But before long, the people of Israel began to praise David for all his victories. The people praised David even more than they praised Saul.

The king's nasty pride got in the way again! He didn't like David getting all the attention. He grew angrier and angrier. One day, King Saul got so angry that he threw his spear at David. The king wanted to hurt him.

Sounds pretty dangerous to live in the king's palace, right? The king's temper was *really* bad!

David es un buen amigo

1 SAMUEL 18-20; 2 SAMUEL 9

El rey Saúl celebró la derrota del matón gigante y del ejército filisteo. Estaba feliz de que David hubiera traído la paz al pueblo de Israel. Le pidió a David que se mudara a la casa del rey. Quería que David fuera como parte de su familia.

El rey Saúl también envió a David a muchas misiones militares. Dios se aseguró de que David siempre ganara.

Mientras vivía en la casa del rey, David se hizo muy amigo del hijo del rey, Jonatán. Pasaban mucho tiempo juntos. Jonatán le dio a David su túnica real, su espada real y su arco real. Eran muy buenos el uno con el otro.

Saúl estaba encantado con la compañía de David y con sus victorias en el campo de batalla... pero eso fue al principio. En poco tiempo, el pueblo de Israel empezó a elogiar a David por todas sus victorias. Elogiaban a David aun más de lo que elogiaban a Saúl.

¡El despreciable orgullo del rey se interpuso otra vez! No le gustaba que toda la atención se centrara en David. Cada vez estaba más y más enojado. Un día el rey Saúl se enojó tanto que le arrojó su lanza. El rey quería lastimar a David.

Suena un tanto peligroso vivir en el palacio del rey, ¿verdad? ¡El rey tenía *muy* mal carácter!

David escaped the flying spear—twice—but Saul was so angry that he sent David out on many battles. He secretly hoped the Philistine army would kill David. King Saul was so jealous of David that he even asked his son, Jonathan, and his servants to kill David.

Best friends David and Jonathan were sad that King Saul was so jealous and angry. The two friends wanted to help each other. Jonathan warned David to beware of King Saul's anger. Jonathan begged his father not to harm David. He spoke highly of his friend to King Saul.

Saul promised not to harm David. And he kept his promise . . . but not for long. After David came back from another battle, King Saul threatened him again with a spear.

King Saul probably should have practiced controlling his anger instead of practicing throwing spears, right?

This time, David knew he was no longer safe with King Saul.

Jonathan said, "Let us test my father's anger. He has invited you to a big dinner, which is coming up soon. Don't go to his dinner. On the evening after it, go and hide in the field. I'll shoot three arrows. If King Saul, my father, really wants to harm you, I will say to my servant, 'Look, the arrows are beyond you.'"

David escapó de la lanza voladora —dos veces—, pero Saúl estaba tan enojado que mandó a David a luchar en muchas batallas. En realidad esperaba que el ejército filisteo matara a David. El rey Saúl estaba tan celoso de David que hasta les pidió a su hijo, Jonatán, y a sus sirvientes que mataran a David.

A los mejores amigos, David y Jonatán, los apenaba que el rey Saúl estuviera tan celoso y enojado. Los dos amigos querían ayudarse. Jonatán le advirtió a David que se cuidara de la ira del rey Saúl. Jonatán le rogó a su padre que no lastimara a David. Le hablaba muy bien de su amigo al rey Saúl.

Saúl prometió que no lastimaría a David. Y cumplió con su promesa... pero no por mucho tiempo. Cuando David regresó de otra batalla, el rey Saúl lo amenazó de nuevo con una lanza.

El rey Saúl tal vez debería haber intentado practicar controlar su ira en lugar de practicar arrojar lanzas, ¿verdad?

Esta vez, David supo que ya no estaba a salvo con el rey Saúl.

Jonatán le dijo que deberían poner a prueba la ira de su padre. «Mañana celebraremos el festival de luna nueva. Te extrañarán cuando vean que tu lugar a la mesa está desocupado». Continuó diciéndole que pasado mañana, al atardecer, se tendría que esconder en el campo. Él luego saldría y dispararía tres flechas. Si el rey Saúl, su padre, en verdad quería hacerle daño a David, enseguida enviaría a un niño para que le traiga las flechas que están más lejos, más adelante.

Well, sure enough, King Saul's anger raged the night of the big dinner because David didn't show up. Jonathan shot the three arrows and gave David the secret message to flee as quickly as possible.

Jonathan and David met one last time to say goodbye. The two hugged and cried. They were sad to say goodbye because they loved each other as best friends. They promised to always be friends. The young men treated each other kindly, just the way friends should treat one another.

When good friends care for each other, they keep their promises. Many years later, after David became king, he wanted to honor his promise to his good friend, Jonathan. David had promised to take care of Jonathan's family. King David asked his servants to find any member of Jonathan's family still living nearby, so he could care for them.

Jonathan had one son left named Mephibosheth. Mephibosheth had two hurt feet and couldn't take care of himself very well. King David invited Mephibosheth to come to the palace and live there forever. He promised to take care of him. And he gave Mephibosheth back all the land that had belonged to his grandfather, King Saul. It was King David's way of honoring his friend, Jonathan.

Mephibosheth was very grateful to King David. He moved to the palace. He sat with the king every night for dinner. That made both of the men very happy. And no more flying spears!

Pues, en efecto, la noche de la gran cena la ira del rey Saúl arrasó porque David no había aparecido. Jonatán disparó las tres flechas y envió el mensaje en secreto a David de que se largara lo más rápido posible.

Jonatán y David se encontraron una última vez para despedirse. Se abrazaron y lloraron. Estaban tristes de tener que despedirse porque se querían mucho como mejores amigos. Se prometieron siempre ser buenos amigos. Los hombres se trataban con cariño, tal como deben tratarse los amigos.

Cuando los buenos amigos cuidan unos de otros, cumplen sus promesas. Muchos años más tarde, luego de que David se convirtiera en rey, quiso honrar su promesa a su buen amigo Jonatán. David había prometido que cuidaría de Jonatán y a su familia. El rey David les pidió a sus sirvientes que buscaran a todos los miembros de la familia de Jonatán que todavía vivieran por allí, así él podía hacerse cargo de ellos.

A Jonatán le quedaba un hijo, Mefiboset. Mefiboset tenía ambos pies heridos, y no podía valerse por sí mismo muy bien. El rey David invitó a Mefiboset a vivir en el palacio para siempre. Prometió cuidar de él. Y le devolvió a Mefiboset toda la tierra que había pertenecido a su abuelo, el rey Saúl. Era la manera que tenía el rey David de honrar a su amigo Jonatán.

Mefiboset estaba muy agradecido. Se mudó al palacio y se sentó a la mesa del rey todas las noches para cenar. Eso alegró a ambos. ¡Y nada de lanzas voladoras!

Reflection

- Jonathan and David loved each other as best friends. They never forgot each other.

- The two friends show us how God wants us to treat our friends. God wants us to treat others with kindness and loyalty. When we treat our friends with kindness, we show the world that we love God and want to be obedient to him.

- In what ways can you show kindness to your friends?

- How will you do that tomorrow?

Prayer

Dear God, thank you for Bible stories like this one that teach me how to be a good friend. Please lead me to be kind to my friends. Lead me to share with my friends and to help them when they need help.

Thank you, God, for being my friend. I love you. Amen.

Reflexión

- Jonatán y David se querían, como buenos amigos. Nunca se olvidaron el uno del otro.

- Los dos amigos nos muestran cómo quiere Dios que tratemos a nuestros amigos. Dios quiere que tratemos a los demás con bondad y lealtad. Cuando somos buenos con nuestros amigos, le demostramos al mundo que amamos a Dios y que queremos obedecerle.

- ¿De qué maneras puedes ser bueno con tus amigos?

- ¿Cómo harás eso mañana?

Oración

Querido Dios: gracias por las historias bíblicas, como esta, que me enseñan a ser un buen amigo. Por favor guíame para que sea bueno con mis amigos. Guíame para compartir con mis amigos y para ayudarlos cuando necesiten ayuda.

Gracias, Dios, por ser mi amigo. Te amo. Amén.

Solomon, a Wise King

2 SAMUEL 5–7; 1 KINGS 1–8

David was a good king who loved the Lord. He worked hard to take care of God's people. He often talked to God in prayer, and he wrote songs about God too. Even though he was a good king who usually put God first, David made some bad choices and mistakes. Those made God sad. Each time David sinned, he realized it and then prayed and asked God to forgive him.

God wants us to ask for forgiveness when we do wrong too. Like David, we can stop sinning and ask God to forgive us.

David went to battle and took back the beautiful city of Jerusalem for God's people. The Israelites danced and celebrated. David gave Jerusalem a new name, the City of David.

King David decided to have a large, fancy palace built there. Kings from other countries sent supplies to King David for his palace. They were David's friends, and they wanted to give him good gifts. It took many years for the palace to be completed.

Later, David felt sad that he had an amazing palace to live in, but God's special chest, the ark of the covenant, still sat in a tent. David wanted to build a grand *temple*—a church—for God and his ark of the covenant. David told one of God's great prophets, Nathan, about his plan to build a temple. At first, Nathan thought it was a great idea too.

Salomón, un rey sabio

2 SAMUEL 5-7; 1 REYES 1-8

David era un rey bueno que amaba al Señor. Trabajó duro para cuidar del pueblo de Dios. A menudo hablaba con Dios en rezos, y también escribió canciones sobre Dios. A pesar de ser un buen rey que solía poner a Dios primero, David tomó algunas malas decisiones y cometió algunos errores. Eso entristeció a Dios. Cada vez que David pecaba, se daba cuenta de lo que había hecho y rezaba para pedirle a Dios que lo perdonara.

Dios quiere que nosotros también pidamos perdón cuando hacemos algo malo. Como David, podemos dejar de pecar y pedirle a Dios que nos perdone.

David libró batallas y recuperó la hermosa ciudad de Jerusalén para el pueblo de Dios. Los israelitas bailaron y celebraron. David le dio un nuevo nombre a Jerusalén: la Ciudad de David.

El rey David decidió que allí se construiría un enorme y lujoso palacio. Los reyes de otros países abastecieron el palacio del rey David. Eran amigos de David y querían darle buenos regalos. Tomó muchos años completar el palacio.

Más tarde, David se entristeció porque él tenía un lugar increíble en el que vivir, pero el arca especial de Dios, el arca del pacto, seguía en una tienda. Dios quería construir un gran *templo* —una iglesia— para Dios y su arca del pacto. David le contó a uno de los grandes profetas de Dios, Natán, acerca de su plan para construir un templo. Al principio a Natán también le pareció una gran idea.

But that very night, God spoke to Nathan. God told Nathan that one of David's sons would build God's temple.

Nathan told King David what God had said.

Even though David knew he wouldn't be the king to build a house for God, he made plans for the temple and gathered supplies.

When David was too old to be king any longer, some of his sons argued over who would be king next. But God wanted David's son Solomon to be king.

David obeyed God and gave Solomon the job of being the next king. David reminded Solomon to make sure the Israelite people worshipped only God.

David also gave his son some good advice about being king. He told him to always follow God, so that the job of king could stay in their family.

Solomon knew that he had a lot to learn about being the king. One night, God appeared to Solomon in a dream. God told him he could ask for anything. What Solomon wanted most of all was to be a good king for God's people. So, in the dream, Solomon asked God for *wisdom*. He wanted to know right from wrong.

What would you have asked for?

Would you rather have wisdom or wealth?

Would you rather have good looks or be kind?

Would you rather have a huge palace or a smaller home with kind and loving people?

Pero esa misma noche, Dios le habló a Natán. Le dijo que uno de los hijos de David construiría el templo de Dios.

Natán le contó a David lo que había dicho Dios.

A pesar de que David sabía que no sería él el rey que construiría una casa para Dios, hizo planes para el templo y juntó materiales.

Cuando David ya fue demasiado anciano para ser rey, algunos de sus hijos empezaron a discutir sobre quién sería el nuevo rey. Pero Dios quería que Salomón, hijo de David, fuera rey.

David obedeció a Dios y le dio el puesto de nuevo a rey a Salomón. David le recordó a Salomón que debía asegurarse de que el pueblo israelita adorara solamente a Dios.

David también le dio a su hijo buenos consejos acerca de cómo ser rey. Le dijo que siempre siguiera a Dios así el puesto de rey podía permanecer dentro de la familia.

Salomón sabía que tenía mucho que aprender acerca de cómo ser rey. Una noche, Dios se le apareció a Salomón en un sueño. Dios le dijo que podía pedir lo que quisiera. Lo que más quería Salomón era ser un buen rey para el pueblo de Dios. Entonces, en el sueño, Salomón le pidió a Dios *sabiduría*. Quería poder distinguir entre el bien y el mal.

¿Qué habrías pedido tú?

¿Preferirías tener sabiduría o riqueza?

¿Preferirías ser atractivo o bondadoso?

¿Preferirías tener un palacio enorme o un hogar más pequeño con gente buena y amorosa?

God was pleased that Solomon had asked for wisdom. God knew that Solomon could have asked for money or many other things, but instead, he'd asked for wisdom.

In the dream, God told Solomon that because he'd asked for wisdom, God would make him one of the wisest people who ever lived. That way, Solomon could take good care of God's chosen people.

Solomon did rule the people wisely. He made many good decisions and wrote amazing songs and *proverbs*. Proverbs are wise sayings.

Solomon also collected supplies for the temple, like his father, David, had done. Solomon picked just the right builders and workers.

Lots of people had different jobs to do for the temple. God gave each person special talents to do their job well.

When the temple had been built, Solomon and the leaders of Israel placed God's ark of the covenant in the temple. As soon as the priests stepped away from the ark, God's tall cloud, the one the Israelites had followed in the desert for 40 years, filled the temple.

God's cloud showed Solomon and the people of Israel—as well as people from other countries—that God was personally taking care of his people.

A Dios lo alegró que Salomón pidiera sabiduría. Dios sabía que Salomón podría haber pedido dinero o muchas otras cosas pero, en vez de hacerlo, había pedido sabiduría.

En el sueño, Dios le dijo a Salomón que, como había pedido sabiduría, Dios lo convertiría en una de las personas más sabias que hubieran existido jamás. De ese modo, Salomón podría cuidar muy bien del pueblo elegido de Dios.

Salomón reinó sobre el pueblo con sabiduría. Tomó muchas buenas decisiones y escribió canciones y *proverbios* increíbles. Los proverbios son refranes llenos de sabiduría.

Salomón también juntó materiales para el templo, como había hecho su padre David. Salomón eligió a los constructores y trabajadores adecuados.

Había muchas personas con muchos trabajos diferentes en el templo. Dios le dio a cada uno talentos especiales para que hicieran bien su trabajo.

Cuando el templo estuvo construido, Salomón y los líderes de Israel colocaron el arca del pacto de Dios en el templo. En cuanto los sacerdotes se alejaron del arca, la alta nube de Dios, la que habían seguido los israelitas en el desierto durante cuarenta años, llenó el templo.

La nube de Dios les demostró a Salomón y al pueblo de Israel —así como también a la gente de otros países— que Dios estaba cuidando personalmente de su pueblo.

Reflection

- What special talent or gift do you feel like God has given you?

- How can you use that talent to serve God?

- Solomon used God's gift of wisdom to serve God. God wants us to ask for wisdom too. We can ask God to help us know the difference between right and wrong.

- We can also ask God for the wisdom to treat other people fairly and kindly.

Prayer

Dear God, thank you for this story that reminds me to ask for wisdom. Thank you that I can ask for wisdom about anything. I can ask you to help me spell words correctly on my test. I can ask you to give me wisdom to eat the right foods. I can ask for wisdom when playing with my friends. I can ask for wisdom to make right choices.

Help me be wise, God. Amen.

Reflexión

- ¿Qué talento especial, o don, sientes que te dio Dios?

- ¿Cómo puedes usar ese talento para servir a Dios?

- Salomón usó el don de la sabiduría para servir a Dios. Dios quiere que nosotros también pidamos tener sabiduría. Podemos pedirle a Dios que nos ayude a reconocer la diferencia entre el bien y el mal.

- También podemos pedirle a Dios que nos de la sabiduría para ser justos y buenos con los demás.

Oración

Querido Dios: gracias por esta historia que me recuerda que debo pedir sabiduría. Gracias por poder pedir sabiduría para lo que sea. Puedo pedirte que me ayudes con mi ortografía en una prueba. Puedo pedirte que me des sabiduría para comer alimentos sanos. Puedo pedir sabiduría cuando juego con mis amigos. Puedo pedir sabiduría para tomar buenas decisiones.

Ayúdame a ser sabio, Dios. Amén.

Elijah in the Wilderness

1 KINGS 17–18

Lots of different kings ruled in Israel and in Judah over the years. Some of the kings remembered God and worshipped only him. But many of the kings turned away from God.

After a long time, a man named Ahab became king of Israel. He did not worship the one true God. And his wife, Jezebel? Well, let's just say she was not a nice person at all. She was so cruel that she wanted a lot of people dead! She worshipped the false god Baal. Ahab and Jezebel led God's people to disobey God.

God was unhappy with the people of Israel. He gave a message to one of his prophets, a good man named Elijah.

Then Elijah took God's message to King Ahab. Elijah said, "In God's name, I tell you that no rain will fall on the land in the next few years."

The king knew that the people would have no food to eat if rain didn't fall. This made King Ahab and Queen Jezebel angry.

God knew they would be angry with Elijah, so God told Elijah to hide in the wilderness. God sent ravens to Elijah every day with bread and meat for Elijah to eat.

Kind of like pizza-delivery guys.

Elías en el desierto

1 REYES 17–18

A través de los años, en Israel y Judea reinaron muchos reyes. Algunos reyes recordaban a Dios y lo adoraban solo a él. Pero muchos de los reyes le dieron la espalda a Dios.

Después de mucho tiempo, un hombre de nombre Acab se convirtió en rey de Israel. No adoraba al único y verdadero Dios. ¿Y su esposa Jezabel? Bueno, digamos que no era para nada una buena persona. ¡Era tan cruel que quería ver muerta a mucha gente! Adoraba al falso dios Baal. Acab y Jezabel llevaron al pueblo de Dios a desobedecerle.

Dios no estaba a gusto con el pueblo de Israel. Le dio un mensaje a uno de sus profetas, un hombre bueno llamado Elías.

Luego, Elías llevó el mensaje de Dios al rey Acab. Elías le dijo: «Tan cierto como que el Señor vive, no habrá lluvia durante los próximos años».

El rey sabía que la gente no tendría comida para alimentarse si no llovía. Esto enfureció al rey Acab y a la reina Jezabel.

Dios sabía que se enojarían con Elías, así que Dios le dijo a Elías que se marchara y se escondiera junto a un arroyo. Todos los días, Dios enviaba cuervos con pan y carne adonde estaba Elías para que él se alimentara.

Como si fueran repartidores de pizza.

What would you think about birds bringing you breakfast and dinner every day? Sounds really neat, huh? If you could pick any animal in the world to bring you food every day, which animal would you pick?

Elijah hid in the wilderness, next to a stream of water, for quite some time. But then the lack of rainfall caused the brook near Elijah to dry up. God told Elijah to go to the city of Zarephath next. God told him to look for a certain woman there who would give him food.

Elijah found the woman, a widow, at Zarephath and asked for some water to drink and bread to eat.

She told Elijah, "I have no food to offer you. The famine is severe. I only have enough flour and oil to make one more meal for my son and me, and then we'll have no more food."

Imagine her surprise when Elijah told her that God promised to make sure she had enough food to last until the rain came again! Elijah said, "God says your jar of flour will not run out, nor will your jug of oil run dry."

The woman trusted the words that God had spoken through Elijah. She prepared a meal for the three of them. Because God's words are always true, the widow, her son, and Elijah had enough food every day. God made sure the jar of flour and jug of oil never ran out.

¿Qué pensarías si los pájaros te trajeran el desayuno y la cena todos los días? Suena genial, ¿no? Si pudieras elegir un animal que te trajera comida todos los días, ¿qué animal elegirías?

Elías se escondió junto a un arroyo en un oasis del desierto por un tiempo. Pero luego la sequía hizo que el arroyo se secara. Dios le dijo a Elías que fuera a la ciudad de Sarepta. Le dijo que buscara a una mujer que le daría de comer.

Elías encontró a la mujer, una viuda, en Sarepta y le pidió agua y un poco de pan.

Ella le respondió: «No tengo ni un pedazo de pan en la casa. La hambruna es severa. Solo me queda un puñado de harina en el frasco y un poquito de aceite». Era lo suficiente para preparar una última comida. Y le dijo que después de eso, su hijo y ella no tendrían nada más.

¡Imagina su sorpresa cuando Elías le dijo que Dios había prometido que se aseguraría de que ella tuviera suficiente comida hasta que volvieran las lluvias! Elías dijo: «El Señor, Dios de Israel dice: "Siempre habrá harina y aceite de oliva en tus recipientes"».

La mujer confió en las palabras que Dios había pronunciado a través de Elías. Preparó una comida para los tres. Como las palabras de Dios siempre son ciertas, la viuda, su hijo y Elías tuvieron suficiente comida todos los días. Dios se aseguró de que los recipientes de harina y aceite nunca se vaciaran.

After a long time with no rain, Elijah told King Ahab to meet him at the top of Mount Carmel. Elijah wanted to prove to all the people that God is the only true God.

On top of the mountain, Elijah challenged the king and the prophets of the false god Baal. Elijah said, "If you think your Baal god is real, follow him. But if the Lord is God, follow him."

Elijah instructed the king's false prophets to build an altar to their fake god. Meanwhile, Elijah built an altar to the Lord. Then Elijah told King Ahab's prophets, "Call on your god, Baal, to light his altar fire." While all the people watched, nothing happened.

Elijah even taunted the people. "Maybe your god is deep in thought or traveling. Maybe he is asleep."

Perhaps Elijah was practicing to be a stand-up comedian, because he knew the one true God never, ever sleeps!

Despite shouts and noise by the people, nothing happened to their false god's altar.

Then Elijah prayed out loud, "Lord, God of Abraham, Isaac, and Israel, let everyone know today that you are God in Israel. Answer me, Lord, so that all these people will know you are God, so they will come back to you."

Immediately fire fell from the sky, and flames burned on the Lord's altar.

Tras un largo período sin lluvias, Elías le dijo al rey Acab que se reuniera con él en la cima del monte Carmelo. Elías quería probarle a todo el pueblo que Dios es el único verdadero Dios.

En la cima del monte, Elías desafió al rey y a los profetas del falso dios Baal. Elías les dijo: «Si el Señor es Dios, ¡síganlo! Pero si Baal es el verdadero Dios, ¡entonces síganlo a él!».

Elías les ordenó a los falsos profetas del rey que construyeran un altar para su falso dios. Al mismo tiempo, Elías construyó un altar para el Señor. Luego Elías les dijo a los profetas del rey Acab: «Invoquen el nombre de su dios; pero no le prendan fuego a la leña». Ellos lo hicieron mientras todos observaban, pero el fuego no se encendió.

Elías hasta se burló de la gente: «¡Seguramente salió de viaje o se quedó dormido y necesita que alguien lo despierte!».

Quizá Elías estaba practicando para ser comediante, ¡porque él sabía que el verdadero Dios nunca, jamás, duerme!

A pesar de los gritos y el ruido que hacía la gente, en el altar de su falso dios no ocurrió nada.

Luego Elías rezó en voz alta: «Oh Señor, Dios de Abraham, de Isaac y de Jacob, demuestra hoy que tú eres Dios en Israel. Respóndeme para que este pueblo sepa que tú, oh Señor, eres Dios y que tú los has hecho volver a ti».

De inmediato cayó fuego del cielo y las llamas ardieron en el altar del Señor.

The Israelites believed in God again. Elijah told everyone that rain was on the way.

The people must have thought that was part of the comedy show too, because there wasn't a cloud in the sky! After Elijah's servant had checked the sky eight times, he told Elijah, "I think I see a small cloud."

Sure enough, that small cloud soon turned into a huge rain. The people would have crops and food once again!

Los israelitas volvieron a creer en Dios. Elías les dijo a todos que pronto llovería.

La gente debe de haber pensado que eso también era parte de su repertorio como comediante, ¡porque no había una nube en el cielo! Luego de que el sirviente de Elías mirara los cielos ocho veces, le dijo a Elías: «Vi una pequeña nube».

Y así fue que esa pequeña nube pronto se convirtió en una gran lluvia. ¡La gente volvería a tener cultivos y comida!

Reflection

- When people turn their hearts away from God, things go wrong.

- God gets sad when people forget him and choose other things first.

- Are there things more important to you than God? Do you watch too much television and forget to pray? Do you want too many toys and forget to give some of your money back to God at church?

- What can you do to turn your heart or actions back to God?

Prayer

Dear God, I'm sorry when I love other things more than you. Please help me to love you the most—not my toys, games, television, schoolwork, or even my family and friends! Help me remember to worship only you because you are the one true God.

Thank you for loving me, even when I do wrong. I love you so much, God! Amen.

Reflexión

- Cuando la gente aleja sus corazones de Dios, las cosas salen mal.

- Dios se pone triste cuando la gente lo olvida y elije otras cosas primero.

- ¿Hay cosas más importantes que Dios para ti? ¿Miras demasiada televisión, o te olvidas de rezar? ¿Quieres demasiados juguetes y olvidas devolverle parte de tu dinero a Dios en la iglesia?

- ¿Qué puedes hacer para acercar tu corazón y tus acciones de nuevo a Dios?

Oración

Querido Dios: te pido perdón porque a veces amo otras cosas más que a ti. Por favor, ayúdame a amarte más que a nada o a nadie —más que a mis juguetes, la televisión, mis estudios ¡o hasta mi familia y mis amigos!—. Ayúdame a recordar adorarte solo a ti porque tú eres el único y verdadero Dios.

Gracias por amarme hasta cuando no hago el bien. ¡Te amo tanto, Dios! Amén.

Elisha Helps a Widow

1 KINGS 19:19–21;
2 KINGS 2:1–18; 4:1–7

For years, Elijah, the prophet, worked hard for God and did good things for God's people. He told them God's messages and encouraged them to worship only God.

God took care of Elijah and provided for him all those years. (Remember the ravens that brought him bread and meat, like pizza-delivery guys?) When Elijah grew old, God told him to find a man named Elisha to take over the work of God.

Elijah went in search of Elisha.

Those two names sound a lot alike, don't they? One easy way to remember which prophet had the job first is this: The letter "j" comes before the letter "s" in the alphabet. So, Elijah with a "j" came before Elisha with an "s." Super easy now, right?

Elijah found Elisha working in the field, plowing. Elijah said, "God has chosen you to be his prophet." He might have even told him, "You'll get to do some really cool things for God. But some people might not like you because you'll need to point out their sins. And there just might be a wicked-lady queen who wants you dead. And you might be fed by ravens one day. And you might get to hold back the rain and cause a famine and then call down fire from heaven. It's a *really* cool job!"

Elijah probably didn't say all those exact words. However, Elijah had certainly lived a wild and adventurous life as God's prophet.

Eliseo ayuda a una viuda

1 REYES 19:19-21;
2 REYES 2:1-18; 4:1-7

Durante años el profeta Elías trabajó duro e hizo cosas buenas para el pueblo de Dios. Les transmitió los mensajes de Dios y los alentó para que adoraran solo a Dios.

Dios cuidó de Elías todos esos años. (¿Recuerdas a los cuervos que le trajeron pan y carne, como repartidores de pizza?). Cuando Elías envejeció, Dios le dijo que encontrara a un hombre llamado Eliseo para que se hiciera cargo de la obra de Dios.

Elías salió en busca de Eliseo.

Elías encontró a Eliseo mientras este araba en los campos. Elías le dijo que Dios había elegido a Eliseo para que fuera su profeta. Tal vez también le dijera: «Vas a llegar a hacer cosas increíbles para Dios. Pero habrá gente a la que quizá no le caigas bien porque vas a tener que señalar sus pecados. Y tal vez haya una reina malvada que quiera verte muerto. Y tal vez un día te alimenten los cuervos. Y tal vez puedas provocar una sequía que lleve a una gran hambruna, y luego hagas caer fuego del cielo. ¡Es un trabajo *genial*!».

Es probable que Elías no haya dicho todas esas cosas, tal cual. Pero Elías realmente había vivido una vida increíble llena de aventuras como profeta de Dios.

Elisha was ready to do God's work. He probably wiped the dirt off his hands from working in the field and shook Elijah's hand. His one request was to say goodbye to his father and mother before they left.

Which job do you think you'd like best? Working in a garden or sharing God's messages? Maybe you could even find a way to do both!

Elisha spent time with Elijah, learning as much as he could about God's work. By now, Elijah was very old. He knew he would soon go to heaven to be with God.

One day, while Elijah and Elisha were walking together, Elijah took off his cloak, rolled it up like a scroll, and struck the Jordan River. The waters parted, and the two men walked across on dry ground. On the other side of the river, Elijah asked Elisha, "What can I do for you before I leave you?"

Elisha said, "I want to have a double portion of your spirit." Elisha wanted to serve God in spectacular ways, just like Elijah had served him.

While they were talking, horses of fire and a chariot of fire suddenly appeared, along with a whirling wind. Elijah stepped onto the chariot, and then the horses took him away to heaven.

Eliseo estaba preparado para hacer el trabajo de Dios. Probablemente se limpió las manos llenas de tierra por su trabajo en los campos y le extendió la mano a Elías. Su único pedido fue poder despedirse de su padre y de su madre antes de partir.

¿Qué trabajo crees que te gustaría más? ¿Trabajar en un jardín o compartir el mensaje de Dios? ¡Tal vez podrías encontrar la manera de hacer las dos cosas!

Eliseo pasó un tiempo con Elías aprendiendo cuanto pudo acerca del trabajo de Dios. Para entonces, Elías ya era muy anciano. Sabía que pronto se iría al cielo a estar con Dios.

Un día, mientras Elías y Eliseo caminaban juntos, Elías se quitó la túnica, la enrolló como un pergamino y le dio un golpe al río Jordán. Las aguas se abrieron, y los dos hombres cruzaron el río sobre tierra seca. Del otro lado del río, Elías le dijo a Eliseo: «Dime qué puedo hacer por ti antes de ser llevado».

Eliseo le dijo: «Te pido que me permitas heredar una doble porción de tu espíritu». Eliseo quería servir a Dios de un modo espectacular, tal como lo había servido Elías.

Mientras hablaban, de repente aparecieron una carroza y caballos de fuego mientras se levantaba un torbellino. Elías se subió a la carroza, y luego los caballos se lo llevaron al cielo.

That's quite an exit, right?

Elisha was sad that his friend, teacher, and mighty man of God was gone. Elisha spotted Elijah's cloak on the ground. When Elisha struck the Jordan River with the cloak, the waters parted, just like they had for Elijah. Elisha knew it was time for him to carry on the work of God.

A widow needed help from Elisha. Because she had no job, she couldn't pay her debts. She told Elisha she only had a little bit of oil left in her home.

Elisha had great compassion on the poor woman and her hungry sons. He said, "Go to your neighbors' houses. Borrow empty jars. Ask for lots of jars! Then go inside your house. Let your sons help you pour the oil into the jars. Keep pouring until every jar is full."

The widow must have wondered, *Didn't Elisha just hear me say that I only had a little bit of oil left? Why do I need so many jars?* She might have thought those words, but she didn't say them. She believed in God and knew he was a god of miracles. She trusted and believed that God would take care of her and her sons. She did just what Elisha told her to do.

The little bit of oil filled lots and lots of jars. Then she took the jars to the market to sell the oil. She used the money to pay her debts and buy food. Now the widow could provide for her sons.

God had helped the widow through his new prophet, Elisha.

Nada mal para una partida, ¿verdad?

Eliseo estaba triste de que su amigo, maestro y gran hombre de Dios se hubiera ido. Eliseo vio la túnica de Elías en el suelo. Cuando Eliseo pegó con la túnica en el río Jordán se abrieron las aguas, tal como había sucedido cuando lo hizo Elías. Eliseo supo que era hora de que él continuara el trabajo de Dios.

Había una viuda que necesitaba la ayuda de Eliseo. Como no tenía un trabajo, no podía pagar sus deudas. Le dijo a Eliseo que solo tenía un poquito de aceite en su casa.

Eliseo tuvo una gran compasión con la pobre mujer y sus hijos hambrientos. Le dijo: «Pídeles a tus vecinos que te presten todas las jarras vacías que puedan. Luego entra en tu casa y cierra la puerta. Deja que tus hijos te ayuden a verter el aceite de oliva en las jarras hasta que se llenen todas».

La viuda se habrá preguntado, *¿Acaso no le acabo de decir que solo me queda un poquito de aceite? ¿Por qué necesito tantas jarras?* Tal vez lo pensó, pero no lo dijo. Ella creía en Dios y sabía que era un dios milagroso. Confiaba y creía en que Dios cuidaría de ella y de sus hijos. Simplemente hizo lo que le indicó Eliseo.

El poquito de aceite llenó muchísimas jarras. Luego la viuda llevó las jarras al mercado para vender el aceite. Usó el dinero para pagar sus deudas y comprar comida. Ahora podría mantener a sus hijos.

Dios había ayudado a la viuda a través de su profeta, Eliseo.

Reflection

- God called Elisha to be his prophet. Elisha happily served the Lord. He tried extra hard to learn everything he needed to know from Elijah so he would do a good job.

- When you do something for God, do you work extra hard to serve God well? Do you give God your best?

- And do you love God's people like Elisha did?

- Elisha felt compassion for the poor widow. Have you ever helped someone in need?

Prayer

Dear God, I want to serve you well, like Elisha did. Help me read and study your words in the Bible so I know how to do that. Lead me to talk to you often in prayer. Show me how to help people in need. Amen.

Reflexión

- Dios llamó a Eliseo para que fuese su profeta. Eliseo estuvo feliz de servir al Señor. Se esforzó mucho por aprender todo lo que pudo de Elías para hacer un buen trabajo.

- Cuando haces algo para Dios, ¿te esfuerzas mucho para servirlo bien? ¿Le das a Dios lo mejor de ti?

- ¿Y amas al pueblo de Dios como lo hizo Eliseo?

- Eliseo sintió compasión por la pobre viuda. ¿Alguna vez has ayudado a alguien necesitado?

Oración

Querido Dios: quiero servirte bien, como lo hizo Eliseo. Ayúdame a leer y estudiar tus palabras en la Biblia para saber cómo hacerlo. Guíame para que te hable a menudo a través de la oración. Muéstrame cómo ayudar a los necesitados. Amén.

The Bold, Young Servant Girl

2 KINGS 5:1–16

Once, soldiers from the country of Aram snuck into Israel. The soldiers took things that didn't belong to them. They even stole some of the people living there!

One young Israelite girl was snatched by the soldiers. She became a servant in Aram. She worked in the house of a man named Naaman, taking care of Naaman's wife.

Naaman was a great warrior in Aram. He won lots of battles, which made the king of Aram happy. But Naaman had a problem. The mighty fighter had a disease called *leprosy*. Leprosy caused sores all over Naaman's body. Ouch! Painful scabs covered his arms and legs.

The servant girl from Israel saw the sores and wanted to help Naaman. She knew God could heal him.

Even though she was far from home and missed her family, she remembered that her family served God and worshipped him. She also remembered Elisha, God's prophet in Israel.

One day, the servant girl spoke boldly. She told Naaman's wife that Naaman should go see the prophet Elisha. "He will cure my master of leprosy," the girl said.

Naaman told the king about the young girl's words.

La joven y audaz sirviente

2 REYES 5:1-16

Una vez, soldados de la región de Aram se infiltraron en Israel. Los soldados se llevaron cosas que no les pertenecían. ¡Hasta se robaron a algunas personas que vivían allí!

Los soldados se llevaron a una jovencita israelita. En Aram se convirtió en sirvienta. Trabajaba en la casa de un hombre llamado Naamán, donde estaba al cuidado de su esposa.

Naamán era un gran guerrero en Aram. Ganó muchas batallas, lo que alegró mucho al rey de Aram. Pero Naamán tenía un problema. El poderoso guerrero tenía una enfermedad llamada *lepra*. La lepra hacía que Naamán tuviera llagas por todo el cuerpo. ¡Au! Tenía los brazos y las piernas repletos de dolorosas costras.

La joven sirviente de Israel vio las llagas y quiso ayudar a Naamán. Sabía que Dios podría curarlo.

A pesar de estar lejos de casa y de extrañar a su familia, recordaba que su familia servía y adoraba a Dios. También recordaba a Eliseo, el profeta de Dios en Israel.

Un día, la joven sirvienta habló con audacia. Le dijo a la esposa de Naamán que Naamán debía ir a ver al profeta Eliseo, «él lo sanaría de su lepra», agregó la muchacha.

Naamán le contó al rey acerca de las palabras de la joven.

"Go to Israel," the king of Aram said. He wrote a letter for Naaman to take to the king of Israel. The letter said, "Here is my chief soldier, Naaman, so that you may cure him of leprosy." Naaman's king gave him gifts to take to the king of Israel.

Naaman and some of his servants traveled to Israel.

When the king of Israel read the letter, he was stunned. He tore his clothes in fear. "How can I heal this man?" the king of Israel asked. "The king of Aram wants to pick a fight with me!"

When the prophet Elisha heard that the king had torn his clothes in a panic, the man of God sent a message to the king. "Send the man to me," Elisha said. "I will heal him. Then he'll know there is a true prophet living in Israel."

Horses and chariots thundered to Elisha's house, carrying Naaman and his servants.

Elisha did not come outside to see Naaman. He sent a messenger instead. The messenger told Naaman, "Go wash in the Jordan River seven times, and your skin will be healed."

The mighty warrior stomped around in anger. "Why didn't the prophet come out and speak to me?" Naaman yelled. "I thought he would call on the name of the Lord and wave his hands over my sores to make them go away."

«Ve a visitar al profeta», le dijo el rey de Aram. Escribió una carta para que Naamán se la llevara al rey de Israel. La carta decía: «Mediante esta carta presento a mi siervo Naamán. Quiero que lo sanes de su lepra». El rey de Aram le dio regalos a Naamán para el rey de Israel.

Naamán y algunos de sus sirvientes viajaron a Israel.

Cuando leyó la carta, el rey de Israel quedó muy sorprendido. Se rasgó la ropa del temor. «¿Por qué este hombre me pide que sane a alguien con lepra?», preguntó el rey de Israel. «Creo que solo busca pelear conmigo».

Cuando el profeta Eliseo oyó que el rey había entrado en pánico y se había rasgado las vestiduras, el hombre de Dios envió un mensaje al rey. «Envíame a Naamán, así él sabrá que hay un verdadero profeta en Israel», le dijo Eliseo.

Los caballos y carros tronaron hacia la casa de Eliseo, llevando a Naamán y sus siervos.

Eliseo no salió a ver a Naamán. En lugar de salir, envió a un mensajero. El mensajero le dijo a Naamán: «Ve y lávate siete veces en el río Jordán. Entonces tu piel quedará restaurada, y te sanarás de la lepra».

El gran guerrero se puso a dar vueltas dando pisotones de la rabia. «¡Yo creí que el profeta iba a salir a recibirme! —dijo—. Esperaba que él moviera su mano sobre la lepra e invocara el nombre del Señor su Dios ¡y me sanara!».

Naaman complained to his servants. "Surely the rivers in Aram are better than the waters here in Israel." He stomped all the way back to his chariot.

Naaman's servants begged him to listen to Elisha. One gently said, "If the man of God had told you to do something hard, wouldn't you do it? How much easier it is for you to simply wash in the river." The servants talked Naaman into obeying the prophet.

Naaman walked into the river. He dunked himself until water covered the sores on his body.

One dunk in the water.

Two dunks.

Three dunks.

Four, five, six dunks.

Seven dunks.

Naaman washed seven times in the Jordan River, just like the man of God had said. And his skin was healed.

"I'm clean!" Naaman may have shouted. "I'm cured! My scabs are gone."

Still dripping wet, Naaman looked at his arms and legs and smiled because they looked as healthy as a young boy's. He might have even thought that they looked as healthy as the arms of the young servant girl who had suggested that he go and see Elisha.

Naaman returned with his servants to the house of Elisha. This time, Naaman shouted with joy! "Now I know that there is no God in all the world except in Israel," Naaman told Elisha.

Naamán se quejó con sus sirvientes. «¿Acaso los ríos de Aram no son mejores que cualquier río de Israel?». Y se volvió a su carro dando pisotones.

Los sirvientes de Naamán le rogaron que escuchara a Eliseo. Uno dijo con delicadeza, «Señor, si el profeta le hubiera pedido que hiciera algo muy difícil, ¿usted no lo habría hecho? Así que en verdad debería obedecerlo cuando sencillamente le dice: "¡Ve, lávate y te curarás!"». Los sirvientes convencieron a Naamán de que obedeciera al profeta.

Naamán se metió al río. Se sumergió hasta que el agua cubrió todas las llagas de su cuerpo.

Se sumergió una vez.

Dos veces.

Tres veces.

Cuatro, cinco, seis veces.

Siete veces.

Naamán se lavó siete veces en el río Jordán, como le dijo que hiciera el hombre de Dios. Y su piel sanó.

«¡Estoy limpio!», tal vez gritó Naamán. «¡Estoy curado! Mis costras desaparecieron».

Todavía empapado, Naamán miró sus brazos y sus piernas y sonrió porque se veían tan sanos como los de un muchacho. Tal vez incluso pensó que se veían tan sanos como los brazos de la joven sirviente que había sugerido que fuera a ver a Eliseo.

Naamán regresó con sus sirvientes a la casa de Eliseo. Esta vez, ¡Naamán gritó con alegría! «Ahora sé que no hay Dios en todo el mundo, excepto en Israel», le dijo a Eliseo.

When Naaman tried to give Elisha gifts, Elisha wouldn't take them.

Soon after, Naaman began his journey home, with his skin completely healed.

The servant girl's bold words about the man of God had helped Naaman. Her courage and thoughtfulness helped him find a cure for his sores.

And her words had helped Naaman to learn about God.

Cuando Naamán intentó darle regalos a Eliseo, Eliseo no los aceptó.

Al poco tiempo, Naamán emprendió el regreso a casa, con su piel completamente curada.

Las audaces palabras de la joven sirvienta sobre el hombre de Dios ayudaron a Naamán. El coraje y la consideración de la muchacha lo ayudó a encontrar una cura para sus llagas.

Y sus palabras habían ayudado a Naamán a aprender sobre Dios.

Reflection

- Despite being a servant, the young girl treated her masters with such kindness that she could speak boldly about God.

- And so God had used the young servant girl in a big way.

- Have you told anyone about God recently?

- Have you told anyone these Bible stories you've been reading about God?

- How can you trust God to help you to tell people about him?

Prayer

Dear God, please help me be kind to others, even when I might not feel like being kind and even when they haven't been kind to me.

Help me have compassion on people who are sick or have needs.

And most especially, please help me be bold and tell others about you and how much you love everybody. Amen.

Reflexión

- A pesar de ser una sirvienta, la joven trataba a sus amos con tanta bondad que pudo hablar de manera audaz acerca de Dios.

- Por eso Dios había usado a la joven sirvienta de un modo grandioso.

- ¿Le has contado a alguien sobre Dios últimamente?

- ¿Le has contado a alguien acerca de estas historias bíblicas que has estado leyendo sobre Dios?

- ¿Cómo puedes confiar en Dios para que te ayude a contarle a la gente acerca de él?

Oración

Querido Dios: por favor ayúdame a ser bueno con los demás, incluso cuando no tengo ganas de ser amable y hasta cuando no han sido buenos conmigo.

Ayúdame a tener compasión por la gente enferma y necesitada. Y por favor ayúdame especialmente a ser audaz y contarles a otros sobre ti y sobre cuánto nos amas a todos. Amén.

Isaiah, a Special Prophet

ISAIAH 6; 9:1–7

God's chosen people drifted farther and farther from God during the reign of kings. Most of the kings didn't follow God, so their people didn't follow God. The kings led the people to do bad things.

God had chosen Abraham's descendants—his children's children's children—to be his special people. God wanted them to show the world how to live the right way.

He'd told them over and over again to follow only him. God promised to protect them *if* they followed him. But God warned the people what would happen if they didn't follow him.

"If you don't follow and obey me, I will punish you," he said.

Do you think that got their attention? Nope. The people didn't listen. They kept doing bad things.

They couldn't even get along with each other. When they hadn't been able to agree about which new king to choose, the people had split the nation into two countries—Israel in the north and Judah in the south. Then they each had their own king.

Still, God never gave up on his special people. He promised to always love them. Their sin angered God, but he kept loving them.

Isaías, un profeta muy especial

ISAÍAS 6; 9:1-7

Durante el reinado de los reyes, el pueblo elegido de Dios se alejó más y más de él. La mayoría de los reyes no seguía a Dios, así que su gente tampoco seguía a Dios. Los reyes llevaron a la gente a obrar mal.

Dios había elegido a los descendientes de Abraham —los hijos de sus hijos de sus hijos— para que fueran su pueblo predilecto. Dios quería que le mostraran al mundo cómo vivir correctamente.

Les dijo una y otra vez que lo siguieran. Dios les prometió que los protegería *solo si* lo seguían. Pero Dios le advirtió a su pueblo que si no lo seguía y le obedecía, lo castigaría. ¿Crees que eso acaparó su atención? Nop. La gente no lo escuchó y siguió obrando mal.

Ni siquiera lograban llevarse bien entre ellos. Cuando no pudieron ponerse de acuerdo sobre quién sería su nuevo rey, el pueblo se dividió en dos naciones: Israel al norte y Judea al sur. Y así, cada una tuvo su propio rey.

Pero igual, Dios nunca se dio por vencido con su pueblo elegido. Prometió amarlo siempre. Sus pecados enojaban a Dios, pero él siguió amándolos.

Time after time, God warned the people to follow him. Here's how he did it. God called some of his faithful people to be prophets. Remember, a prophet is a messenger. God asked these prophets to share his messages with the people.

Sometimes, being a prophet was a scary job. Why? Because most of the time, the people didn't want to hear God's messages from the prophets. And the people would get angry when the prophets scolded them for not obeying God. The people didn't like hearing that God would punish them if they didn't change their ways.

Could you do that job? Could you be bold enough to share God's words, even if you knew it might make people angry?

One of God's special prophets was a man named Isaiah. Isaiah had a *vision* about God. A vision is like a dream where God really talks to you. In the vision that God gave to Isaiah, Isaiah saw God sitting on his throne. God's robe was magnificent: It filled the whole temple.

Isaiah saw two creatures with wings above God, called "seraphim." The two seraphim said, "Holy, holy, holy is the Lord Almighty. The whole earth is full of his glory."

The temple rattled and shook when the seraphim spoke. Smoke filled the temple.

Dios le advirtió una y otra vez a su pueblo que lo siguiera. Lo hizo así: llamó a algunos de sus más fieles seguidores a que fueran profetas. Recuerda, un profeta es un mensajero. Dios les pidió a estos profetas que compartieran su mensaje con la gente.

A veces daba un poco de miedo hacer el trabajo de un profeta. ¿Por qué? Porque la mayoría de las veces, la gente no quería escuchar los mensajes de Dios a través de los profetas. Y las personas se enojaban cuando los profetas los regañaban por no obedecer a Dios. A la gente no le gustaba escuchar que Dios los castigaría si no empezaban a cambiar su manera de actuar.

¿Podrías tú hacer esa tarea? ¿Serías lo suficientemente audaz como para compartir la palabra de Dios, incluso sabiendo que la gente se enojaría contigo?

Uno de los grandes profetas de Dios fue un hombre llamado Isaías. Isaías tuvo una *visión* sobre Dios. Una visión es como un sueño en el que Dios realmente te habla. En la visión que Dios le dio a Isaías, Isaías vio a Dios sentado en su trono. La túnica de Dios era magnífica. Llenaba el templo entero.

Isaías vio a dos criaturas aladas encima de Dios, llamadas *serafines*. Los dos serafines dijeron: «¡Santo, santo, santo es el Señor de los Ejércitos Celestiales! ¡Toda la tierra está llena de su gloria!».

El templo tembló y se sacudió cuando habló el serafín. El templo se llenó de humo.

Isaiah realized he was in the presence of God. He didn't feel worthy to be there. "I am a sinful man!" he said. "Everything I say is sinful!"

One of the winged creatures used tongs to lift a hot coal from the altar. The seraphim flew to Isaiah, touched Isaiah's lips with the hot coal, and said, "Your sin is taken away. You are no longer guilty."

Then Isaiah heard God say, "Whom shall I send? Who will go speak to the people?"

Isaiah said, "Here am I. Send me!"

Isaiah wanted to be God's prophet. He wanted to speak God's messages to the Israelites.

Soon, the vision ended.

Before long, other countries invaded Israel and Judah. The armies took many of the people far away as prisoners. Isaiah told them God's messages. He said God would bring them back to their homeland one day. He told the people to keep believing in God and to stay strong.

God also gave Isaiah a really important message to share with his people. It was the greatest message of hope that Isaiah ever shared. A message of hope for the whole world.

Isaías se dio cuenta de que estaba ante la presencia de Dios. No se sentía digno de estar allí. «Soy un hombre pecador. —dijo—. Tengo labios impuros».

Una de las criaturas aladas usó unas pinzas para levantar un carbón encendido del altar. El serafín voló hasta donde estaba Isaías y tocó los labios de Isaías con el carbón encendido y dijo: «Este carbón te ha tocado los labios. Ahora tu culpa ha sido quitada y tus pecados perdonados».

Luego Isaías oyó que Dios decía: «¿A quién enviaré como mensajero a este pueblo?»

Isaías respondió: «Aquí estoy yo. Envíame a mí».

Isaías quería ser el profeta de Dios. Quería llevar el mensaje de Dios a los israelitas.

Pronto, la visión terminó.

Poco después, otros pueblos invadieron Israel y Judea. Los ejércitos se llevaron a muchas personas prisioneras a tierras lejanas. Isaías les dio los mensajes de Dios. Les dijo que algún día Dios los devolvería a su patria. Le dijo a la gente que siguiera creyendo en Dios y que fuera fuerte.

Dios también le dio a Isaías un mensaje muy importante que debía compartir con su pueblo. Era el mayor mensaje de esperanza que Isaías había compartido jamás. Un mensaje de esperanza para el mundo entero.

Isaiah said, "God will send a *Savior*. This Savior will come to earth to save the whole world from their sins. He will redeem—bring to himself—every person who believes in him. He will be the greatest King, but his home won't be a palace. He'll be a healer and a rescuer and a servant. Many people won't like him, but he will love the entire world.

"And he will be called 'Wonderful Counselor, Mighty God, Everlasting Father, Prince of Peace.'"

Isaiah shared this great and beautiful promise of hope for the Israelites and the whole world.

He was talking about God's Son.

Jesus.

Isaías le dijo a la gente que Dios mandaría a un salvador. Este salvador vendría a la tierra para salvar a todo el mundo de sus pecados. El redimiría —traerá hacia él— toda persona que creyera en él. Sería el rey más poderoso, pero su hogar no sería un palacio. Sería un sanador, un rescatador y un servidor. Muchos no lo amarían, pero él amaría al mundo entero.

«Y será llamado: Consejero Maravilloso, Dios Poderoso, Padre Eterno, Príncipe de Paz».

Isaías compartió esta gran y hermosa promesa de esperanza para los israelitas y el mundo entero.

Se refería al hijo de Dios.

Jesús.

Reflection

- God's people stopped loving God, but God never stopped loving them.

- He sent prophets to tell the people to repent. That means to turn away from sin and turn back to God.

- Do you think it would be hard to give someone a message they didn't want to hear?

- Isaiah kept telling people about God, even though they didn't want to hear Isaiah's words. He even offered them hope.

- Could you be that bold?

Prayer

Dear God, it's hard to believe that people turned their backs on you in Bible days. But when I sin and break your rules, I'm turning my back on you too. When I skip prayer time and put me first, I'm forgetting you, just like they did. I'm sorry, God.

Thank you for loving me, even when I mess up. Amen.

Reflexión

- El pueblo de Dios dejó de amarlo, pero Dios nunca dejó de amar a su pueblo.

- Envió a profetas para que le dijeran al pueblo que se arrepintiera. Eso quiere decir que se aleje del pecado y regrese a Dios.

- ¿Crees que sería difícil darle un mensaje a alguien que no quiere escucharlo?

- Isaías le hablaba a la gente constantemente acerca de Dios, aunque no quisieran oír las palabras de Isaías. Hasta les ofreció esperanza.

- ¿Tú podrías ser tan audaz?

Oración

Querido Dios: cuesta creer que la gente te diera la espalda en los tiempos de la Biblia. Pero cuando yo peco y rompo tus reglas, yo también te estoy dando la espalda. Cuando me salteo el momento de la oración y pienso primero en mí, me estoy olvidando de ti, igual que hicieron ellos. Lo siento, Dios.

Gracias por amarme, incluso cuando cometo errores. Amén.

Jonah's Big Fish Story

JONAH 1–3

Prophets in the Bible spoke God's messages to his people. God gave messages to the prophets, and the prophets gave the messages to the people.

"Turn from your evil ways." That's what the prophets told God's people. God wanted the people to repent, to turn away from their sins. He hoped they would listen to the prophets.

One day, God spoke to one of his prophets, a man named Jonah. God said, "Jonah, go to the great city of Nineveh."

Jonah might have said, "Whoa, wait. Hold up."

You see, Nineveh was a huge city in Assyria. That country was an enemy of the Israelites. Jonah didn't want to go there to give God's message.

God told Jonah, "Go to Nineveh and tell the people to turn from their wicked ways."

Instead of going to Nineveh, Jonah ran away from God. Jonah thought, *I'll get on this ship and sail in the opposite direction*. The ship sailed with Jonah on board.

Well, that doesn't sound like a smart plan at all, right? No one, nobody, not one single person can run away from God.

La historia de Jonás y un gran pez

JONÁS 1-3

Los profetas de la Biblia llevaban los mensajes de Dios a su gente. Dios les daba los mensajes a los profetas, y ellos se los daban a la gente.

Los profetas le decían al pueblo de Dios que dejara de obrar mal. Dios quería que la gente se arrepintiera y que se alejara del pecado. Tenía la esperanza de que escuchara a los profetas.

Un día, Dios le habló a uno de sus profetas, un hombre llamado Jonás. Dios le dijo: «Levántate y ve a la gran ciudad de Nínive».

Jonás tal vez dijera: «Epa... un momento. Espera».

Es que Nínive era una ciudad enorme en Asiria. Eran enemigos de los israelitas. Jonás no quería llevar el mensaje de Dios allí.

Dios le dijo a Jonás: «Ve a Nínive y dile al pueblo que abandonen los malos caminos».

En lugar de ir a Nínive, Jonás huyó y se alejó de Dios. Jonás pensó: *Me subiré a este barco y navegaré en la dirección opuesta*. El barco zarpó con Jonás abordo.

Pues, ese no parece un plan muy inteligente, ¿verdad? Nadie, absolutamente ninguna persona puede huir de Dios.

Guess what God did? God sent a great wind and storm. Giant waves tossed that ship around like it was a toy. The sailors thought for sure they were going to perish! They threw some of the cargo overboard, hoping to save the ship.

Somehow, Jonah managed to fall asleep during the violent storm. One of the sailors finally woke up Jonah and said, "Pray to your God to save us."

You see, the other sailors had already prayed to their false gods, but no one had prayed to the one true God.

Jonah told the sailors, "This storm is my fault. I tried to run away from God. I worship the Lord, the God of heaven, who made the sea and the dry land."

The sailors were likely wishing for some dry land!

Jonah told the men to throw him overboard, and then the storm would stop.

The sailors didn't want to throw Jonah into the sea. Instead, they rowed harder and harder. They hoped to reach the shore.

Yet the winds roared more and more, and the sea swirled and splashed and foamed.

The men soon decided to toss Jonah overboard. They cried out to God, "Please, Lord, don't punish us for taking this man's life."

The sailors flung Jonah into the raging sea. *Splash*, went Jonah. The seas calmed, and the boat stopped rocking.

¿Adivina qué hizo Dios? Dios envió un gran viento y una gran tormenta. Las olas gigantes sacudieron ese barco para todos lados como si fuera de juguete. ¡Los marineros estaban convencidos de que iban a morir! Tiraron parte de su carga por la borda con la esperanza de salvar el barco.

De alguna manera, Jonás se las arregló para dormir durante la violenta tormenta. Por fin, uno de los marineros lo despertó y le dijo: «¡Pídele a tu dios que nos salve!».

Es que los demás marineros ya les habían rezado a sus falsos dioses, pero nadie le había rezado al único y verdadero Dios.

Jonás les respondió a los marineros que la tormenta era culpa suya por haber intentado huir de Dios y agregó: «Adoro y temo al Señor, Dios del cielo, quien hizo el mar y la tierra».

¡Seguramente los marineros deseaban un poco de tierra firme!

Jonás les dijo a los hombres que lo arrojaran por la borda, y que luego la tormenta pasaría.

Los marineros no querían tirar a Jonás al mar. Lo que hicieron en vez fue remar aún más fuerte. Tenían la esperanza de llegar hasta la orilla.

Pero los vientos rugían más y más, y el mar se arremolinaba y salpicaba y echaba espuma.

Pronto los hombres decidieron tirar a Jonás por la borda. Le imploraron a Dios: «Oh Señor, no nos hagas responsables de su muerte».

Los marineros arrojaron a Jonás al mar embravecido. *Paf*, cayó Jonás. El mar se calmó y el barco dejó de mecerse.

And then, as odd as it seems, God sent a big fish to swallow Jonah. Yep, swallowed him whole, right there in the water.

Jonah spent three whole days and nights in the stinky, gross belly of the fish.

Ew, now that's a smelly punishment, right? Would you rather be tossed about in a violent storm or swallowed by a fish? Tough choice, huh?

Guess what Jonah did? Besides hold his nose. Well, first, he probably realized running from God was a really dumb plan. Then, he prayed. Jonah asked God to forgive him for running away. He promised to do what God wanted.

After Jonah prayed, God caused the fish to spit Jonah out onto dry land. And Jonah headed straight to Nineveh!

Let's hope he found someplace to shower first. Otherwise, the people of Nineveh might say, "Something's fishy here, Jonah."

Jonah told all the people to repent. "Turn from your evil ways," he said. "Stop sinning, or God is going to destroy your city. Don't worship idols. Don't worship other gods. Worship the one true God."

The people of Nineveh listened to Jonah. They stopped sinning. The king repented too. The Ninevites turned from their evil ways and turned to God instead.

God was pleased and decided not to destroy the city.

Y luego, por muy extraño que parezca, Dios envió a un gran pez para que se tragara a Jonás. Sip, para que se lo tragara enterito, allí mismo en el agua.

Jonás pasó tres días y tres noches adentro de la barriga olorosa y asquerosa del pez.

Puaj, ese sí que es un castigo apestoso, ¿verdad? ¿Preferirías zarandearte en una tormenta violenta o que te trague un pez? Es una elección difícil, ¿no?

¿Adivina qué hizo Jonás? Aparte de taparse la nariz. Pues, primero, seguramente se dio cuenta de que huir de Dios había sido un plan muy tonto. Luego rezó. Jonás le pidió a Dios que lo perdonara por huir. Le prometió que haría lo que Dios quisiera.

Después de que Jonás rezó, Dios hizo que el pez lo escupiera en tierra firme. ¡Y Jonás marchó derechito a Nínive!

Ojalá primero haya encontrado un lugar donde bañarse. De lo contrario, la gente de Nínive tal vez dijera: «Algo nos huele mal, Jonás».

Jonás le dijo a toda la gente que se arrepintiera: «Dejen los malos caminos», les dijo. «Paren de pecar, o Dios destruirá su cuidad. Paren de adorar a ídolos. Adoren al único Dios verdadero».

La gente de Nínive escuchó a Jonás. Dejaron de pecar. El rey también se arrepintió. Todos abandonaron sus malas costumbres y se acercaron a Dios.

Dios estuvo satisfecho y no destruyó la ciudad.

Reflection

- Where is your best hiding spot for a hide-and-seek game?

- Have you ever felt like you could hide from God?

- There's no place we can hide from God—ever!

- Jonah found that out the hard way. God wanted Jonah to go to Nineveh because God loved those people too. God loved the whole world then, and he loves the whole world now. God wants everyone to know him and to know that he loves them.

Prayer

Dear God, help me remember that I can't run away from you, because you promise to be with me everywhere. You're with me at home, school, church, when I'm shopping, when I'm outside, when I'm on a boat or in an airplane. And if I manage to find myself in the belly of a fish, you'll be there too.

Thank you for loving the whole world. Help me love the world also. Amen.

Reflexión

- ¿Cuál es tu mejor escondite?

- ¿Alguna vez pensaste que tal vez te podías esconder de Dios?

- No hay ningún lugar en el que podamos escondernos de Dios... ¡jamás!

- Jonás lo descubrió a los golpes. Dios quería que Jonás fuera.a Nínive porque Dios también amaba a esas personas. En ese entonces, Dios amaba al mundo entero, y hoy en día también ama al mundo entero. Dios quiere que todos lo conozcan y que sepan que él los ama.

Oración

Querido Dios: ayúdame a recordar que no puedo huir de ti, porque tú prometes estar conmigo en todas partes. Estás conmigo en casa, en la escuela, en la iglesia, cuando voy de compras, cuando estoy afuera, cuando estoy en un barco o en un avión. Y si resulta que termino en la barriga de un pez, allí estarás también.

Gracias por amar al mundo entero. Ayúdame a que yo también ame al mundo entero. Amén.

The Fiery Furnace

DANIEL 1–3

God's people disobeyed and forgot him. So, just like he'd warned them he would do, God took his hand of protection away from his chosen people. The army of Babylon invaded Jerusalem. The soldiers took some of the Israelites back with them to be servants in Babylon.

The king of Babylon had a really long name. It was Nebuchadnezzar. Try saying that three times fast!

King Nebuchadnezzar told his chief official to pick some of the young, healthy men from Jerusalem to train in his court. They were to learn the Babylonian language and culture. The king wanted men who were smart, hardworking, good students. Four of the young men picked by the official were friends, and they loved and obeyed God. Their names were Daniel, Shadrach, Meshach, and Abednego.

These young men studied hard. But they never forgot God. Even though they had been taken from their homeland to another country that had fake gods, they remembered the one true God and worshipped only him.

The young men studied hard and learned so much that they received special jobs as advisors.

El horno ardiente

DANIEL 1-3

El pueblo de Dios le desobedeció y se olvidó de él. Por eso, tal como les advirtió que lo haría, Dios le retiró a su pueblo elegido su mano protectora. El ejército de Babilonia invadió Jerusalén. Los soldados se llevaron a algunos de los israelitas con ellos para que fueran sirvientes en Babilonia.

El rey de Babilonia tenía un nombre muy largo. Era Nabucodonosor. ¡Intenta decir eso tres veces rápido!

El rey Nabucodonosor le dijo a su máximo oficial que eligiera a algunos hombres jóvenes y saludables de Jerusalén para entrenarlos en su corte. Debían aprender el lenguaje y la cultura babilónica. El rey quería hombres que fueran buenos estudiantes, inteligentes y trabajadores. Cuatro de los jóvenes que eligió el oficial eran amigos, y amaban y obedecían a Dios. Sus nombres eran Daniel, Sadrac, Mesac y Abed-nego.

Estos jóvenes estudiaban muchísimo. Pero nunca olvidaron a Dios. A pesar de que habían sido removidos de su patria hacia otro territorio que adoraba a falsos dioses, recordaban al único y verdadero Dios y lo adoraban solo a él.

Los jóvenes estudiaban mucho y aprendieron tanto que recibieron trabajos especiales como asesores.

King Nebuchadnezzar and his armies became so powerful that they took over many lands. The king became quite proud of all his victories. His heart filled with such pride that he ordered some of his people to build a huge statue of himself. It was taller than 16 men and covered in gold. And if that wasn't bad enough, the king said everyone should bow down and worship the statue several times every day!

King Nebuchadnezzar told his messenger to tell people, "Whenever you hear the king's band play music, fall down on the ground and worship the golden image of the king." And guess what else he told them? "If you don't bow to the golden image, you'll be thrown into a blazing hot furnace of fire."

Whoa. That's pretty scary, right? What do you think Daniel's three friends did when they heard the music? Do you think Shadrach, Meshach, and Abednego worshipped the golden statue? What would you have done?

Well, you guessed it. The three men did *not* bow down or worship the statue. Shadrach, Meshach, and Abednego knew they could only worship God. Which worked fine, until some tattletales in the kingdom wanted to get them in trouble.

"King, King, King!" someone tattled. "Shadrach, Meshach, and Abednego aren't worshipping your statue."

El rey Nabucodonosor y sus ejércitos llegaron a tener tanto poder que tomaron muchas tierras. El rey estaba muy orgulloso de todas sus victorias. Su corazón se llenó de tanto orgullo que ordenó a sus hombres que construyeran una enorme estatua de su persona. Era más alta que dieciséis hombres y estaba recubierta en oro. Y como si eso fuera poco, ¡el rey dijo que todos debían inclinarse y adorar a la estatua varias veces al día!

El rey Nabucodonosor envió a su mensajero a que le dijera a su gente: «Cuando oigan tocar instrumentos musicales, inclínense rostro en tierra y rindan culto a la estatua de oro del rey». ¿Y adivina qué más les dijo? «¡Cualquiera que se rehúse a obedecer será arrojado inmediatamente a un horno ardiente!».

Guau. Eso da miedo, ¿no? ¿Qué crees que hicieron los tres amigos de Daniel cuando oyeron la música? ¿Crees que Sadrac, Mesac y Abed-nego adoraron la estatua de oro? ¿Qué habrías hecho tú?

Pues, adivinaste. Los tres hombres *no* se inclinaron para adorar la estatua. Sadrac, Mesac y Abed-nego sabían que solo podían adorar a Dios. Lo cual les dio buen resultado, hasta que unos chismosos del reino quisieron meterlos en problemas. «Hay algunos que no rinden culto a la estatua de oro que usted ha levantado», le dijeron a Nabucodonosor.

This made the king angry. He called for the three men. "What's going on?" he might have said. "You heard the rule. Bow to my statue or go into the fire."

Do you think the young men's knees shook in fear? Do you think they broke out in a sweat, even though they weren't near the fire yet?

Nope. Not at all.

The bold, young men answered, "If we are thrown into the blazing fire, the God we serve can save us. But even if the Lord chooses not to save us, we cannot serve your gods. We will serve our God only."

How about you? Could you be that bold?

King Nebuchadnezzar burned with anger. (Get it? *Burned* with anger?) He told his soldiers to make the fire even hotter than before. Seven times hotter!

That's hot, right? Can you think of the hottest you've ever been? On a beach in the summer? On a school bus with no air conditioner? Try making that seven times hotter. Yikes!

The king's soldiers tied up the young men and threw them into the furnace.

Then the king looked into the furnace. He thought he'd see nothing but flames. To his surprise, he saw men walking around in the furnace.

But not three men—one, two, three, FOUR men. And no one was tied up!

God had sent the angel of the Lord to protect Shadrach, Meshach, and Abednego.

Esto enfureció mucho al rey y llamó a los tres hombres. «¿Qué está sucediendo?», tal vez dijera. «Ustedes conocen las reglas. Inclínense ante mi estatua o los arrojo al fuego».

¿Crees que a los hombres les temblaron las rodillas del miedo? ¿Crees que empezaron a transpirar, a pesar de todavía no estar cerca de las llamas?

Nop. Para nada.

Los audaces hombres respondieron: «Si nos arrojan al horno ardiente, el Dios a quien servimos es capaz de salvarnos. Pero, aunque no lo hiciera, no le rendiremos culto a tus dioses. Servimos solo a nuestro Dios».

¿Qué harías tú? ¿Podrías ser tan audaz?

El rey Nabucodonosor ardía de la furia. (¿Captas? *¿Ardía* de la furia?). Les dijo a sus soldados que aumentaran aún más el fuego, ¡que estuviera siete veces más caliente!

Eso es muy caliente, ¿no crees? ¿Puedes pensar en cuándo tuviste muchísimo calor? ¿En la playa en verano? ¿En un autobús sin aire acondicionado? Intenta imaginarte eso por siete. ¡Uf!

Los soldados del rey ataron a los jóvenes y los arrojaron al inmenso horno.

Luego el rey se asomó al horno, donde pensó que no vería más que llamas. Pero, a su gran sorpresa, vio a hombres que caminaban dentro del horno.

Pero no eran tres hombres... uno, dos, tres, CUATRO hombres. ¡Y ninguno estaba atado!

Dios había enviado al ángel del Señor para que protegiera a Sadrac, Mesac y Abed-nego.

The king quickly called the men out of the furnace. Shadrach, Meshach, and Abednego walked out. They were unharmed. No burned clothes. No smoky smells. Not a hair on their heads was harmed.

The king said, "Now I know you worship the one true God."

Whew! Talk about being in the hot seat. Good thing the three men had trusted God!

El rey llamó enseguida a los hombres para que salieran del horno. Sadrac, Mesac y Abednego salieron caminando. Estaban ilesos. Su ropa, intacta. Nada de olor a humo. No se les había dañado ni un pelo.

El rey dijo: «¡Ahora sé que le rindes culto al Dios verdadero!».

¡Fiu! Hablando de estar en la línea de fuego. ¡Suerte que los tres hombres confiaron en Dios!

Reflection

- Do you think it was hard for the three men to stand up to the king?

- Have you ever experienced a time when everyone around you did something wrong and you chose to do the right thing? Like, maybe your friends made fun of a new student and you didn't?

- Sometimes it's hard to be the only person doing the right thing. But that's just what God wants us to do.

Prayer

Dear God, help me be strong like Shadrach, Meshach, and Abednego and always choose to do the right thing . . . even if everyone around me chooses to do wrong.

Help me know that you will always be with me, that you'll always protect me. Amen.

Reflexión

- ¿Crees que fue difícil para los tres hombres hacerle frente al rey?

- ¿Alguna vez has estado en una situación en la que todos los que te rodeaban hacían algo malo y tú decidiste hacer lo correcto? Por ejemplo, ¿quizás tus amigos se burlaron de un estudiante nuevo y tú no lo hiciste?

- A veces es difícil ser la única persona que hace lo correcto. Pero es exactamente lo que Dios quiere que hagamos.

Oración

Querido Dios: ayúdame a ser fuerte como Sadrac, Mesac y Abed-nego y a siempre elegir hacer lo correcto... incluso si todos a mi alrededor hacen lo contrario.

Ayúdame a saber que siempre estarás conmigo, que siempre me protegerás. Amén.

Daniel in the Lions' Den

DANIEL 4–6

People all over Babylon likely heard about Shadrach, Meshach, Abednego, and that blazing hot furnace. So you'd think they'd learn not to tattle on God's people.

But that's not what happened.

Let's back up just a little.

Remember Daniel, the friend of Shadrach, Meshach, and Abednego? Daniel was smart and hardworking, just like his three friends. Daniel received a very important job in the palace of the king.

Because he listened to God, Daniel was so wise that the king once called him to interpret his dream. This success made the king like Daniel even more.

Later, Daniel interpreted another message from God. This time, the message was for King Nebuchadnezzar's son, Belshazzar. "You'll soon lose the kingdom," Daniel told King Belshazzar.

And just like that, King Belshazzar was no more. King Darius took over.

It's kind of hard to keep up with all the kings and kingdoms back then, right?

Daniel en el foso de los leones

DANIEL 4-6

La gente de toda Babilonia probablemente oyó hablar de Sadrac, Mesac, Abed-nego y el horno ardiente. Así que creerías que habrían aprendido a no chismosear y delatar al pueblo de Dios.

Pero eso no es lo que pasó.

Volvamos atrás un poquito.

¿Recuerdas a Daniel, el amigo de Sadrac, Mesac y Abed-nego? Daniel era inteligente y muy trabajador, igual que sus tres amigos. A Daniel le dieron un trabajo muy importante en el palacio del rey.

Como escuchaba a Dios, Daniel era tan sabio que el rey una vez lo llamó para que interpretara sus sueños. Este éxito hizo que el rey estimara a Daniel aún más.

Más adelante Daniel interpretó otro mensaje de Dios. Esta vez el mensaje era para el hijo del rey Nabucodonosor, Belsasar. «Dios ha contado los días de su reinado y le ha puesto fin», le dijo Daniel al rey Belsasar.

Y así como así, Belsasar no fue más rey. Lo sucedió el rey Darío.

Es complicado llevar la cuenta de los reyes y reinos de aquel entonces, ¿verdad?

King Darius respected Daniel. Daniel impressed the king because Daniel was smart and worked hard. Even though he'd been taken from his own country, Daniel worked hard at everything he did. This made the king happy.

King Darius was so pleased that he planned to put Daniel in charge of the whole kingdom.

Well, this didn't go over too well with some of the other workers in King Darius' court. They were jealous of Daniel.

Do you ever get jealous of others? That happens sometimes to everyone. But God can take away our jealousy if we pray and ask him. And then, instead of feeling jealous, we can feel happy that God has blessed the other person, because God gives us special blessings too.

"Why should Daniel get that job?" one person might have asked.

"I want that job," another one could have grumbled.

"Let's set a trap for Daniel and get him in trouble," somebody decided.

The men knew Daniel was such a hard worker that they couldn't get him in trouble that way. They also knew he worshipped the one true God and prayed to him. How did they know that? They saw him praying while looking out his window toward Jerusalem. They watched him pray quietly to God three times every day.

El rey Darío respetaba a Daniel. Daniel causó una muy buena impresión en el rey porque era inteligente y trabajaba duro. A pesar de que fue removido de su propio país, Daniel trabajaba duro en todo lo que hacía. Esto agradaba mucho al rey.

El rey Darío estaba tan a gusto que tenía planeado poner a Daniel a cargo de todo el reino.

Pues, eso no les cayó muy bien a algunos de los otros trabajadores de la corte del rey Darío. Le tenían celos a Daniel.

¿Alguna vez sientes celos de otras personas? Es algo que nos pasa a todos alguna vez. Pero Dios puede quitarnos esos celos si rezamos y se lo pedimos. Y luego, en lugar de sentir celos, podemos sentirnos felices de que Dios haya bendecido a la otra persona, porque Dios también nos da a nosotros bendiciones especiales.

«¿Por qué le dan ese trabajo a Daniel?», tal vez preguntó una persona.

«Yo quiero ese puesto», se puede haber quejado otra.

«Pongámosle una trampa a Daniel y metámoslo en problemas», decidió alguno.

Los hombres sabían que Daniel era tan buen trabajador que no podrían meterlo en problemas por ese lado. También sabían que adoraba al único y verdadero Dios y que le rezaba. ¿Cómo lo sabían? Lo veían rezar junto a su ventana, con la mirada puesta en Jerusalén. Lo veían rezar a Dios en silencio tres veces al día.

The men tricked King Darius into signing a law. The law said that no one could pray to anyone except to King Darius for the next 30 days. And anyone who broke the law would be thrown into the lions' den.

The mean men watched Daniel and waited.

Do you think Daniel skipped his prayers for the next 30 days? Nope. Not Daniel.

So guess what the men did? Yep— they tattled.

"King, King, King!" said one of the men. "Daniel is praying to his God and not to you."

King Darius didn't want Daniel to be in trouble. He liked and respected Daniel. But the law was the law. He'd signed it himself.

The king was sad and said to Daniel, "May your God, whom you serve every day, rescue you!" The king hoped that would come true.

The king's men threw Daniel into the lions' den and rolled a stone over the mouth of the den. Because he had to, the king made sure the stone was sealed tight. Then he went back to his palace. He probably wished he'd never signed the law. He felt too sick to eat his dinner that night. He couldn't sleep either.

Early the next morning, the king hurried to the lions' den. The king yelled, "Daniel, has your God, the one you serve every day, rescued you?"

Los hombres engañaron al rey Darío para que firmara una ley. La ley decía que nadie podía rezarle a nadie más que al rey Darío durante los próximos treinta días. Y quien violara esa ley sería arrojado al foso de los leones.

Los malvados hombres observaron a Daniel y esperaron.

¿Crees que Daniel se salteó sus oraciones durante los siguientes treinta días? Nop. Daniel nunca haría eso.

Así que, ¿adivina qué hicieron los hombres? Sip... fueron con el cuento.

Le dijeron al rey: «Ese hombre Daniel sigue orando a su Dios».

El rey Darío no quería que Daniel se metiera en problemas. Lo estimaba y lo respetaba. Pero la ley era la ley. La había firmado él mismo.

El rey estaba triste y le dijo a Daniel: «Que tu Dios, a quien sirves tan fielmente, te rescate». El rey tenía la esperanza de que eso se hiciera realidad.

Los hombres del rey arrojaron a Daniel al foso de los leones y pusieron una roca en la boca del foso. Como era su deber, el rey tuvo que asegurarse de que la roca sellara por completo la boca del foso. Luego regresó a su palacio. Seguramente se arrepintió de haber firmado la ley. Esa noche no tuvo el estómago para comer su comida. Tampoco pudo dormir.

A primera hora de la mañana, el rey fue a toda prisa al foso de los leones. Allí gritó: «¡Daniel, ¿pudo tu Dios, a quien sirves tan fielmente, rescatarte de los leones?».

I'll bet the king's heart raced while he waited for an answer.

What do you think the king heard? Well, he didn't hear lions roaring. Do you know why?

Suddenly, a voice from the pit of lions said, "My God sent an angel, and he shut the mouths of the lions. I'm safe and unharmed."

The king was happy. Daniel was happy. And the lions might have been hungry.

King Darius told all the people about Daniel's amazing and powerful God.

Apuesto que el corazón del rey latía a toda velocidad mientras esperaba la respuesta.

¿Qué crees que oyó el rey? Pues, no oyó el rugido de los leones. ¿Sabes por qué?

De pronto, una voz desde dentro del foso dijo: «Mi Dios envió a su ángel para cerrarles la boca a los leones, a fin de que no me hicieran daño».

El rey estaba feliz. Daniel estaba feliz. Y tal vez los leones tuvieran hambre.

El rey Darío le dijo a toda la gente acerca del increíble y poderoso Dios de Daniel.

Reflection

- What helps you remember to talk to God every day?

- Daniel was so committed to praying to God every day that he wasn't about to let a law stop him.

- Daniel trusted God to take care of him when he prayed three times every day.

- We can trust God to take care of us too.

Prayer

Dear God, I know it's unlikely that I'll ever be thrown into a lions' den for talking to you, but please help me to be as brave as Daniel, no matter what comes my way.

Help me to be faithful to you, like Daniel, and to serve and worship only you. Amen.

Reflexión

- ¿Qué te ayuda a recordar hablar con Dios todos los días?

- Daniel estaba tan comprometido con su oración a Dios todos los días que no iba a dejar que una ley lo detuviera.

- Daniel confiaba en que Dios lo cuidaría cuando rezaba tres veces al día.

- Nosotros también podemos confiar en que Dios nos cuidará.

Oración

Querido Dios: sé que las probabilidades de que me tiren a un foso de leones por hablarte son muy bajas, pero por favor ayúdame a ser tan valiente como Daniel, sin importar qué se cruce en mi camino.

Ayúdame a serte fiel, como lo fue Daniel, y a servirte y adorarte solamente a ti. Amén.

The Captives
Go Home

EZRA 1; 3; 6:19–7:6;
NEHEMIAH 2–3; 8–9; 12:43

"We're going home! We're going home!"

Just like God had promised, his chosen people were about to return to their homeland. King Cyrus had become king of Persia. He'd told God's people they were free to go back home to Israel. He even gave them silver and gold to take back with them. He instructed them to rebuild God's temple.

The people were thrilled to return to their own country. They gathered their families and started on their way.

When they arrived, the people found the city of Jerusalem and God's holy temple in ruins. Once they were settled in their homes, the people came together to sacrifice burnt offerings to the Lord. They celebrated God's festivals and brought other offerings to God. The people rejoiced that they were home again.

Soon, they got busy rebuilding the temple.

"Pass the hammers," said the carpenters.

"Bring the bricks," said the masons.

"Gather the cedar logs," said another worker.

The people worked and prayed and worked and worshipped.

Los cautivos
regresan a casa

ESDRAS 1; 3; 6:19-7:6;
NEHEMÍAS 2-3; 8-9; 12:43

«¡Regresamos a casa! ¡Regresamos a casa!».

Tal como lo había prometido Dios, su pueblo elegido estaba a punto de regresar a su patria. El rey Ciro se había convertido en rey de Persia. Le había dicho al pueblo de Dios que era libre de regresar a Israel. Hasta les dio plata y oro para que se llevaran. Les ordenó que reconstruyeran el templo de Dios.

Todos estaban felices de regresar a su propio país. Reunieron a sus familias y emprendieron el viaje.

Cuando llegaron, encontraron a la ciudad de Jerusalén y al templo sagrado de Dios en ruinas. Una vez que se asentaron en sus casas, la gente se reunió para sacrificar ofrendas quemadas al Señor. Celebraron los festivales de Dios y llevaron otras ofrendas a Dios. La gente celebraba estar de nuevo en casa.

Pronto se dedicaron a reconstruir el templo.

«Pasen los martillos», seguramente dijeran los carpinteros.

«Traigan los ladrillos», tal vez dijeran los albañiles.

«Junten los troncos de cedro», tal vez gritara otro trabajador.

La gente trabajaba y rezaba y trabajaba y adoraba.

When the last stone of the temple foundation found its place, the priests cheerfully sounded the trumpets and the Levites clanged the cymbals. The people sang praises to God and wept tears of joy.

Ezra, a great teacher of God's laws, reminded the people to always worship God.

A man named Nehemiah returned home from Babylon to help God's people rebuild the walls around Jerusalem. When the people had finished building the walls, Ezra read from the Book of the Law of God.

You see, many, many years had passed since the people had really worshipped God. They'd forgotten almost everything God had told them long ago. The people listened to the words that Ezra read, and they wept. They were ashamed of their sins. They were sorry that they had turned away from God.

Ezra and Nehemiah reminded the people of God's faithfulness. The people spent half a day remembering God's goodness and praying to him.

"Blessed be your name," the people said. "You alone are God."

Here are some of the things they remembered and what the people prayed to God.

They said, "God, you created the world. You chose Abram and named him Abraham. You promised to give him this land and make him into a great nation. You kept your promise because you, God, are righteous.

Cuando la última piedra de los cimientos del templo estuvo en su lugar, los sacerdotes tocaron las trompetas con júbilo y los levitas hicieron sonar sus platillos. La gente cantó alabanzas a Dios y lloró lágrimas de alegría.

Esdras, un gran maestro de las leyes de Dios, le recordó a la gente que siempre debía adorar a Dios.

Un hombre llamado Nehemías regresó de Babilonia para ayudar al pueblo de Dios a reconstruir las paredes alrededor de Jerusalén. Cuando la gente terminó de construir las paredes, Esdras leyó del Libro de la Ley de Dios.

Es que, habían pasado muchos, muchos años desde que la gente había adorado realmente a Dios. Se habían olvidado de casi todo lo que les había dicho Dios hacía mucho tiempo. La gente escuchó las palabras que leyó Esdras y lloró. Sentían vergüenza de sus pecados. Lamentaban haberse alejado de Dios.

Esdras y Nehemías le recordaron a la gente acerca de la lealtad de Dios. La gente se pasó medio día recordando la bondad de Dios y rezándole.

«¡Que tu glorioso nombre sea alabado!», dijo la gente. «Solo tú eres el Señor».

Estas son algunas de las cosas que recordaron, y lo que la gente le rezó a Dios.

Dijeron: «Eres el Señor Dios, quien creo al mundo. Tu elegiste a Abram y le diste un nuevo nombre, Abraham. Hiciste un pacto con él para darle a él y a sus descendientes esta tierra; y has cumplido tu promesa, porque tú siempre eres fiel a tu palabra».

"You rescued our ancestors from Egypt. You sent signs and wonders to Pharaoh. You showed your power and might. You divided the sea. You led the people with a cloud by day and a pillar of fire at night.

"You gave the people rules to follow because your commands are good.

"You provided for them with manna and fresh water," they said.

The people remembered God had always provided for them in many ways. They even remembered how the people had rebelled during the time of Moses but that God was forgiving.

The people just kept praising God and remembering!

They remembered how God had taken care of them in Babylon and then returned them to their homeland. The people praised God because he'd never stopped loving them. Never, ever, ever. Even when they'd messed up big, he'd just kept right on loving them.

After this, the people dedicated the walls of Jerusalem with a huge celebration. They rejoiced because God had given them great happiness to be home again. Men, women, and children—everyone rejoiced that day.

In fact, the rejoicing was so loud that it could be heard for miles and miles!

God had brought them home.

«Rescataste nuestros antepasados de Egipto. Realizaste señales milagrosas y maravillas contra el faraón. Demostraste tu poder y tu fuerza. Dividiste el mar. Guiaste a nuestro pueblo mediante una columna de nube durante el día y una columna de fuego durante la noche para que pudieran encontrar el camino».

«Les diste ordenanzas e instrucciones justas, y decretos y mandatos buenos».

«Les diste pan del cielo cuando tenían hambre y agua de la roca cuando tenían sed», dijeron.

La gente recordó que Dios siempre había cubierto sus necesidades de diferentes maneras. Hasta recordaron cómo se había revelado la gente durante los días de Moisés, pero que Dios había sido compasivo.

¡La gente siguió adorando a Dios y recordando!

Recordaron cómo Dios los había cuidado en Babilonia y luego los había hecho regresar a su tierra. Adoraban a Dios porque nunca había dejado de amarlos. Nunca, jamás. Hasta cuando metieron la pata hasta el fondo, siguió amándolos.

Después de esto, la gente dedicó las paredes de Jerusalén con una gran celebración. Se alegraron porque Dios les había dado una gran alegría al poder estar de nuevo en casa. Hombres, mujeres y niños, todos se alegraron ese día.

De hecho, la alegría era tal ¡que se podía oír a kilómetros de distancia!

Dios los había traído a casa.

Reflection

- Have you ever made a promise that you didn't keep?

- Why was it hard to keep that promise?

- Has anyone ever broken a promise to you?

- How did that make you feel?

- God never breaks a promise! God had kept his promise to his people, just like always.

- God always does what he says he will do. He keeps his promises to us. He wants to be our God forever and ever.

Prayer

Dear God, thank you for your love that lasts always. Thank you that you keep your promises, that you do what you say you'll do. I'm especially glad that one of those promises is you'll love me forever. Amen.

Reflexión

- ¿Alguna vez haz hecho una promesa que no cumpliste?

- ¿Por qué fue difícil cumplir la promesa?

- ¿Alguien ha roto una promesa que te hizo?

- ¿Cómo te hizo sentir?

- ¡Dios nunca rompe una promesa! Dios había cumplido su promesa a su pueblo, como hace siempre.

- Dios siempre hace lo que dice que va a hacer. Cumple las promesas que nos hace. Quiere ser nuestro Dios para siempre.

Oración

Querido Dios: gracias por tu amor que es eterno. Gracias por cumplir tus promesas, por hacer lo que dices que vas a hacer. Estoy especialmente feliz de que una de esas promesas es que me amarás para siempre. Amén.

Esther

ESTHER 1–8

After being invaded by enemies, many of God's people were forced to live in the enemies' countries, far away from their own homeland. A young lady named Esther lived with her cousin, Mordecai, in a place called Persia. Mordecai had adopted his young cousin because her parents were no longer alive.

King Xerxes ruled over the empire of Persia. When his wife, Queen Vashti, disobeyed her husband, he chose to kick her out of the palace.

"Get a new queen," his advisors told him.

The king's officials gathered young, unmarried women from all over the empire and brought them to the palace. Beautiful Esther was one of those young women.

"Do not tell them you are a Jewish girl," Mordecai told her.

Sometimes, God's chosen ones were called *Jews* because they were from the country of *Judah*. Mordecai feared the king might not like Esther if he knew she was one of God's chosen people.

For 12 months, servants gave the young women beauty treatments and taught them how to dress like a queen.

That's a long beauty pageant, right? And a lot of bubble baths!

Ester

ESTER 1–8

Después de ser invadidos por enemigos, gran parte del pueblo de Dios se vio forzado a vivir en territorio enemigo, lejos de su propia tierra. Una joven llamada Ester vivía con su primo Mardoqueo en un lugar llamado Persia. Mardoqueo había adoptado a su joven prima porque sus padres habían muerto.

El rey Jerjes reinaba sobre el imperio de Persia. Cuando su esposa, la reina Vasti, desobedeció a su esposo, él decidió echarla del palacio.

«Busquemos una reina nueva para el rey», dijeron sus asesores.

Los funcionarios del rey reunieron a jóvenes solteras de todo el imperio y las trajeron al palacio. La bella Ester era una de esas jóvenes. Mardoqueo le ordenó que no revelara que era judía.

A veces, las personas del pueblo elegido de Dios eran llamadas *judíos* porque eran de la tierra de Judea. Mardoqueo temía que el rey no quisiera a Ester si se enteraba de que pertenecía al pueblo elegido de Dios.

Durante doce meses, las sirvientas les hicieron tratamientos de belleza a las jóvenes y les enseñaron a vestirse como reinas.

Es un concurso de belleza un tanto largo, ¿no lo crees? ¡Y son muchos baños con espuma!

Esther's beauty helped her to stand out. But Esther won the favor of the king's servants and helpers because she was gentle and kind. When it was Esther's turn to visit the king, she won his favor too, with her beauty and kindness.

Which do you think is more important? Good looks or kindness? That's one of those questions we all know the answer to—kindness is much more important than good looks! What's on the inside, in the heart, matters most of all!

The king gave Esther a crown and made her his queen.

All this time, Mordecai stayed near the palace to check on his cousin. One day, a man named Haman arrived.

"Why won't you kneel when I pass by?" Haman asked Mordecai. Haman was second in command at the palace. He expected everyone to kneel before him.

"I am a Jew, and we only pay honor to God," Mordecai answered.

Haman was so full of pride and anger that he wanted to punish Mordecai. He thought, *In fact, I'll get rid of all the Jewish people.*

Haman tricked the king into signing a decree against God's people.

When Mordecai heard what the evil Haman planned to do, he sent a message to Esther. "You can save our people," Mordecai told her. "Esther, you have to tell the king what Haman is planning. Beg for mercy for our people."

La belleza de Ester la hacía sobresalir. Pero Ester se ganó el cariño de las sirvientas del rey y de sus asistentes porque era delicada y amable. Cuando llegó el turno de Ester de visitar al rey, también se ganó su aprecio con su belleza y su bondad.

¿Qué crees que es más importante? ¿La belleza o la bondad? Todos sabemos cuál es la respuesta a esa pregunta: ¡la bondad es mucho más importante que la belleza! Lo que está en el interior, en el corazón, ¡es lo que más importa!

El rey le dio una corona a Ester y la convirtió en reina.

Durante todo este tiempo, Mardoqueo se quedó cerca del palacio, pendiente de su prima. Un día llegó un hombre llamado Amán.

Amán era el segundo al mando en el palacio y todos debían inclinarse ante él. Pero Mardoqueo no lo hacía. Cuando Amán le preguntó por qué no se inclinaba, Mardoqueo explicó que él era judío y que solamente honraba a Dios.

Amán estaba tan lleno de orgullo y rabia que quería castigar a Mardoqueo. Y pensó, *De hecho, me desharé de todo el pueblo judío.*

Amán engañó al rey para que firmara un decreto en contra el pueblo de Dios.

Cuando Mardoqueo se enteró de lo que planeaba el malvado Amán, envió un mensaje a Ester. En él le decía que ella podía salvar a su pueblo. Le pedía que le dijera al rey lo que planeaba Amán. Que rogara misericordia para su pueblo.

Esther reminded Mordecai that it was against the law to approach the king without receiving a request from the king first.

"You must try," Mordecai said. "This could be the very reason you became queen, for such a time as this, to save our people."

Queen Esther feared for her life, but she knew she had to try to save the Jewish families. Esther told Mordecai, "Tell our people to gather and fast and pray for three days. After three days, I will go to the king."

On the third day, Queen Esther dressed in her royal robes and went to see the king.

Thankfully, the king allowed Esther to approach the throne. He said, "Tell me what you want, and you will have it."

At first, Esther didn't tell him about Haman's plans. She invited the king and Haman to a *banquet*, which is a special dinner. And at that banquet, she invited them to another banquet.

Do you think Esther was too scared to tell the king at the first banquet? Have you ever put off saying something you were too scared to say?

Finally, at the second banquet, Esther told the king about Haman's plot. "Haman wants to kill me and all my people."

Ester le recordó a Mardoqueo que iba contra la ley dirigirse al rey sin antes recibir un pedido del rey.

Mardoqueo le dijo que tenía que intentarlo, y agregó: «¿Quién sabe si no llegaste a ser reina precisamente para un momento como este?».

La reina Ester temía por su vida, pero sabía que debía intentar salvar a las familias judías. Ester le dijo a Mardoqueo: «Ve y reúne a todos los judíos y hagan ayuno por mí. No coman ni beban durante tres días; entonces, aunque es contra la ley, entraré a ver al rey».

Al tercer día, la reina Ester se puso su túnica real y fue a ver al rey.

Por suerte, el rey permitió que Ester se acercara al trono. Le dijo: «¿Qué deseas, reina Ester? ¿Cuál es tu petición? ¡Te la daré, aun si fuera la mitad del reino!».

Al principio Ester no le dijo acerca de los planes de Amán. Invitó al rey y a Amán a un *banquete*, que es una cena especial. Y en el banquete, lo invitó a otro banquete.

¿Crees que Ester estaba demasiado asustada como para decirle al rey en el primer banquete? ¿Alguna vez postergaste decir algo porque estabas demasiado asustado para decirlo?

Por fin, en el segundo banquete, Ester le contó al rey sobre el complot de Amán. «Pido que mi vida y la vida de mi pueblo sean libradas de la muerte. Pues este malvado Amán es nuestro adversario y nuestro enemigo».

The king was furious with Haman for his evil plot and his trickery. He sent Haman away. Then the king gave Mordecai an important job position.

The king couldn't take back the royal decree against the Jewish people. Instead, he made another decree. He said, "The Jewish people can fight back and protect themselves."

The Jewish people celebrated with a big feast. Brave Queen Esther had saved her people!

El rey estaba furioso con Amán por su plan malvado y por su engaño, entonces lo echó. Luego el rey le dio a Mardoqueo un puesto importante.

El rey no podía revertir el decreto real contra el pueblo judío. Lo que hizo entonces fue hacer otro decreto que permitía que los judíos lucharan y se protegieran.

Los judíos celebraron con una gran fiesta. ¡La valiente reina Ester había salvado a su pueblo!

Reflection

- Queen Esther showed great courage when she approached the king uninvited. She knew she might lose her life. That was the rule of kings back then. She probably prayed and asked God for courage. Then she risked her life to save her people.

- What's the hardest thing you've ever done?

- Did you pray and ask God for courage?

- We can ask God for courage to do hard things!

Prayer

Dear God, thank you for people in the Bible, like Esther, who teach me to be brave. Help me remember that I can ask you for courage to do hard things.

Show me what you want me to do for you, God, and give me courage to get the job done. Amen.

Reflexión

- La reina Ester demostró una gran valentía cuando se presentó ante el rey sin ser invitada. Sabía que podía llegar a perder su vida. Esa era la regla de reyes en ese entonces. Seguramente rezó y le pidió a Dios que le diera valor. Luego arriesgó su vida para salvar a su pueblo.

- ¿Qué es lo más difícil que hayas hecho jamás?

- ¿Rezaste y le pediste a Dios que te diera valor?

- ¡Podemos pedirle valor a Dios para hacer cosas difíciles!

Oración

Querido Dios: gracias por las personas de la Biblia, como Ester, que me enseñan a ser valiente. Ayúdame a recordar que te puedo pedir que me des valor para hacer cosas difíciles.

Muéstrame qué quieres que haga para ti, Dios, y dame valor para realizar la tarea. Amén.

PART TWO

New Testament

SEGUNDA PARTE

Nuevo Testamento

The Birth of Jesus

LUKE 1:26–38; 2:1–21;
MATTHEW 1:18–2:11

Long after God's people had returned home to their own country, a wonderful and exciting thing happened. This amazing thing was part of God's plan to save the whole world from sin and evil. A way to restore people's relationships with God.

Someone was about to arrive—a Savior.

Now, you might think this person arriving would be a fancy king with tons of money and fame and importance. A person who would blast onto the scene with huge celebrations and fireworks.

But that's not what happened.

The greatest story of all began not with a fancy king but with a kind young woman named Mary.

Mary was going about her day, maybe sweeping her kitchen floor, when suddenly an angel appeared to her.

"Greetings," the angel said. "You are highly favored. The Lord is with you."

The angel had just given Mary the biggest surprise of her young life! But he was about to give her an even bigger one.

The angel told her that God wanted her to be the mother of his Son, Jesus.

El nacimiento de Jesús

LUCAS 1:26-38; 2:1-21;
MATEO 1:18-2:11

Mucho tiempo después de que el pueblo de Dios regresara a casa, a su propio país, pasó algo maravilloso y emocionante. Esta cosa increíble era parte del plan de Dios para salvar al mundo entero del pecado y el mal. Una manera de restaurar la relación de la gente con Dios.

Estaba por llegar alguien... un Salvador.

Tal vez creerías que esta persona que estaba por llegar sería un rey muy importante y elegante, con toneladas de dinero y mucha fama. Una persona que irrumpiría en escena con grandes celebraciones y fuegos artificiales.

Pero no es eso lo que pasó.

La mejor historia de todos los tiempos no empezó con un rey elegante sino con una joven bondadosa llamada María.

Era un día como cualquier otro para María, tal vez estaba barriendo el piso de la cocina, cuando de repente se le apareció un ángel.

«¡Saludos, mujer favorecida! —le dijo—. ¡El Señor está contigo!».

¡El ángel acababa de darle a María la sorpresa más grande de su joven vida! Pero estaba a punto de darle otra más grande aún.

El ángel le dijo que Dios quería que fuera la madre de su Hijo, Jesús.

Mary couldn't believe it! Her people had heard for years that God would send a Savior. Mary's parents had likely taught her God's prophecies about it. But she'd had no idea that *she* would be part of God's biggest plan ever.

Mary was engaged to a carpenter named Joseph. At first, Joseph had a hard time believing the news. But an angel appeared to him too and told him about Jesus. So Joseph took Mary home to be his wife.

Just before the birth of baby Jesus, the leader of the Roman Empire, which now ruled over Israel, ordered everybody in Israel to travel to their hometowns. The Roman leader wanted to count the people and make sure they were paying taxes.

It was a long journey for pregnant Mary to take.

When Mary and Joseph arrived in Joseph's hometown of Bethlehem, lots and lots of people were there to check in and pay taxes. Joseph looked everywhere for a place to spend the night. But there were no rooms anywhere! An innkeeper told Joseph that he had no room for them. So Joseph and Mary went to the place where animals slept.

Say what? If you had a choice, would you rather sleep in a guest room with a nice, soft bed and fluffy pillows or on the ground next to stinky, smelly, noisy animals?

¡María no lo podía creer! Su pueblo había oído durante años que Dios mandaría a un Salvador. Seguramente los padres de María le habían enseñado las profecías de Dios sobre el tema. Pero ella no tenía ni idea de que *ella* sería parte del plan más increíble que Dios tuviera jamás.

María estaba comprometida con un carpintero llamado José. Al principio, a José le costó creer en la noticia. Pero a él también se le apareció un ángel y le contó acerca de Jesús. Así que José llevó a María a su casa con él para que fuera su esposa.

Justo antes del nacimiento del niño Jesús, el líder del Imperio romano, que ahora regía sobre Israel, ordenó que todas las personas de Israel viajaran a su lugar de origen. El líder romano quería contar a la gente para asegurarse de que pagaran sus impuestos.

Era un viaje largo para que hiciera María embarazada.

Cuando María y José llegaron a Belén, el pueblo de José, había muchísima gente allí para reportarse y pagar impuestos. José buscó por todos lados un lugar donde pasar la noche, pero ¡no había cuartos en ninguna parte! Un posadero le dijo a José que no tenía lugar para ellos. Así que José y María fueron al lugar donde dormían los animales.

¿Que qué? Si pudieras elegir, ¿preferirías dormir en una habitación de huéspedes con una cama cómoda y almohadas acolchadas o en el suelo junto a animales olorosos, apestosos y ruidosos?

Because all the guest rooms in the town of Bethlehem were filled, Mary and Joseph didn't have a choice. They'd be bunking with the animals.

Soon, baby Jesus entered the world! Mary wrapped her precious baby boy in cloths and laid him in a manger full of hay.

Can you imagine? The holy Son of God slept in the animals' feeding trough!

As soon as Jesus was born, angels appeared to shepherds in a nearby field.

Shepherds? God's holy Son was just born, and angels told shepherds? Yep-a-doodle! You might think the angels would tell important leaders and royal people instead. But God had other plans. He wanted everybody to know about his Son, and he started with the most common people of all—shepherds.

After the angels told the shepherds about the baby, the shepherds hurried to Bethlehem to visit baby Jesus. Once they had seen him, the shepherds told everybody they met!

"Christ is born!" said one shepherd.

"God's Son is here!" said another.

"The Savior of the world is born!" announced a third.

Como todas las habitaciones en Belén estaban ocupadas, María y José no tuvieron otra opción. Tendrían que dormir con los animales.

¡Poco después llegó al mundo el niño Jesús! María envolvió con trapos a su preciado bebé y lo acostó en un pesebre cubierto de heno.

¿Te lo imaginas? ¡El santo Hijo de Dios durmió en el comedero de los animales!

En cuanto nació Jesús, unos ángeles se les aparecieron a unos pastores en un campo en los alrededores.

¿Pastores? Acababa de nacer el único hijo de Dios, ¿y los ángeles se lo anunciaban a unos pastores? Pues, ¡así como lo oyes! Uno creería que los ángeles, en lugar de hacer eso, se lo habrían anunciado a grandes líderes y a la realeza. Pero Dios tenía otros planes. Quería que todos supieran acerca de su Hijo, y empezó por la gente más común de todas: los pastores.

Luego de que los ángeles les anunciaron el nacimiento a los pastores, estos fueron a toda prisa hasta Belén a visitar al niño Jesús. Una vez que lo vieron, ¡los pastores se lo contaron a quien se les cruzara en el camino!

«¡Ha nacido Cristo!», seguramente dijo un pastor.

«¡Ha llegado el hijo de Dios!», diría otro.

«¡Ha nacido el Salvador del mundo!», habrá anunciado un tercero.

Sometime later, important people called *Magi*, or wise men, who had also learned about the birth of Jesus, traveled a long time to see him. The wise men followed a star that led them to God's Son. When they found Jesus, they presented him with treasures.

God's special Son was here! God's promise had come to life in the form of a baby. And everyone rejoiced and celebrated.

Common shepherds and important wise men celebrated.

Angels and innkeepers celebrated.

Mary and Joseph celebrated.

Most likely, even the animals in the stable knew the baby was special, and they celebrated too.

How do you celebrate the birthday of baby Jesus?

Poco tiempo después, unas personas importantes llamadas reyes magos, que también se habían enterado del nacimiento de Jesús, hicieron un largo viaje para verlo. Los reyes magos siguieron una estrella que los guio hasta el Hijo de Dios. Cuando encontraron a Jesús, le ofrecieron sus tesoros.

¡El preciado hijo de Dios había llegado! La promesa de Dios se había cumplido en la forma de un bebé. Y todos se alegraron y festejaron.

Celebraron los pastores comunes y corrientes y los reyes magos.

Celebraron los ángeles y los posaderos.

Celebraron María y José.

Seguramente, hasta los animales en el establo sabían que el bebé era especial, y ellos también celebraron.

¿Cómo celebras tú el nacimiento del niño Jesús?

Reflection

- What's the biggest celebration or party you've ever attended?

- How excited were you to be there?

- When God first created the world, he knew that one day he would send a Savior to earth to rescue people from sin. That time was finally here. God sent his only Son, Jesus, into the world. It was a grand day to celebrate!

- God had kept his promise. God's plan was unfolding, and the people of Israel rejoiced!

Prayer

Dear God, thank you for baby Jesus. Thank you for sending your one and only Son to earth to save me from my sins.

Thank you for loving me that much.

Thank you for the reminder that you want everyone to know about Jesus, from the important people to the not-as-important people. Because to you, God, everyone is special and important! I'm so glad that includes me! Amen.

Reflexión

- ¿Cuál es la celebración o fiesta más grande a la que hayas ido en tu vida?

- ¿Estabas muy entusiasmado por estar allí?

- Cuando Dios creó el mundo, él sabía que un día enviaría a un Salvador a la tierra para rescatar a la gente del pecado. Por fin había llegado ese momento. Dios envió a Jesús, su único Hijo, al mundo. ¡Era un gran día para celebrar!

- Dios había cumplido su promesa. El plan de Dios se estaba llevando a cabo, ¡y el pueblo de Israel se alegró!

Oración

Querido Dios: gracias por el niño Jesús. Gracias por enviar a tu único Hijo a la tierra para salvarme de mis pecados.

Gracias por amarme tanto como para hacerlo.

Gracias por el recordatorio de que quieres que todos sepan acerca de Jesús, desde la gente importante hasta la que no lo es tanto. Porque para ti, Dios, ¡todos somos importantes y especiales! ¡Qué alegría que eso me incluya a mí! Amén.

Twelve-Year-Old Jesus in the Temple

LUKE 2:41–52

Every year, Mary and Joseph made the long journey to Jerusalem to celebrate Passover. That was a special festival to remind God's people of the time he'd protected Israel's firstborn sons from the final plague in Egypt.

When Jesus was 12, the family packed up supplies for the trip. They loaded the donkeys and set off on the journey. Lots of family and friends always journeyed to the Passover feast together, in a big group. It took a long time to get to Jerusalem, and the families would stop along the way to spend the night somewhere.

It probably felt like a traveling family reunion, with kids walking and playing with each other along the way, and adults walking and talking together while leading the donkeys.

What's the longest trip you've ever taken? Do you think you'd like to ride a donkey that far? Well, nobody had cars back then, so all of God's people rode donkeys or camels or walked to Jerusalem. That took lots of dedication to make the trip, right?

Jesús en el templo a los doce años

LUCAS 2:41-52

Todos los años María y José emprendían el largo viaje a Jerusalén para celebrar la Pascua Judía. Era una celebración especial para recordarle al pueblo de Dios acerca de la época en que Dios había protegido a los primogénitos de Israel de la última plaga de Egipto.

Cuando Jesús tenía doce años, la familia empacó provisiones para el viaje. Cargaron los burros y emprendieron el camino. Muchos familiares y amigos siempre viajaban juntos a la fiesta de la Pascua Judía, en un gran grupo. Tomaba mucho tiempo llegar a Jerusalén, y las familias paraban a lo largo del camino a pasar la noche en algún lugar.

Probablemente se sentía como una reunión familiar itinerante, con niños caminando y jugando unos con otros por el camino, y adultos caminando y conversando juntos mientras dirigían a los burros.

¿Cuál es el viaje más largo que hayas hecho? ¿Crees que te gustaría hacer ese viaje en burro? Es que nadie tenía coches en ese entonces; o sea que el pueblo de Dios montaba en burros o camellos o caminaba hasta Jerusalén. Era una muestra de tremenda dedicación hacer el viaje, ¿no es cierto?

The Passover festival lasted for a week. Together, the people sang praises to God and worshipped him. God wanted his people to honor and remember him. God wanted his people to worship him often and especially on major occasions, like Passover.

Does your family remember to worship God often and on special days too? What's your favorite special day to worship God? Christmas? Easter? Thanksgiving?

After the Passover festival, Mary and Joseph packed up their things and headed for home with their big group of relatives.

Well, what Mary and Joseph didn't know was that young Jesus had stayed behind in Jerusalem.

I'll bet you're wondering how in the world they didn't even notice that their son was missing! Since friends and family traveled together to get back home, Mary and Joseph thought Jesus was somewhere else in the group, walking with his cousins or friends.

At the end of the first day's travel, Mary and Joseph couldn't find Jesus.

His parents checked with everyone in the group.

"Have you seen Jesus?" Joseph asked everyone.

"Where's my son?" Mary asked.

Worried now, Mary and Joseph rushed back to Jerusalem. They searched for Jesus for three days.

El festival de la Pascua Judía duraba una semana. La gente cantaba alabanzas a Dios y lo adoraba. Dios quería que su pueblo lo honrara y lo recordara. Dios quería que su pueblo lo adorara seguido y especialmente en ocasiones especiales, como la Pascua Judía.

¿Se acuerda tu familia de adorar a Dios a menudo, y también en ocasiones especiales? ¿Cuál es tu día favorito para adorar a Dios? ¿La Navidad? ¿La Pascua? ¿El Día de Acción de Gracias?

Después del festival de la Pascua Judía, María y José empacaron sus cosas y partieron de vuelta a casa con su gran grupo de familiares.

Pero lo que María y José no sabían era que el joven Jesús se había quedado en Jerusalén.

¡Apuesto que te estás preguntando cómo es posible que no se dieran ni cuenta de que faltaba su hijo! Como los amigos y la familia viajaban juntos para regresar a casa, María y José creyeron que Jesús estaba en algún otro lugar del grupo, caminando con sus primos o sus amigos.

Para el final del primer día de viaje, María y José no encontraban a Jesús por ningún lado.

Sus padres lo buscaron entre todos los que formaban el grupo. José les preguntaba si habían visto a Jesús y María preguntaba dónde estaba su hijo.

Ya preocupados, María y José regresaron a Jerusalén a toda prisa. Buscaron a Jesús durante tres días.

Can you imagine being missing that long? That must have been a scary time for Mary and Joseph.

After three long days, Mary and Joseph found Jesus in the temple courts. Twelve-year-old Jesus sat with the older teachers and priests, listening to them and asking questions.

Even though he was a boy, Jesus asked good questions and gave great answers. The teachers were amazed at how much Jesus knew about God!

How does this kid know all this? one teacher might have thought.

Who is this boy? another one might have wondered.

This kid has a gift, another teacher could have thought.

Mary said to Jesus, "Son, why have you frightened us like this? We've looked everywhere for you!"

Young Jesus said, "Didn't you know that I had to be in my Father's house?"

Mary and Joseph believed that Jesus was God's Son. But they didn't understand everything that would happen when Jesus grew up. They were just happy to have found their son again!

Jesus knew he would do God's special work when he got older. But he also knew that obeying his earthly parents was part of God's will for him.

¿Te imaginas desaparecer por tanto tiempo? María y José deben de haber estado muy asustados durante ese tiempo.

Luego de tres largos días, María y José encontraron a Jesús en el templo. Con tan solo doce años, Jesús estaba sentado con los maestros y sacerdotes adultos, escuchándolos y haciéndoles preguntas.

A pesar de ser solo un niño, Jesús hacía buenas preguntas y daba excelentes respuestas. ¡Los maestros estaban impresionados con lo mucho que Jesús sabía acerca de Dios!

¿Cómo sabe todo esto este niño?, tal vez pensó uno de los maestros.

¿Quién es este niño?, tal vez se preguntó otro.

Este niño es un regalo, puede haber pensado otro de los maestros.

María le dijo a Jesús: «Hijo, ¿por qué nos has hecho esto? Tu padre y yo hemos estado desesperados buscándote por todas partes».

El joven Jesús le respondió: «¿No sabían que tengo que estar en la casa de mi Padre?».

María y José creían en que Jesús era el hijo de Dios. Pero no entendían todo lo que pasaría cuando Jesús creciera. ¡Estaban felices por el simple hecho de haber encontrado a su hijo!

Jesús sabía que haría el trabajo especial de Dios cuando fuera más grande. Pero también sabía que obedecer a sus padres terrenales era parte de la voluntad de Dios.

The Bible says that "Jesus grew in wisdom and stature and in favor with God and man." That means Jesus was wise and grew tall and that God and people liked him.

Jesus was a good son to Mary and Joseph. He obeyed his parents and treated others with kindness. He worshipped and obeyed God.

The Savior of the world was God's perfect and holy Son.

La Biblia dice que «Jesús crecía en sabiduría y en estatura, y en el favor de Dios y de toda la gente». Eso quiere decir que Jesús era sabio y cada vez más alto, y que Dios y la gente lo querían.

Jesús fue un buen hijo. Obedecía a sus padres y trataba a todos con bondad. Adoraba y obedecía a Dios.

El Salvador del mundo era el hijo perfecto y santo de Dios.

Reflection

- What's your favorite Bible story?

- Why do you like that one best?

- God loves for his children to learn more about him. God wants to have a relationship with his children. We can do that when we study his words in the Bible and talk to him often in prayer.

- God also wants his children to be obedient to him, like young Jesus was. And obeying parents is an important way to obey God too!

Prayer

Dear God, thank you for Bible stories about Jesus that teach me how to live the way you want me to live. Help me want to know more and more about you.

Lead me to listen to my parents and teachers so I can learn everything you want me to learn. Amen.

Reflexión

- ¿Cuál es tu historia favorita de la Biblia?

- ¿Por qué es la que más te gusta?

- A Dios le encanta que sus hijos aprendan más y más acerca de él. Dios quiere tener una relación con sus hijos. Eso lo podemos hacer cuando estudiamos sus palabras en la Biblia y le hablamos seguido a través de la oración.

- Dios también quiere que sus hijos sean obedientes, como lo fue el joven Jesús. ¡Y obedecer a los padres es una forma importante de obedecer a Dios también!

Oración

Querido Dios: gracias por las historias bíblicas sobres Jesús que me enseñan cómo vivir de la manera que tú quieres que viva. Ayúdame a querer saber más y más sobre ti.

Guíame para que escuche a mis padres y maestros así puedo aprender todo lo que quieres que aprenda. Amén.

John Baptizes Jesus

LUKE 1:5–25; 1:57–66; 3:1–23;
MARK 1:1–11

Just before Jesus was born, Mary's cousin, Elizabeth, gave birth to a baby boy. Elizabeth and her husband, Zechariah, knew their son would become a special man of God.

How did they know that? Because an angel had appeared to them and told them!

Here's what happened.

Zechariah and Elizabeth were older and had no kids. An angel appeared to Zechariah at the temple.

"Don't be afraid," the angel said.

That's the first thing most angels said back then. Why? Because the sudden appearance of an angel usually startled people. Would you be a little scared too? Or would you enjoy meeting an angel?

The angel told Zechariah that his wife would have a baby. "Call him John," the angel said. "He'll bring the people of Israel back to God. And he'll prepare the way for God's Son."

"How can my wife and I have a baby at our age?" Zechariah asked.

Perhaps Zechariah shouldn't have asked such a silly question. God can do anything! Why would Zechariah even question the angel?

Juan bautiza a Jesús

LUCAS 1:5-25; 1:57:66; 3:1-23;
MARCOS 1:1-11

Justo antes de que naciera Jesús, la prima de María, Elisabet, dio a luz a un varón. Elisabet y su esposo, Zacarías, sabían que su hijo se convertiría en un hombre de Dios muy especial.

¿Cómo lo sabían? ¡Porque se les había aparecido un ángel y se lo había dicho!

Esto es lo que pasó.

Zacarías y Elisabet eran mayores y no tenían hijos. Un ángel se apareció ante Zacarías en el templo.

«¡No tengas miedo, Zacarías!», le dijo el ángel.

Eso era lo primero que decían los ángeles en esa época. ¿Por qué? Porque la aparición repentina de un ángel solía sobresaltar a la gente. ¿A ti también te daría un poquito de miedo? ¿O te gustaría conocer a un ángel?

El ángel le dijo a Zacarías que su esposa tendría un bebé: «Lo llamarás Juan, y hará que muchos israelitas vuelvan al Señor su Dios. Preparará a la gente para la venida del Señor».

«¿Cómo puedo estar seguro de que ocurrirá esto? Ya soy muy anciano, y mi esposa también es de edad avanzada», preguntó Zacarías.

Tal vez Zacarías no debería haber hecho una pregunta tan tonta. ¡Dios puede hacer cualquier cosa! ¿Por qué se le habrá ocurrido cuestionar al ángel?

ZAP! Zechariah could no longer talk.

The angel said, "My name is Gabriel, and I stand in the presence of God. Because you did not believe my words, you will not speak until the baby is born."

Don't you think Zechariah wished he'd never doubted God? Is it sometimes hard for you to believe God's words in the Bible? God can be trusted to do everything he says he'll do. God is faithful.

Well, just like the angel said, Elizabeth delivered a baby boy sometime later.

Zechariah wrote on a piece of paper, "His name is John." And, POOF! Zechariah could speak again!

I'm thinking Zechariah had learned his lesson. He probably didn't doubt God again!

John grew to be a man of God, but he didn't live like other Israelites. He made his clothes from camel hair and lived in the wilderness.

And guess what he ate? Locusts and honey. Ick! If you had to eat bugs for dinner, would you rather eat a crunchy grasshopper or a fuzzy bumblebee?

People from all over traveled to see John. He told people about God. He told them to repent, to turn away from their sins. Many people listened to him. They wanted to follow God. They promised to worship only the Lord and serve him.

¡ZAP! Zacarías quedó mudo.

El ángel le dijo: «¡Yo soy Gabriel! Estoy en la presencia misma de Dios. Pero ahora, como no creíste lo que te dije, te quedarás mudo, sin poder hablar hasta que nazca el niño».

¿No te parece que Zacarías habrá querido no haber dudado de Dios? ¿Te cuesta a ti también a veces creer en las palabras de Dios en la Biblia? Podemos confiar en que Dios hará todo lo que dice que va a hacer. Dios es fiel.

Pues, tal como lo dijo el ángel, tiempo después, Elisabet dio a luz a un varón.

Zacarías escribió en un papel: «Su nombre es Juan». Y ¡PUF! ¡Zacarías volvió a hablar!

Me imagino que Zacarías habría aprendido su lección. ¡Seguramente no volvió a dudar de Dios!

Juan creció y se convirtió en un hombre de Dios, pero no vivía como los otros israelitas. Fabricaba su ropa con pelo de camello y vivía en la naturaleza.

¿Y adivina qué comía? Saltamontes y miel. ¡Puaj! Si tuvieras que comer bichos para la cena, ¿preferirías comer saltamontes crocantes o abejorros peluditos?

Llegaba gente de todas partes para ver a Juan. Él les hablaba acerca de Dios. Les decía que se arrepintieran, que se alejaran del pecado. Muchos lo escuchaban. Querían seguir a Dios. Prometían adorar y servir solo a Dios.

John baptized a lot of people in the Jordan River. He explained to the people that going under the water and coming up again was a symbol of washing away their sins. Getting clean from the bad things in their lives.

Some people asked John if he was the one God had promised to send to save the world.

"I'm not the one," John said. "I come to prepare the way for God's Son."

John told the people how God wanted them to live.

"Share your clothes with people who don't have enough clothes to wear," he said. "Share your food with people who don't have enough to eat."

John told the tax collectors to stop cheating people. He said, "Don't take more money than you are supposed to take."

He also told people the good news about the Savior. "One more powerful than me will come. He will baptize you with the Holy Spirit."

One day, John stood waist-deep in the river. He proclaimed the good news and told people to stop sinning. John baptized the people who said they wanted to worship God and turn from their sins.

Jesus arrived and asked John to baptize him too. Jesus was perfect. Jesus didn't have sins to wash away. But he wanted to show the other people what to do. It was part of God's plan.

So John baptized Jesus.

Juan bautizó a muchas personas en el río Jordán. Les explicaba que sumergirse en el agua y luego salir simbolizaba el lavado de sus pecados. La limpieza de las cosas malas en sus vidas.

Algunas personas le preguntaban a Juan si él era quien Dios había prometido enviar para salvar al mundo.

Pero Juan les respondía que no era él, y que él tan solo estaba preparando el camino para el Hijo de Dios.

Juan le contaba a la gente cómo quería Dios que vivieran.

«Si tienes dos camisas, da una a los pobres», dijo. «Si tienes comida, comparte con los que tienen hambre».

Juan les dijo a los cobradores de impuestos que dejaran de engañar a la gente. Les dijo: «No recauden más impuestos de lo que el gobierno requiere».

Les dio también la buena noticia sobre el Salvador: «Pronto viene alguien que es superior a mí. Él los bautizará con el Espíritu Santo».

Un día, Juan se encontraba metido en el río hasta la cintura. Proclamaba la buena noticia y le pedía a la gente que ya no pecara. Juan bautizaba a la gente que decía que quería adorar a Dios y abandonar el pecado.

Llegó Jesús y le pidió a Juan que lo bautizara a él también. Jesús era perfecto. Jesús no tenía pecados que lavar. Pero quería mostrarle al resto de la gente lo que debía hacer. Era parte del plan de Dios.

Así que Juan bautizó a Jesús.

When Jesus came up from the water, the heavens opened, and a dove flew to Jesus. Only, it wasn't just a dove. It was the Spirit of God. The Holy Spirit landed on Jesus, and God's voice from heaven said, "This is my Son, whom I love. I am very pleased with him."

After Jesus had been baptized, it was time for him to start his ministry!

Cuando Jesús salió del agua se abrieron los cielos y una paloma voló hasta él. Solo que, no era una simple paloma. Era el Espíritu de Dios. El Espíritu Santo se posó sobre Jesús, y la voz de Dios dijo desde el cielo: «Tú eres mi Hijo muy amado y me das gran gozo».

Luego del bautismo de Jesús, ¡era hora de empezar su ministerio!

Reflection

- John was part of God's plan to prepare people's hearts for Jesus.

- We can be part of God's plan to tell other people about Jesus too. We can use our words and our actions to prepare others' hearts for Jesus. We can show people how to live by loving God and worshipping him and being kind to everyone.

- Who can you tell about Jesus tomorrow?

- What will you say to that person?

Prayer

Dear God, thank you that Jesus came to save the world. Help me be kind to everyone so that others see my kindness and learn what Jesus is like.

Help me to use kind words and actions to prepare the hearts of others for Jesus.

I love you, God. Amen.

Reflexión

- Juan era parte del plan de Dios para preparar los corazones de la gente para la llegada de Jesús.

- Nosotros también podemos ser parte del plan de Dios para que le hablemos a otra gente acerca de Jesús. Podemos usar nuestras palabras y nuestras acciones para preparar los corazones de los demás para recibir a Jesús. Podemos mostrarle a la gente cómo vivir, amando a Dios y adorándolo y siendo buenos con todo el mundo.

- ¿A quién puedes hablarle acerca de Jesús mañana?

- ¿Qué le dirás a esa persona?

Oración

Querido Dios: gracias porque Jesús vino a salvar al mundo. Ayúdame a ser bueno con todos para que los demás vean mi bondad y aprendan cómo es Jesús.

Ayúdame a usar palabras y hacer actos de bondad para·preparar los corazones de otros para recibir a Jesús.

Te amo, Dios. Amén.

Friends Bring a Paralyzed Man to Jesus

MARK 2:1–12

God sent his perfect, holy Son, Jesus, to the world to save Israel . . . and to save people from all other nations. The world had become a sinful place. Everyone needed a Savior to take away their sins. People also needed to learn more about their wonderful God.

Jesus went all over Israel teaching about God. He taught in the temple. He taught in the courts. He taught in the streets. He taught in the fields. He taught from a boat. He taught in the wilderness.

He traveled all over just to tell as many people as he could about God. Jesus wanted to heal their hearts. He wanted them to turn their lives back to God. And he wanted them to have a relationship with God, like a child has with a kind and loving parent.

Jesus had compassion on the people. He loved all of God's children because Jesus was also God.

He once said the people were like lost sheep without a shepherd. Jesus wanted to be their shepherd. He wanted to guide them and take care of them.

As Jesus traveled and taught, he saw that people had many needs. Some people were sick. Some couldn't use their legs to walk.

Unos amigos traen a un hombre paralítico hasta Jesús

MARCOS 2:1-12

Dios envió a Jesús, su hijo perfecto y santo, al mundo a salvar a Israel... y a salvar a la gente de todas las demás naciones. El mundo se había convertido en un lugar lleno de pecado. Todos necesitaban a un Salvador que les quitara sus pecados. La gente también necesitaba aprender más acerca de su maravilloso Dios.

Jesús recorrió todo Israel enseñando acerca de Dios. Enseñó en el templo. Enseñó en las cortes. Enseñó en las calles. Enseñó en los campos. Enseñó desde un barco. Enseñó en el desierto.

Viajó por todos lados para contarle a la mayor cantidad de gente posible acerca de Dios. Jesús quería sanar sus corazones. Quería que volvieran a orientar sus vidas hacia Dios. Y quería que tuvieran una relación con Dios, como la tiene un niño con un padre bueno y amoroso.

Jesús se compadecía de la gente. Amaba a todos los hijos de Dios porque Jesús también era Dios.

Una vez dijo que las personas eran como ovejas perdidas sin un pastor. Jesús quería ser su pastor. Quería guiarlas y cuidarlas.

A medida que Jesús viajaba y enseñaba, vio que la gente tenía muchas necesidades. Algunas personas estaban enfermas. Algunas no podían usar sus piernas para caminar.

Some couldn't talk. Many couldn't see. Others couldn't hear. A lot of people didn't have enough money to buy food or clothes. Some widows had no one to take care of them. Some children didn't have parents to live with.

Jesus cared about everyone's needs. So, all over Israel, Jesus taught and healed people.

Word spread quickly about the amazing Son of God. People came from everywhere to hear him speak and to be healed. In fact, most of them wanted their physical bodies healed more than they wanted their hearts healed.

One day, Jesus went to speak in a town called Capernaum.

"Jesus is coming," one man whispered to another.

"Jesus is coming," the next person said a little louder.

"Let's go see Jesus," a woman told her friend.

"I'm going to meet Jesus!" a child yelled excitedly.

Pretty soon, the house where Jesus was staying began to spill over with people eager to see and hear him.

Elbows and arms and legs and feet and sandals were everywhere. The people squished in tighter to make room for more. EVERYONE wanted to see and hear Jesus.

Four friends who'd heard about Jesus wanted to bring their friend to Jesus to be healed. Their friend was *paralyzed*, which means he couldn't walk. The four friends carried him on a mat to the house in Capernaum.

Algunas no podían hablar. Muchas no veían. Otras no oían. Mucha gente no tenía suficiente dinero para comprar comida o ropa. Algunas viudas no tenían quién las cuidara. Algunos niños no tenían padres con quienes vivir.

A Jesús le importaban las necesidades de todos. Por eso, Jesús enseñaba y sanaba a la gente a través de todo Israel.

Pronto se corrió la voz acerca del increíble Hijo de Dios. La gente llegaba de todas partes para oírlo hablar y para sanarse. De hecho, la mayoría quería que sanaran su cuerpo físico más que su corazón.

Un día, Jesús fue a hablar a un poblado llamado Capernaúm.

«Jesús está en camino», le susurró un hombre a otro.

«Jesús está en camino», dijo la siguiente persona un poco más fuerte.

«Vamos a ver a Jesús», le dijo una mujer a su amiga.

«¡Voy a conocer a Jesús!», gritó un niño lleno de entusiasmo.

Poco después, la casa en la que paraba Jesús empezó a abarrotarse de gente ansiosa por verlo y escucharlo.

Había codos y brazos y piernas y pies y sandalias por todas partes. La gente se apretujaba más y más para poder entrar. TODOS querían ver y escuchar a Jesús.

Cuatro amigos que habían oído hablar de Jesús quisieron acercar a su amigo hasta él para que lo sanaran. Su amigo era *paralítico*, que significa que no podía caminar. Los cuatro amigos lo cargaron en una camilla hasta la casa en Capernaúm.

So many people were there that the friends couldn't get in.

"I've got an idea," one of them said. (If this had been a cartoon, a lightbulb would've appeared above the man's head!) He said, "Let's uncover part of the roof and lower our friend down that way."

The friends climbed up on the roof, making sure not to drop their friend.

This is one of those "don't try this at home" kinds of stories, right?

The friends pulled back part of the roof and lowered their paralyzed friend inside, right in front of Jesus.

Jesus was impressed with the men's faith. He knew if they had gone to that much trouble to bring the paralyzed man to see him, then they believed he was the Son of God.

"Your sins are forgiven," he told the paralyzed man.

Some of the teachers of the law who sat there were shocked at Jesus' words. Their jaws fell open. They whispered among themselves, "Just who does this Jesus think he is? Only God can forgive sins!"

The teachers didn't understand that Jesus is God. He is God in human form.

Jesus wanted to prove that he had the power to forgive sins. So Jesus told the paralyzed man, "Stand up and walk."

The paralyzed man stood up and walked home.

Jesus had shown everyone there that he is God. He had shown that he can heal people *and* forgive our sins.

Había tanta gente que los amigos no podían entrar.

Pero uno de ellos tuvo una idea. (Si esto fuera una caricatura, ¡habría aparecido un foco sobre la cabeza del hombre!). Se le ocurrió que podrían destapar parte del techo y bajar a su amigo de ese modo.

Los amigos se subieron al techo, asegurándose de que no se les cayera su amigo.

Esta es una de esas historias del tipo «no intenten esto en casa», ¿verdad?

Los amigos abrieron parte del techo y bajaron a su amigo paralítico hacia adentro, justo enfrente de Jesús.

Jesús se quedó impresionado por la fe de los hombres. Sabía que, si se habían tomado todo ese trabajo para traer al hombre paralítico a verlo, entonces ellos creían en que él era el Hijo de Dios.

«Tus pecados son perdonados», le dijo al hombre paralítico.

Algunos de los maestros de la ley que estaban allí sentados se sorprendieron con las palabras de Jesús. Quedaron boquiabiertos. Susurraron entre ellos: «¿Qué es lo que dice? ¡Solo Dios puede perdonar pecados!».

Los maestros no entendían que Jesús es Dios. Es Dios en forma humana.

Jesús quería demostrarles que tenía el poder de perdonar pecados. Así que le dijo al hombre paralítico: «¡Ponte de pie y camina!».

El hombre paralítico se levantó y se fue a su casa caminando.

Jesús les había demostrado que él es Dios, y que podía sanar a las personas y perdonar nuestros pecados.

Reflection

- When have you helped a friend?

- These four friends loved their paralyzed friend so much that they wanted him to see Jesus. They knew Jesus could heal him.

- Like them, you can be a good friend by taking care of someone's needs. But it's even more important to take care of their spiritual needs, to take care of their heart. In other words, it's important to tell them about Jesus, their Savior!

Prayer

Dear God, show me how to be a wonderful friend to others. Help me be willing to take care of their needs.

If I know someone is sad, help me offer kindness. If I know someone is hungry, help me offer them food. If I know someone needs money, help me share what I have.

Help me take care of people's needs. But even more importantly, help me always tell others about Jesus. Amen.

Reflexión

- ¿Cuándo has ayudado a un amigo?

- Estos cuatro amigos querían tanto a su amigo paralítico que querían que viera a Jesús. Sabían que Jesús lo podría sanar.

- Al igual que ellos, tú también puedes ser un buen amigo cuando te haces cargo de las necesidades de alguien. Pero es más importante aún hacerte cargo de sus necesidades espirituales, hacerte cargo de su corazón. Es decir, ¡es importante que les cuentes acerca de Jesús, su Salvador!

Oración

Querido Dios: muéstrame cómo ser un amigo increíble para los demás. Ayúdame a estar dispuesto a hacerme cargo de sus necesidades.

Si sé que alguien está triste, ayúdame a ofrecerle bondad. Si sé que alguien está hambriento, ayúdame a ofrecerle comida. Si sé que alguien necesita dinero, ayúdame a compartir lo que tengo.

Ayúdame a hacerme cargo de las necesidades de la gente. Pero, más importante aún, ayúdame a siempre hablarles a los demás acerca de Jesús. Amén.

Jesus Heals
Many People

MATTHEW 8:5–13; MARK 5:21–43

Jesus walked around much of the country, preaching and teaching and healing and talking. He met lots of people with lots of needs. He knew that many people were hurting. Jesus offered kindness and compassion everywhere he went.

"God loves you forever and ever," Jesus said.

"God wants you to know him and love him," Jesus said.

"God wants you to know and love me, God's Son," he said. "I will love you forever too."

Jesus offered love and hope. Never before had anyone offered love and hope like Jesus did.

God sent Jesus to his chosen people, the Israelites, first. God planned to show Jesus to the entire world through his chosen people.

Many people believed in Jesus. Even people from neighboring countries. Even Roman soldiers who ruled Israel.

One Roman soldier believed Jesus was God's Son. When the Roman soldier's servant became ill, the soldier knew just what to do. He hurried to find Jesus.

"Jesus, my servant is paralyzed and in great pain," the soldier said.

"I'll come and heal him," Jesus said.

Jesús sana a
mucha gente

MATEO 8:5-13; MARCOS 5:21-43

Jesús recorrió gran parte del país, predicando y enseñando y sanando y hablando. Se encontró con mucha gente que tenía muchas necesidades. Sabía que había mucha gente que sufría. Jesús ofrecía bondad y compasión dondequiera que fuera.

Jesús le decía a la gente que Dios la amaba eternamente, y que Dios quería que lo conocieran y lo amaran. También les decía que Dios quería que lo amaran a él, al Hijo de Dios, y que Jesús también los amaría eternamente.

Jesús ofrecía amor y esperanza. Nunca antes había habido alguien que ofreciera amor y esperanza como lo hacía Jesús.

Dios le envió a Jesús a su pueblo elegido, los israelitas, primero. Dios planeaba mostrarle al mundo entero a su Hijo a través de su pueblo elegido.

Mucha gente creía en Jesús. Incluso gente de países vecinos. Incluso algunos soldados romanos que reinaban sobre Israel.

Un soldado romano creía en que Jesús era el Hijo de Dios. Cuando el sirviente del soldado romano se enfermó, el soldado supo qué hacer. Se apresuró a buscar a Jesús.

«Señor, mi joven siervo está en cama, paralizado y con terribles dolores», le dijo el soldado.

«Iré a sanarlo», le respondió Jesús.

The Roman solider didn't feel worthy to have Jesus inside his home. He knew he wasn't part of God's chosen people. But his faith was strong. He believed Jesus could heal his servant even if Jesus were far away from the servant.

"Lord, I am not worthy that you should come into my house," the soldier said. "Please just say the word, and I know my servant will be healed."

The soldier's faith impressed Jesus. Jesus knew that many of the Israelites' hearts were hard, and they didn't have the faith of this Roman soldier.

"Go on your way," Jesus said. "This very moment, your servant is healed."

How do you think the Roman soldier felt right then? Do you think he ran all the way home to check on his servant? Who do you think he told about his servant's miraculous healing? Most likely, the Roman soldier told everybody he met about the miraculous way Jesus had healed his servant.

On another day, Jesus healed a man's daughter. Actually, Jesus brought her back to life.

Here is what happened.

A man named Jairus worked in a *synagogue*. That's another name for God's house of worship. Jairus, the synagogue leader, hurried to find Jesus because his little daughter was very sick. Jairus loved his daughter dearly, and he knew Jesus could heal her.

"My daughter is dying," Jairus said when he found Jesus.

El soldado romano no se sentía digno de tener a Jesús en su casa. Él sabía que no era parte del pueblo elegido de Dios. Pero tenía una gran fe. Creía en que Jesús podía sanar a su sirviente incluso si Jesús estaba lejos de él.

«Señor, no soy digno de que entres en mi casa», le dijo el soldado. «Tan solo pronuncia la palabra desde donde estás y mi siervo se sanará».

La fe del soldado impresionó a Jesús. Él sabía que los corazones de muchos de los israelitas estaban endurecidos, y no tenían la fe que tenía este soldado romano.

Jesús le dijo: «Vuelve a tu casa. Debido a que creíste, ha sucedido».

¿Cómo crees que se sintió el soldado romano en ese momento? ¿Crees que salió corriendo a su casa para ver a su sirviente? ¿A quién crees que le contó acerca de la sanación milagrosa de su sirviente? Lo más probable es que el soldado romano le haya contado a todo el mundo sobre la forma milagrosa en que Jesús había sanado a su sirviente.

Otro día, Jesús sanó a la hija de un hombre. En realidad, Jesús la hizo resucitar.

Esto es lo que pasó.

Un hombre llamado Jairo trabajaba en una *sinagoga*. Ese es otro nombre para la casa en la que se adora a Dios. Jairo amaba a su hija con todo su corazón, y sabía que Jesús podía sanarla.

«Mi hijita se está muriendo», le dijo Jairo a Jesús cuando lo encontró.

Jesus had compassion on the man. Jesus started walking after Jairus to his home.

As always, large crowds followed Jesus, looking for healing from their diseases. Jesus healed a woman as they walked.

Before the two men could get to Jairus' home, someone found Jairus and said, "Your daughter is no longer living."

Jesus told Jairus, "Don't be afraid. Keep believing."

When they got to Jairus' house, Jesus went to the little girl's room, along with her mother and father. Jesus took her hand and said, "Little girl, I say to you, stand up."

And I bet you can guess what happened, right? The little girl stood up from the bed, alive again.

Everyone in the house was stunned and thankful!

Wherever Jesus went, he amazed the people with his healing miracles.

But remember, Jesus was more concerned about people's hearts and faith. He wanted them to know God and follow God. But he also cared about their needs.

Jesus showed he was the Son of God by performing miracles and healing those who were sick or hurt. He told people that if they trusted in him and believed he was the Son of God, their hearts could be healed too.

Then they could one day live in heaven with God forever.

Jesús se compadeció del hombre y empezó a seguir al hombre hasta su casa.

Como siempre, grandes multitudes seguían a Jesús buscando sanar sus enfermedades. En el camino, Jesús sanó a una mujer.

Antes de que los dos hombres llegaran a la casa de Jairo, alguien llegó hasta Jairo y le dijo: «Tu hija está muerta. Ya no tiene sentido molestar al Maestro».

Pero Jesús le dijo a Jairo: «No tengas miedo. Solo ten fe».

Cuando llegaron a la casa de Jairo, Jesús fue a la habitación de la niña junto con la madre y el padre. Jesús tomó su mano y dijo: «¡Niña, levántate!».

Y apuesto que puedes adivinar lo que pasó, ¿no? La niña se levantó de la cama, viva de nuevo.

¡Todos en la casa quedaron impactados y agradecidos!

Dondequiera que iba Jesús, maravillaba a la gente con sus milagros sanadores.

Pero recuerda, a Jesús le preocupaban más los corazones y la fe de las personas. Quería que conocieran a Dios y lo siguieran. Pero también le importaban sus necesidades.

Jesús demostró que era el Hijo de Dios a través de sus milagros y de la sanación de los enfermos y heridos. Le dijo a la gente que si confiaban en él y creían en que era el Hijo de Dios, sus corazones también sanarían.

Entonces, algún día podrían vivir en el cielo con Dios para siempre.

Reflection

- When you don't feel well, do you pray and ask Jesus to help you feel better?

- Jesus showed his power each time he healed someone. No one had ever performed the kind of miracles that Jesus did.

- Many people had faith that Jesus would heal them. When we are sick or injured, God wants us to have that kind of faith too. We can ask God to help us believe that he will heal us.

Prayer

Dear God, please bless me with strong faith. The Bible tells me that you can do anything, and I want to always believe that.

Sometimes, my faith wobbles when times get tough. When that happens, help me to trust you and ask you for more faith.

Grow my faith stronger and stronger every day! Amen.

Reflexión

- Cuando no te sientes bien, ¿rezas y le pides a Jesús que te ayude a sentirte mejor?

- Jesús demostraba su poder cada vez que sanaba a alguien. Nadie había realizado jamás el tipo de milagros que hacía Jesús.

- Mucha gente tenía fe en que Jesús la sanaría. Cuando estamos enfermos o heridos, Dios también quiere que tengamos ese tipo de fe. Podemos pedirle a Dios que nos ayude a creer en que él nos sanará.

Oración

Querido Dios: por favor bendíceme con una fe inquebrantable. La Biblia me dice que puedes hacer cualquier cosa, y yo quiero creer en eso siempre.

A veces, mi fe se tambalea durante tiempos difíciles. Cuando eso ocurra, ayúdame a confiar en ti y pedirte que me des más fe.

¡Haz que mi fe crezca más y más todos los días! Amén.

Jesus Feeds 5000

LUKE 5:1–11;
MARK 1:16–20; 2:13–14; 3:13–19;
MATTHEW 14:13–21

Jesus asked a group of men to stay with him and help him teach people about God.

Here is how he chose them.

One day, Jesus climbed into a boat that belonged to a man named Simon Peter. Jesus said, "Take me out to the deep water."

Simon Peter and his brother, Andrew, were fishermen. They did as Jesus asked.

Then Jesus told them, "Lower your fishing nets into the water."

Simon Peter said, "Master, we've fished all night and haven't caught anything."

But, because they knew about Jesus, they did just what he said.

You won't believe what happened next! Well, you probably will, because, after all, it's Jesus we're talking about.

The net filled with so many fish that the boat almost sank!

"Help!" Simon Peter and Andrew yelled for their friends, James and John, to bring their boat and help. It took all four men to pull the net to shore filled with the ginormous load of fish.

Jesus told them, "Follow me, and I will make you fishers of men."

Jesús les da de comer a 5000

LUCAS 5:1-11;
MARCOS 1:16-20; 2:13-14; 3:13-19;
MATEO 14:13-21

Jesús le pidió a un grupo de hombres que se quedara con él y lo ayudara a enseñarle a la gente acerca de Dios.

Los eligió así.

Un día, Jesús se subió a una barca que pertenecía a un hombre llamado Simón Pedro. Jesús dijo: «Ahora ve a las aguas profundas...».

Simón Pedro y su hermano Andrés eran pescadores. Hicieron lo que les pidió Jesús.

Luego Jesús le dijo: «... echa tus redes para pescar».

Simón Pedro dijo: «Maestro, hemos trabajado mucho durante toda la noche y no hemos pescado nada».

Pero, como sabían quién era Jesús, lo hicieron.

¡No vas a creer lo que pasó! Bueno... en realidad quizá sí porque, después de todo, estamos hablando de Jesús.

¡Las redes se llenaron de tantos peces que casi se hunde la barca!

Simón Pedro y Andrés pidieron auxilio a sus amigos, Santiago y Juan, para que acercaran su barca y los ayudaran. Hicieron falta cuatro hombres para llevar las redes hasta la orilla, repleta de una carga gigantesca de pescados.

Jesús les dijo: «Vengan, síganme, ¡y yo les enseñaré cómo pescar personas!».

The men put down their nets immediately and followed Jesus.

Later, Jesus asked Matthew to be his disciple. Matthew was a tax collector. Many people didn't trust tax collectors because they often took more money than they should.

Sometimes, Jesus picked unlikely people to be his helpers.

Jesus had many helpers and followers, but these 12 became his special ones, called apostles: Simon Peter, Andrew, James, John, Matthew (also called Levi), Philip, Bartholomew (also called Nathanael), Thomas, James (the son of Alphaeus), Thaddaeus (also called Jude), Simon the Zealot, and Judas Iscariot.

Jesus taught them to teach people about God. He even gave them the power to heal people who were sick or hurt.

One day, Jesus and his disciples took a boat across a lake. They wanted to get away from the large crowd of people for a short rest. But guess what happened?

Word traveled fast.

More than 5000 people walked from nearby towns to come see Jesus.

Jesus felt compassion for the people. He healed and talked and healed and preached and healed and hugged. Jesus loved the people, and the people loved him. The crowd listened to every word Jesus said.

The sun began to set, but no one had even thought about dinner!

One disciple said, "Jesus, how will we feed all these people?"

Los hombres dejaron sus redes de inmediato y siguieron a Jesús.

Más adelante, Jesús le pidió a Mateo que fuera su discípulo. Mateo era un cobrador de impuestos. Mucha gente no confiaba en los cobradores de impuestos porque solían llevarse más dinero del que les correspondía.

A veces Jesús elegía a la persona menos pensada para que fuera su ayudante.

Jesús tenía muchos ayudantes y seguidores, pero estos 12 se convirtieron en ayudantes especiales llamados apóstoles: Simón Pedro, Andrés, Santiago, Juan, Mateo (también llamado Leví), Felipe, Bartolomé (también llamado Natanael), Tomás, Santiago (hijo de Alfeo), Tadeo (también llamado Judas), Simón (el zelote) y Judas Iscariote.

Dios les enseñó a enseñarle a la gente acerca de Dios. Hasta les dio el poder para sanar a la gente que estaba enferma o herida.

Un día, Jesús y sus discípulos subieron a una barca y cruzaron un lago. Querían alejarse de la gran multitud de gente para descansar por un momento. ¿Pero adivina qué pasó?

La voz se corrió rápido.

Llegaron más de 5000 personas de pueblos cercanos para ver a Jesús.

Jesús sintió compasión por la gente. Hizo sanaciones, habló, hizo sanaciones, predicó, hizo sanaciones y dio abrazos. Jesús amaba a la gente, y la gente lo amaba a él. La multitud escuchaba cada palabra que decía Jesús.

Empezó a caer la tarde, ¡pero nadie se había puesto a pensar en la cena!

And another one said, "We don't have enough money to feed this many people."

And one more disciple said, "We've collected five loaves of bread and two fish. That's all the food we could find."

Jesus told the people to sit in the grass. Jesus looked to heaven and prayed a blessing over the food. He tore the bread into pieces and broke off pieces of fish.

Then the disciples handed out the food.

Jesus pulled the bread into pieces.

The disciples shared it with the people.

Jesus divided the fish into pieces.

The disciples shared it with the people.

Until every single person had food to eat for dinner.

When the crowd of people had finished eating, the 12 disciples collected all the leftovers in baskets.

How many baskets of leftovers do you think they collected?

Twelve!

Why do you think that was the exact number of baskets of food? Do you think Jesus was trying to teach the disciples something special, as well as all the people in the crowd?

Jesus taught the people that God provides for every one of them.

He told them—and showed them—how much God loved them.

Los discípulos le preguntaron a Jesús cómo alimentarían a todas esas personas. Le dijeron que no tenían suficiente dinero para alimentar a tanta gente: «... lo único que tenemos son cinco panes y dos pescados».

Jesús le dijo a la gente que se sentara en la hierba. Elevó los ojos al cielo y rezó para bendecir la comida. Partió el pan en trozos y partió pedazos de pescado.

Luego los discípulos repartieron la comida.

Jesús partió el pan en trozos.

Los discípulos lo repartieron entre la gente.

Jesús partió el pescado en trozos.

Los discípulos lo repartieron entre la gente.

Hasta que cada uno de los presentes tuvo algo para comer.

Cuando la multitud terminó de comer, los 12 discípulos recolectaron las sobras en canastas.

¿Cuántas canastas de sobras crees que llenaron?

¡Doce!

¿Por qué crees que ese fue el número exacto de canastas de comida? ¿Crees que Jesús estaba intentando enseñarles algo especial tanto a los discípulos como a la multitud?

Jesús le enseño a la gente que Dios provee para cada uno de ellos.

Les dijo —y les mostró— cuánto los amaba Dios.

Reflection

- What helps you to feel God's love?

- Jesus used miracles to show God's power and love. Jesus wanted the people to know that there was no one as mighty and powerful as God. He also wanted them to know that God was the only true God. No fake god and no other person could love them and care for them like God did.

- The people believed in the signs and wonders of Jesus.

Prayer

Dear God, you are mighty and powerful. No one can do the things you do. Thank you that you love me enough to take care of my physical needs, like providing good food to eat.

And thank you for sending your Son, Jesus, to make my heart feel happy and blessed. Amen.

Reflexión

- ¿Qué te ayuda a sentir el amor de Dios?

- Jesús usó milagros para mostrar el poder y el amor de Dios. Jesús quería que la gente supiera que no había nadie tan majestuoso y poderoso como Dios. También quería que supieran que Dios era el único verdadero Dios. Ningún falso dios ni ninguna otra persona podía quererlos ni cuidarlos como lo hacía Dios.

- La gente creyó en las señales y las maravillas de Jesús.

Oración

Querido Dios: eres majestuoso y poderoso. Nadie puede hacer lo que tú haces. Gracias por amarme lo suficiente como para hacerte cargo de mis necesidades físicas, como proveer buena comida para que me alimente.

Y gracias por enviar a tu Hijo, Jesús, para alegrar y bendecir mi corazón. Amén.

The Good Samaritan

LUKE 10:25–37

Jesus taught the Israelites using the scrolls and Scriptures written by people from long ago, writers like Moses, David, Solomon, and the prophets. Jesus wanted the Israelites to know what God's Word said.

One day when Jesus was teaching the people about God, a man who had studied God's Scriptures tried to trick Jesus. Many people believed Jesus was God's Son and followed him. But some people doubted Jesus. They tried to trick him with their words.

"Teacher," the expert of the law said. "What must I do to inherit eternal life?"

Jesus knew the man wanted to trick him. So he asked, "What is written in God's laws?"

The man answered, "Love the Lord your God with all your heart, and with all your soul, and with all your strength, and with all your mind. And love your neighbor as yourself."

"You have answered correctly," Jesus said. "Do this and you will inherit eternal life."

Then the man asked another question. "Who is my neighbor?"

Jesus told a story to help him understand. Jesus said, "A man traveled alone from Jerusalem to Jericho. Robbers attacked the traveler. The robbers hit the man and hurt him. Then they left him alone on the side of the road and ran away with the man's belongings.

El buen samaritano

LUCAS 10:25-37

Jesús les enseño a los israelitas a usar los pergaminos y las Escrituras que había escrito gente hacía mucho tiempo, escritores como Moisés, David, Salomón y los profetas. Jesús quería que los israelitas conocieran lo que decía la Palabra de Dios.

Un día mientras Jesús le enseñaba a la gente acerca de Dios, un hombre que había estudiado las Escrituras de Dios intentó tenderle una trampa a Jesús. Mucha gente creía que Jesús era el hijo de Dios y lo seguía. Pero alguna gente dudaba de Jesús. Intentaban tenderle trampas con sus palabras.

«Maestro», le dijo el experto en la ley religiosa, «¿qué debo hacer para heredar la vida eterna?».

Jesús sabía que el hombre quería tenderle una trampa, así que preguntó: «¿Qué dice la ley de Dios?».

El hombre respondió: «"Ama al Señor tu Dios con todo tu corazón, con toda tu alma, con toda tu fuerza y con toda tu mente" y "Ama a tu prójimo como a ti mismo"».

«¡Correcto! —le dijo Jesús— ¡Haz eso y vivirás!».

El hombre hizo otra pregunta: «¿Y quién es mi prójimo?».

Jesús contó una historia para ayudarlo a comprender. Jesús dijo: «Un hombre judío bajaba de Jerusalén a Jericó y fue atacado por ladrones. Le quitaron la ropa, le pegaron y lo dejaron al costado del camino.

"After a while, a priest came down the same road. When he saw the hurt man, he walked all the way around him on the other side of the road. The priest did not help the injured man.

"Next, a man from the family of Levi passed by. He too crossed on the other side of the road, away from the hurt man. He didn't help the injured guy, either.

"The third man to come along the road was from Samaria."

Now, dear readers, most Samaritans and Jewish people lived near each other, but they did not get along. Can you guess what the Samaritan did when he saw the injured Jewish man? Do you think he went to the other side of the road, like the priest and the Levite had done? Listen to the rest of the story.

Jesus said, "The Samaritan man felt sorry for the injured Jewish man. He cleaned the man's wounds, put medicine on them, and wrapped the wounds with bandages. Then he put the man on his own donkey and brought him to the nearest town. He stayed with him all night and took care of him.

"The next day, the Samaritan paid the innkeeper so that the hurt man could stay another night. He told the innkeeper to take care of the man. And he offered to pay more money, if it was needed, when he came back to the inn."

When Jesus finished talking, he asked the expert of the law, "Who do you think was a neighbor to the hurt man?"

Readers, do you know the answer? Of course you do! It was the Samaritan, right?

»Un sacerdote pasó por allí de casualidad, pero cuando vio al hombre en el suelo, cruzó al otro lado del camino y siguió de largo. Un ayudante del templo pasó y lo vio allí tirado, pero también siguió de largo por el otro lado.

»Entonces pasó un samaritano...».

Ahora bien, querido lector, la mayoría de los samaritanos y judíos vivían cerca, pero no se llevaban bien. ¿Puedes adivinar lo que hizo el samaritano cuando vio al judío herido? ¿Crees que cruzó al otro lado del camino, como el sacerdote y el ayudante del templo? Escucha cómo sigue la historia.

Jesús siguió: «... cuando vio al hombre, sintió compasión por él. Se le acercó y le alivió las heridas con vino y aceite de oliva, y se las vendó. Luego subió al hombre en su propio burro y lo llevó hasta un alojamiento, donde cuidó de él. Al día siguiente, le dio dos monedas de plata al encargado de la posada y le dijo: "Cuida de este hombre. Si los gastos superan esta cantidad, te pagaré la diferencia la próxima vez que pase por aquí"».

Cuando Jesús terminó de hablar, le preguntó al experto en la ley: «Ahora bien, ¿cuál de los tres te parece que fue el prójimo del hombre atacado por los bandidos?».

¿Tú sabes cuál es la respuesta? ¡Por supuesto que sí! Fue el samaritano, ¿verdad?

Jesus wanted the expert of the law to understand that a neighbor can be anybody, not just the person who lives next door to you.

A neighbor can be someone you know really, really well or a stranger you see at the grocery store.

A neighbor can be a friend or an enemy.

A neighbor can be a poor person or a rich person.

A neighbor can have dark skin or light skin.

A neighbor can have clean, fancy clothes or torn, dirty clothes.

A neighbor can have a huge house or no house at all.

A neighbor can be a wise man or a shepherd in a field.

Jesus wanted the expert of the law to know—just like he wants us to know—that God loves every single person on earth. And he wants us to treat every person with kindness.

Jesús quería que el experto en la ley entendiera que el prójimo puede ser cualquiera, no solamente alguien cercano.

El prójimo puede ser alguien que conoces muy, pero muy bien o un extraño que ves en el supermercado.

El prójimo puede ser un amigo o un enemigo.

El prójimo puede ser una persona pobre o una persona rica.

El prójimo puede tener piel oscura o piel clara.

El prójimo puede tener ropa limpia y elegante o ropa sucia y hecha jirones.

El prójimo puede tener una casa enorme o no tener casa.

El prójimo puede ser un rey mago o un pastor en los campos.

Jesús quería que el experto en la ley supiera —igual que quiere que lo sepamos nosotros— que Dios ama a cada una de las personas sobre la tierra. Y quiere que tratemos a todas las personas con bondad.

Reflection

- Is there someone in your neighborhood, or class, or church who is difficult for you to love?

- God loves that person just as much as he loves you!

- God wants us to love Jesus with our whole heart. And God wants us to love each other, no matter who a person is, or what they look like, or where they come from, or who they know. God says we are to love everybody.

Prayer

Dear God, help me remember to love you with all my heart, and all my soul, and all my strength, and all my mind.

And help me to love my neighbor, God. Help me love and care about all people, not just people who look and act like me. Show me how to love like the Good Samaritan did. Amen.

Reflexión

- ¿Hay alguien en tu vecindario, o en tu clase o en la iglesia que te cuesta querer?

- ¡Dios ama a esa persona tanto como a ti!

- Dios quiere que amemos a Jesús con todo el corazón. Y Dios quiere que nos queramos unos a otros, más allá de quién sea la persona, de su apariencia, de dónde venga o a quién conozca. Dios dice que debemos querer a todo el mundo.

Oración

Querido Dios: ayúdame a recordar que te ame con todo mi corazón y toda mi alma y todas mis fuerzas y toda mi mente.

Y ayúdame a amar a mi prójimo, Dios. Ayúdame a querer y preocuparme por todos, no solo por la gente que se ve y actúa como yo. Muéstrame cómo amar como el buen samaritano. Amén.

Mary, Martha, and Lazarus

LUKE 10:38–42; JOHN 11:1–44

Jesus walked from place to place, telling people about God and healing them. Many people invited him to stay in their homes. When Jesus visited the town of Bethany, he stayed with his friends Mary, Martha, and Lazarus. The two sisters and one brother lived together and took care of one another.

Whenever Jesus stopped by, Martha busied herself cooking and cleaning and taking care of him. She often stayed so busy that she didn't even take time to visit with Jesus.

Martha's sister, Mary, sat at Jesus' feet and listened to his every word. She didn't want to miss anything Jesus said!

Martha sprinkled the flour.

Martha poured the oil.

Martha mixed the dough.

Martha rolled the bread.

Martha baked the bread.

Martha swept the floor.

Martha wiped the table.

Martha washed the dishes.

Martha never stopped working to listen to Jesus. She didn't take time to be with the Savior of the world.

María, Marta y Lázaro

LUCAS 10:38-42; JUAN 11:1-44

Jesús caminaba de un lugar a otro hablándole a la gente sobre Dios y haciendo sanaciones. Mucha gente lo invitaba a quedarse en sus casas. Cuando Jesús visitó la aldea de Betania, se quedó con sus amigos María, Marta y Lázaro. Las dos hermanas y su hermano vivían juntos y se cuidaban entre ellos.

Siempre que Jesús los visitaba, Marta se ocupaba de cocinar y limpiar y hacerse cargo de todo para el huésped. Solía estar tan ocupada que no tenía un segundo para sentarse con Jesús.

La hermana de Marta, María, se sentaba a los pies de Jesús y escuchaba cada palabra que él decía. ¡No se quería perder de nada de lo que dijera Jesús!

Marta espolvoreaba la harina.

Marta vertía los aceites.

Marta mezclaba la masa.

Marta amasaba el pan.

Marta horneaba el pan.

Marta barría el piso.

Marta limpiaba la mesa.

Marta lavaba los platos.

Marta nunca dejaba de trabajar para poder escuchar a Jesús. No se tomaba el tiempo para estar con el Salvador del mundo.

Do you get busy doing a bunch of things and forget to spend time with Jesus? Do you clean your room and fold the clothes and do your homework and watch TV and talk to your friends and go to softball practice and play at the park and take care of your brother or sister and . . . never make time for Jesus?

Martha complained to Jesus. She said, "Jesus, I am doing all the work. My sister isn't helping me with anything. Please tell her to help me work."

Jesus said to her, "Martha, you are worried about too many things. Mary has chosen what is most important. Mary is spending time with me."

Jesus knew Martha's chores were important. He knew those things had to get done sometime. But he also knew that the most important thing at that moment was to spend time with God.

Homework and chores are super important. Those things have to get done. Even cleaning your room—ugh—is important and has to get done.

God knows all those things are important. But none of those things is more important than God. We need to be responsible, but we also need to make time every day for Jesus.

How do you think Martha felt when Jesus answered her? Do you think she stopped her chores and came to sit with Jesus too? Hopefully, that's what she did. Because that was most important.

¿Te pasa que estás tan ocupado haciendo miles de cosas que te olvidas de pasar un rato con Jesús? ¿Ordenas tu cuarto y doblas tu ropa y haces la tarea y miras televisión y hablas con tus amigos y vas a la práctica de *softball* y juegas en el parque y cuidas de tu hermano o tu hermana... y no te haces un ratito para Jesús?

Marta se quejó: «Maestro, ¿no te parece injusto que mi hermana esté aquí sentada mientras yo hago todo el trabajo? Dile que venga a ayudarme».

Jesús le respondió: «Mi apreciada Marta, ¡estás preocupada y tan inquieta con todos los detalles! Hay una sola cosa por la que vale la pena preocuparse. María la ha descubierto y nadie se la quitará».

Jesús sabía que los quehaceres de Marta eran importantes. Sabía que había que hacer todo eso en algún momento. Pero también sabía que lo más importante en ese momento era pasar un rato con Dios.

La tarea para la escuela y las tareas del hogar son súper importantes. Hay que hacer esas cosas. Hasta ordenar tu cuarto —uf— es importante y hay que hacerlo.

Dios sabe que todas esas cosas son importantes. Pero ninguna de esas cosas es más importante que Dios. Necesitamos ser responsables, pero también necesitamos dedicarle tiempo a Jesús a diario.

¿Cómo crees que se sintió Marta cuando Jesús le respondió? ¿Crees que dejó de hacer tareas y también fue a sentarse junto a Jesús? Ojalá haya hecho eso. Porque eso era lo más importante.

Sometime later, Jesus learned that Lazarus was very sick. Jesus loved Mary, Martha, and Lazarus very much. They were his dear friends. Hearing that Lazarus was sick made Jesus sad.

Before Jesus could get to Bethany, Lazarus died. That made Jesus even sadder. The Bible says that Jesus cried when he heard the news.

By the time Jesus got to the tomb where Lazarus was buried, Lazarus had been dead for four days. Even so, Jesus asked for the stone covering the tomb to be rolled away.

Jesus prayed out loud, "Father, thank you for hearing my prayer. You always hear my prayer, but I say this so the people here will believe you sent me." Then Jesus called for Lazarus. "Lazarus, come out."

With the grave cloths still wrapped around him, Lazarus walked out of the tomb, looking sort of like a wobbly mummy. But Lazarus was alive! Jesus had raised him from the dead.

The people could hardly believe what they were seeing!

Now the people knew that Jesus could do anything.

Tiempo después, Jesús se enteró de que Lázaro estaba muy enfermo. Jesús quería mucho a María, a Marta y a Lázaro. Eran grandes amigos. Jesús se entristeció mucho con la noticia de la enfermedad de Lázaro.

Antes de que Jesús pudiera llegar a Betania, Lázaro murió. Eso entristeció aún más a Jesús. La Biblia dice que Jesús lloró cuando se enteró.

Para cuando Jesús llegó a la tumba donde habían enterrado a Lázaro, habían pasado cuatro días desde su muerte. De todos modos, Jesús pidió que corrieran la piedra que cerraba la tumba.

Jesús rezó en voz alta: «Padre, gracias por haberme oído. Tú siempre me oyes, pero lo dije en voz alta por el bien de toda esta gente que está aquí, para que crean que tú me enviaste». Luego Jesús llamó a Lázaro: «¡Lázaro, sal de ahí!».

Lázaro salió de la tumba, todavía envuelto en las vendas de entierro, como una momia tambaleante. ¡Pero Lázaro estaba vivo! Jesús lo había hecho resucitar.

¡La gente no podía creer lo que veía!

Ahora la gente sabía que Jesús podía hacer cualquier cosa.

Reflection

- Do you make time for Jesus every day? Do you read the Bible and talk to God in prayer?

- God loves us so much that he wants us to spend time with him.

- Just think about it—if you never spent time with your friends, your parents, your grandparents, or your pet, do you think you'd feel very close to them? Spending time with God helps us feel close to him.

Prayer

Dear God, help me be like Mary and remember what is most important. Help me make time for you every day.

I want to feel close to you, and spending time with you is the best way to do that. Thank you for loving me so much that you want to spend time with me too. Amen.

Reflexión

- ¿Te haces un rato todos los días para Jesús? ¿Lees la Biblia y hablas con Dios mediante la oración?

- Dios nos ama tanto que quiere que pasemos tiempo con él.

- Piénsalo: si nunca pasaras tiempo con tus amigos, tus padres, tus abuelos o tu mascota, ¿crees que te sentirías unido a ellos? Pasar tiempo con Dios nos ayuda a sentirnos unidos a él.

Oración

Querido Dios: ayúdame a ser como María y recordar qué es lo más importante. Ayúdame a tener tiempo para ti todos los días.

Quiero sentir que estoy cerca de ti, y pasar tiempo contigo es la mejor manera de hacerlo. Gracias por amarme tanto que tú también quieres pasar tiempo conmigo. Amén.

Jesus and the Children

MATTHEW 19:13–15;
MARK 10:13–16;
LUKE 18:15–17

For three years, Jesus taught people about God. He said and did so many things that even a houseful of books couldn't hold all the stories!

Jesus told thousands and thousands of people about God. Jesus wanted everybody to know how much God loved them. He wanted them to turn from their sins and choose to do good and kind things.

He told everyone, "If you want to live in heaven forever with God, you need to believe that God sent me, his Son, to save the world. Believe in me, and you can have eternal life." Jesus taught the people that God offered forgiveness of sins. He told everyone to forgive others too, just like God forgave them.

He said that the 10 Commandments could be summed up in just two: love God and love other people. When we do those two, Jesus said, we are actually obeying all 10.

Everywhere he went during those three years—and he walked to a LOT of places—Jesus talked about God.

Jesus also did all sorts of miracles. He healed people who were sick or had diseases. He healed those with mental illnesses. He raised people from the dead.

Jesús y los niños

MATEO 19:13-15;
MARCOS 10:13-16;
LUCAS 18:15-17

Durante tres años, Jesús enseñó acerca de Dios. Dijo e hizo tantas cosas, ¡que ni una casa llena de libros podría contener todas las historias!

Jesús les habló a miles y miles de personas acerca de Dios. Jesús quería que todos supieran cuánto los amaba Dios. Quería que se alejaran del pecado y que eligieran hacer el bien.

Les dijo a todos que, si querían vivir en el cielo con Dios para siempre, necesitaban creer que Dios lo había enviado a él, su Hijo, a salvar el mundo. «Los que creen en el Hijo de Dios tienen vida eterna». Jesús les enseñó que Dios ofrecía el perdón de los pecados. Les dijo a todos que también perdonaran a los demás, como Dios los perdonaba a ellos.

Les dijo que los Diez Mandamientos podían resumirse en tan solo dos: amen a Dios, y amen a los demás. Cuando hacemos esas dos cosas, dijo Jesús, estamos de hecho obedeciendo las otras diez.

Dondequiera que fue durante esos tres años —y caminó a MUCHOS lugares— Jesús habló de Dios.

Jesús también hizo todo tipo de milagros. Sanó a los que estaban enfermos. Sanó a los que tenían alguna enfermedad mental. Hizo resucitar a los muertos.

Jesus gave rest to those who were weary and tired. He comforted the sad and lonely. He fed the hungry.

And he told the people that he had springs of *living water.* "Come to me, and you'll never be thirsty again," he said.

Living water? Are you wondering what Jesus meant by that? He wasn't saying that after a hot day at the beach or in the backyard you wouldn't want a drink of water. Jesus meant that trusting in him refreshes the soul and gives contentment.

Jesus did many, many important things.

One day, Jesus did something that no one thought was important. At least, not at first.

On this particular day, parents brought their children to Jesus. They wanted Jesus to bless their little ones. They wanted their kids to see and know Jesus.

The disciples might have thought Jesus was too tired to take time for the children. Or maybe they thought Jesus had more important work to do that day. For some reason, the disciples scolded the parents for bothering Jesus.

But Jesus said, "Let the little children come to me!"

Can you imagine Jesus throwing his arms wide open and letting the little kids run to him? Don't you think he probably scooped up some of the littlest ones? Can you just imagine him giving bear hugs to the big kids? Do you think he tried to see how many he could fit on his lap at one time?

Jesús les dio un respiro a los que estaban cansados y agotados. Consoló a los que estaban tristes y solos. Alimentó a los hambrientos.

Y le dijo a la gente que tenía manantiales de *agua viva.* «... todos los que beban del agua que yo doy no tendrán sed jamás», dijo.

¿Agua viva? ¿Te estás preguntando qué quiso decir Jesús con eso? No estaba diciendo que después de un día caluroso en la playa o en el jardín no ibas a querer tomar agua. Lo que quería decir Jesús era que confiar en él refresca el alma y trae alegría.

Jesús hizo muchas, muchas cosas importantes.

Un día Jesús hizo algo que nadie creía importante. Al menos no en un principio.

Este día, los padres llevaron a sus hijos hasta donde estaba Jesús. Querían que Jesús bendijera a sus pequeños. Querían que sus hijos vieran y conocieran a Jesús.

Los discípulos seguramente pensaron que Jesús estaría demasiado cansado como para dedicarles tiempo a unos niños. O quizá pensaron que Jesús tenía cosas más importantes que hacer ese día. Por alguna razón, los discípulos regañaron a los padres por molestar a Jesús.

Pero Jesús dijo: «Dejen que los niños vengan a mí. ¡No los detengan!».

¿Te imaginas a Jesús abriendo sus brazos y permitiendo que los niñitos corrieran hacia él? ¿No crees que tal vez alzó a algunos? ¿Te lo imaginas dándoles abrazos de oso a los más grandes? ¿Crees que habrá intentado ver a cuántos podía sentar en su regazo a la vez?

Have you ever climbed onto your mom's or dad's lap with your siblings or cousins or friends? How many kids piled onto your mom's or dad's lap that day?

When Jesus spent time with those children, what do you think Jesus and the kids talked about?

Can't you just imagine some of the conversations?

"Jesus, I lost a tooth today!"

"Jesus, I stubbed my toe yesterday."

"Jesus, my grandma is sick."

"Jesus, we're moving next week."

"Jesus, I need help with math."

"Jesus, I need a friend."

"Jesus, I got a new bike!"

Well, maybe they didn't talk about bikes.

Jesus wanted his disciples—and all the adults—to know how much he loved little children.

Jesus loves children. All the children of the world. Wait—there's a song about that!

But it's true. Jesus loves every child. Every hair color and eye color and skin color. From the richest to the poorest, from the tallest to the shortest. Jesus loves them all.

Jesus reminded his disciples that even adults should have childlike faith. He wanted them to know that every adult needed a trusting heart, just like a child's, to believe in Jesus.

All God's children, of all ages, are precious to our Savior!

¿Alguna vez te has sentado en el regazo de tu mamá o tu papá con tus hermanos o tus primos o tus amigos? ¿Cuántos niños cupieron en el regazo de tu mamá o tu papá ese día?

Cuando Jesús pasó un rato con esos niños, ¿de qué crees que hablaron?

¿Puedes imaginar algunas de las conversaciones?

«Jesús, ¡hoy se me cayó un diente!».

«Jesús, ayer me di el dedo del pie con la puerta».

«Jesús, mi abuela está enferma».

«Jesús, la semana que viene nos vamos a mudar».

«Jesús, necesito ayuda con las matemáticas».

«Jesús, necesito un amigo».

«Jesús, ¡tengo una bicicleta nueva!».

Bueno, tal vez no hablaron de bicicletas.

Jesús quería que sus discípulos —y todos los adultos— supieran cuánto amaba a los niños.

Jesús ama a los niños. A todos los niños del mundo. De todos los colores de pelo y de ojos y de piel. Desde los más ricos a los más pobres, de los más altos a los más bajos. Jesús los ama a todos.

Jesús les recordó a sus discípulos que hasta los adultos deberían tener la fe de los niños. Quería que supieran que todos los adultos necesitaban un corazón confiado, como el de un niño, para creer en Jesús.

Todos los hijos de Dios, de todas las edades, ¡son especiales para nuestro Salvador!

Reflection

- How do your parents and teachers show their love to you?

- In what ways do you show love to them?

- What helps you feel the love of Jesus?

- Jesus also wanted people to know that he loves and cares about them and that he especially loves and cares about children. He loves children, and he wants them to love him too.

- What can you do tomorrow to show Jesus that you love him?

Prayer

Dear God, thank you that Jesus showed us how much you love children. I'm so glad Jesus loves me!

Thank you that I can talk to Jesus whenever I want. Thank you for the promise that Jesus hears my every prayer.

Thank you, Jesus, for coming to this world to save everybody—big people and little children too. Amen.

Reflexión

- ¿Cómo te demuestran su amor tus padres y tus maestros?

- ¿De qué maneras les demuestras amor tú a ellos?

- ¿Qué te ayuda a sentir el amor de Jesús?

- Jesús también quería que la gente supiera que los ama y cuida de ellos y que ama y cuida especialmente de los niños. Él ama a los niños, y quiere que ellos también lo amen a él.

- ¿Qué puedes hacer mañana para demostrarle a Jesús que lo amas?

Oración

Querido Dios: gracias por permitir que Jesús nos demostrara cuánto amas a los niños. ¡Me alegro tanto de que Jesús me ame!

Gracias por poder hablar con Jesús cuando quiera. Gracias por la promesa de que Jesús oye todas mis oraciones.

Gracias, Jesús, por venir al mundo para salvarnos a todos: tanto a la gente grande como a los pequeñitos. Amén.

Zacchaeus Meets Jesus

LUKE 19:1–10

When Jesus entered the town of Jericho, word spread quickly of his arrival.

"Jesus is here," one man might have said to another.

"It's Jesus—the one everybody's talking about," that man may have told another.

"God's Son is passing through," a woman could have told her friend.

"He's the one who heals the sick and raises the dead," some may have said excitedly.

"Mary and Joseph's son," the town carpenter might have said.

"He's come to save the world," one of the children could have mentioned.

"Jesus is a very smart man," another man may have said.

"He knows all about God," the man's wife could have answered.

"Jesus loves me," one of the children may have exclaimed.

In no time, a crowd of people had gathered around Jesus. They wanted to hear everything he had to say. The people asked questions. They listened to his answers. All of Jesus' followers wanted to be near him and learn more about God.

But one person couldn't get near Jesus, no matter how hard he tried. Zacchaeus, a wealthy tax collector, had heard about Jesus, but he'd never seen him before. He was curious about this person so many others were talking about.

Zaqueo conoce a Jesús

LUCAS 19:1-10

Cuando Jesús ingresó a la ciudad de Jericó, pronto se corrió la voz de su llegada.

«Ha llegado Jesús», tal vez le dijera un hombre a otro.

«Es Jesús, del que está hablando todo el mundo», quizá le dijera ese hombre a otro más.

«El Hijo de Dios está atravesando la ciudad», tal vez le dijera una mujer a su amiga.

«Es el que cura a los enfermos y resucita a los muertos», quizá dijeran entusiasmados otros.

«El hijo de María y José», tal vez dijera el carpintero del pueblo.

«Ha venido a salvar al mundo», quizá comentara uno de los niños.

«Jesús es un hombre muy inteligente», puede haber dicho otro hombre.

«Sabe todo sobre Dios», puede haber respondido su esposa.

«Jesús me ama», tal vez exclamó uno de los hijos.

Muy pronto se había reunido una multitud de gente alrededor de Jesús. Querían escuchar todo lo que tenía para decir. La gente hacía preguntas y escuchaba sus respuestas. Todos los seguidores de Jesús querían estar cerca de él y aprender más acerca de Dios.

Pero había una persona que no se podía acercar a Jesús, no importaba lo mucho que lo intentara. Zaqueo, un cobrador de impuestos rico, había oído hablar de Jesús, pero nunca lo había visto. Tenía curiosidad por esta persona de la que hablaba tanta gente.

Do you know why Zacchaeus couldn't get close to Jesus? Zacchaeus was too short to see over the crowd and too small to push his way to the front of all the people.

Now, Zacchaeus didn't want to miss his chance to see Jesus. And he had an idea. Just down the road, Zacchaeus could see a tall sycamore tree. Its low branches reached close to the ground where he could climb them.

He may not have been a very tall person, but he could certainly run. Zacchaeus ran ahead of the whole crowd of people and went straight to that tree. He grabbed the first branch and pulled himself up, digging the toes of his sandals into the tree trunk. He pulled and pulled and climbed, until he got high enough in the tree that he could see above the heads of everybody on the road.

You might not realize it, but this very small man had some very tall sins in his life.

Many of the tax collectors back in those days took more money from the people than they were supposed to collect.

"You owe the Roman government 20 coins," Zacchaeus might have said to the father of a family, when the family really owed just 12 coins to the Roman government. Then Zacchaeus would keep the extra coins for himself.

Perhaps some of the tax collectors were honest. Sadly, many of them were dishonest. That made the Israelites dislike tax collectors.

¿Sabes por qué Zaqueo no se podía acercar a Jesús? Zaqueo era muy bajo como para ver por encima de la multitud, y muy pequeño de tamaño como para abrirse camino hacia delante entre la multitud.

Pero Zaqueo no se quería perder la oportunidad de ver a Jesús. Y tuvo una idea. Un poco más adelante Zaqueo vio un sicómoro muy alto. Sus ramas bajas casi llegaban al suelo donde él podía treparlas.

Puede no haber sido una persona muy alta, pero sí que podía correr rápido. Zaqueo se adelantó a la multitud de gente y fue derecho hacia el árbol. Se agarró de la primera rama y trepó, clavando las puntas de sus sandalias en el tronco del árbol. Tiró y tiró y trepó, hasta llegar lo suficientemente alto como para ver por encima de las cabezas de las personas que venían por el camino.

Tal vez no lo sepas, pero este hombre pequeñito tenía pecados bien grandes en su vida.

En esa época, muchos de los cobradores de impuestos tomaban más dinero de la gente del que debían recolectar.

«Usted le debe veinte monedas al gobierno romano», le puede haber dicho Zaqueo al padre de una familia, cuando en realidad la familia le debía solo doce monedas al gobierno romano. Y Zaqueo se quedaba con las monedas de más.

Tal vez algunos cobradores de impuestos eran honestos. Por desgracia, muchos de ellos no lo eran. Eso hacía que los israelitas no quisieran a los cobradores de impuestos.

Zacchaeus was a chief tax collector. That probably meant he'd taken a LOT more money from the people than he should have, and the Roman government had rewarded him by making him the chief tax collector.

When the crowd of people came close to the tree, Jesus stopped walking and looked up, right at Zacchaeus. Jesus said, "Zacchaeus, come down. I'm staying at your house today."

Zacchaeus was stunned.

The people were shocked.

Zacchaeus probably stumbled over his words. "Okay, Jesus."

The people definitely muttered their words. "Why is Jesus going to a sinner's house?"

Right then, Zacchaeus recognized his sins. He was sorry he'd cheated so many people. He knew cheating was wrong. He knew those sins had hurt God.

He told Jesus he wanted to give half of all he had to the poor. "And anyone I've cheated," Zacchaeus said. "I'll pay back four times the amount."

Zacchaeus' heart changed the minute he met Jesus. He no longer wanted to do wrong things and cheat and harm others. Zacchaeus wanted to do good things. He wanted to help others.

Zaqueo era jefe de cobradores de impuestos. Eso tal vez quisiera decir que había tomado MUCHO más dinero de la gente del que debía, y el gobierno romano lo había premiado convirtiéndolo en jefe de los cobradores.

Cuando la multitud de gente se acercó al árbol, Jesús se detuvo y miró hacia arriba, donde estaba Zaqueo. Jesús dijo: «¡Zaqueo! ¡Baja enseguida! Debo hospedarme hoy en tu casa».

Zaqueo estaba muy sorprendido.

La gente quedó boquiabierta.

Zaqueo seguramente balbuceó algo como: «Está bien, Jesús».

La gente definitivamente dijo entre dientes: «Va a hospedarse en la casa de un pecador de mala fama».

En ese instante, Zaqueo reconoció sus pecados. Se arrepentía de haber engañado a tanta gente. Sabía que engañar estaba mal. Sabía que esos pecados habían lastimado a Dios.

. Le dijo a Jesús que quería darles la mitad de todo lo que poseía a los pobres, «y si estafé a alguien con sus impuestos», dijo Zaqueo, «le devolveré cuatro veces más».

El corazón de Zaqueo cambió ni bien conoció a Jesús. Ya no quería hacer cosas malas ni engañar y lastimar a los demás. Zaqueo quería hacer cosas buenas. Quería ayudar a los demás.

Jesus reminded the crowd of people, who were probably still grumbling, that God had sent Jesus to earth to find the lost sinners and turn them back to God.

And that's no *tall* tale!

Jesús le recordó a la multitud de gente, que probablemente seguía murmurando, que Dios había enviado a Jesús a la tierra para buscar a los pecadores perdidos y ayudar a que se reencontraran con Dios.

¡Y esa es *alta* verdad!

Reflection

🐚 Did you do something wrong today?

🐚 Did you ask God to forgive you?

🐚 No matter how short or tall our sins are, God wants us to ask him for forgiveness.

🐚 He also wants us to turn away from our sins. Because God loves us so much, he sent his Son, Jesus, to help us turn away from our sins and turn to God instead. And we can thank him because God loves to forgive.

Prayer

Dear God, please forgive me when I mess up. Forgive me when I am unkind. Forgive me when I say bad words. Forgive me when I talk back to my parents. Forgive me for all the bad things I do. Help me not to ever cheat.

Thank you, God, for your promise of forgiveness.

Lead me to do what is right and good. Thank you for always loving me, God, no matter what. Amen.

Reflexión

🐚 ¿Hiciste algo malo hoy?

🐚 ¿Le pediste a Dios que te perdonara?

🐚 No importa cuán grandes o pequeños sean nuestros pecados, Dios quiere que le pidamos perdón.

🐚 También quiere que nos alejemos del pecado. Como Dios nos ama tanto, envió a su Hijo, Jesús, para que nos ayudara a alejarnos de nuestros pecados y acercarnos a Dios. Y podemos agradecerle porque a Dios le encanta perdonar.

Oración

Querido Dios: por favor perdóname cuando meto la pata. Perdóname cuando no actúo con bondad. Perdóname cuando maldigo. Perdóname cuando les contesto mal a mis padres. Perdóname por todas las cosas malas que hago. Ayúdame a nunca engañar a nadie.

Gracias, Dios, por tu promesa de perdón.

Guíame para poder hacer lo correcto y ser bueno. Gracias por siempre amarme, Dios, más allá de todo. Amén.

The Last Supper

MATTHEW 26:17–28; MARK 14:12–25;
LUKE 22:7–20; JOHN 13:1–17; 14:6

Remember when God rescued his people from Egypt? Remember the final plague that convinced Pharaoh to let God's people go? That night, all the firstborn Egyptian sons died.

Hours before that happened, Moses told each Israelite family to sacrifice a lamb. He told them to paint some of the lamb's blood on the doorposts of their homes. That was a sign for the angel of death to *pass over* those homes and harm no one inside. The Israelites were saved by the blood of the lamb.

Every year after that, God wanted his people to celebrate Passover. This celebration reminded the people of God's rescue a long time ago. And it pointed to a new rescue that would happen one day.

Now, the time had come for God to show his people and the world his ultimate rescue plan. The Lamb of God—Jesus—was God's plan to save everybody from their sins.

Jesus knew it would be his last Passover celebration on earth because he would soon be going back to heaven to live with God.

La última cena

MATEO 26:17-28; MARCOS 14:12-25;
LUCAS 22:7-20; JUAN 13:1-17; 14:6

¿Recuerdas cuando Dios rescató a su pueblo de Egipto? ¿Recuerdas la plaga final que convenció al faraón de dejar ir al pueblo de Dios? Esa noche murieron todos los primeros hijos varones egipcios.

Horas antes de que sucediera aquello, Moisés le dijo a cada familia israelita que sacrificara un cordero. Les dijo que pintaran los lados de los marcos de sus puertas con la sangre del cordero. Esa era una señal para que el ángel de la muerte pasara por encima de las casas y no lastimara a nadie que viviera en ellas. A los israelitas los salvó la sangre del cordero.

Cada año a partir de entonces, Dios quiso que su pueblo celebrara la Pascua Judía. Esta celebración le recordaba a la gente haber sido rescatada por Dios mucho tiempo atrás. Y apuntaba a un nuevo rescate que ocurriría algún día.

Ahora había llegado el momento de que Dios les mostrara a su pueblo y al mundo su máximo plan de rescate. El Cordero de Dios —Jesús— era el plan de Dios para salvarlos a todos de sus pecados.

Jesús sabía que sería su última Pascua sobre la tierra porque pronto regresaría al cielo a vivir con Dios.

So he sent two of his disciples to begin preparations for the Passover meal. A kind family let the disciples use their upstairs room.

When Jesus and the other disciples arrived for the Passover supper, some of the disciples may have wondered who might wash their dusty, filthy feet. In those days, because everyone wore sandals and walked on dirt roads, the lowest servant in the household had the disgusting job of washing stinky, sweaty, dirty feet.

Would you want that job? Would you rather wash someone's dirty feet or clean up after your favorite pet? Well, back in those days, because animals trudged along on the same roads as people, washing someone's feet might be a lot like cleaning up after a pet!

Nobody wanted the job.

That evening, there were no foot-washing servants in the home. Can you guess who washed the disciples' feet?

Jesus grabbed a towel and a bowl of water and began washing Peter's feet.

Peter was embarrassed that his Master and Lord was doing such a lowly job.

Jesus told Peter, "You might not understand right now. But if you won't let me wash your feet, you can't be my disciple."

Now Peter did want Jesus to wash his feet!

Así que envió a dos de sus discípulos para que comenzaran con los preparativos para la cena de la Pascua. Una familia bondadosa dejó que los discípulos usaran el cuarto de arriba de su casa.

Cuando Jesús y el resto de los discípulos llegaron para la cena de Pascua, algunos de los discípulos tal vez se preguntaron quién les lavaría los pies olorosos y llenos de tierra. En aquella época, como todos usaban sandalias y caminaban por caminos polvorientos, el sirviente de menor rango en la casa tenía la desagradable tarea de lavar los pies olorosos, sudados y sucios.

¿Te gustaría tener esa tarea? ¿Preferirías lavar los pies de alguien o limpiar los desperdicios de tu mascota cuando hace sus necesidades? Pues, en aquella época, como los animales andaban por los mismos caminos que la gente, ¡lavar los pies de alguien podría parecerse mucho a limpiar los desperdicios de una mascota!

Nadie quería esa tarea.

Esa noche no había sirvientes lavapiés en la casa. Adivina quién lavó los pies de los discípulos...

Jesús tomó una toalla y una vasija con agua y se puso a lavar los pies de Pedro.

Pedro se sentía avergonzado de que su Maestro y Señor hiciera una tarea tan menor.

Jesús le dijo a Pedro: «Ahora no entiendes lo que hago, pero algún día lo entenderás. Si no te lavo, no vas a pertenecerme».

¡Ahora sí que Pedro quería que Jesús le lavara los pies!

Jesus washed the feet of every disciple. By doing that, he showed he wanted to serve them and take care of them . . . and that Jesus' followers were to do the same—serve and take care of everybody.

Everyone was clean now, so they felt better. Just like Jesus had done, they could serve and care for other people too, and then the people they helped would also feel better.

During the Passover feast, Jesus took the bread in his hands, gave thanks, and broke it into pieces to give to the disciples. "This is my body," Jesus explained. "My body will be broken in order to save you."

Then Jesus held up his cup of wine and gave thanks. He said, "This is my blood that will take away your sins."

Though the disciples didn't completely understand right then, they would understand later. Jesus was trying to tell the disciples that he was the new covenant. Jesus was God's way to save people from sin. And, in a very sad way, it would cost Jesus his body and his blood—his life—to save the people.

Jesus said to his disciples, "I am the way and the truth and the life. No one can come to God except through me."

Jesus helped them see that he is the bridge between mankind and God. The only way to get to God is through Jesus, by believing in Jesus as the Savior.

Jesús lavó los pies de todos los discípulos. Al hacerlo, demostró que quería servirlos y cuidar de ellos... y que los seguidores de Jesús deberían hacer lo mismo: servir y cuidar de todos.

Ahora todos estaban limpios y se sentían mejor. Igual que había hecho Jesús, podían servir y cuidar a otros también, y luego la gente a la que ayudaran también se sentiría mejor.

Durante la celebración de la Pascua, Jesús tomó el pan en sus manos, dio gracias, lo partió y lo repartió a sus discípulos. «Esto es mi cuerpo —dijo Jesús—, el cual es entregado por ustedes».

Luego Jesús alzó su copa de vino y dio gracias. Dijo: «Esta es mi sangre, la cual es derramada como sacrificio para ustedes».

A pesar de que los discípulos no entendían del todo lo que ocurría en ese momento, lo entenderían más adelante. Jesús estaba intentando decirles que él era el nuevo pacto. Jesús era la manera en que Dios iba a salvar a la gente del pecado. Y, de un modo muy triste, salvar a la gente le costaría a Jesús su cuerpo y su sangre... su vida.

Jesús les dijo a sus discípulos: «Yo soy el camino, la verdad y la vida; nadie puede ir al Padre si no es por medio de mí».

Jesús los ayudó a ver que él es el puente entre la especie humana y Dios. La única manera de llegar a Dios es a través de Jesús, creyendo en Jesús como Salvador.

After the Passover meal—the last supper he would eat with his disciples—Jesus went to a nearby garden to pray. Jesus knew all about God's plan to save everyone from sin. He also knew that he only had a few hours left on earth. His life would have to end on earth in order to save the world.

Jesus loved everybody so much that he wanted to give his own life to save the world. It was time for God's rescue plan to begin.

Jesus waited in the garden and prayed.

Después de la cena de Pascua —la última cena que tendría con sus discípulos— Jesús fue a un huerto cercano a rezar. Jesús conocía muy bien el plan de Dios para salvar a todos del pecado. También sabía que solo le quedaban unas horas en la tierra. Su vida en la tierra debía terminar para poder salvar al mundo.

Jesús amaba tanto a todos que quiso dar su propia vida para salvar al mundo. Era hora de que comenzara el plan de rescate de Dios.

Jesús esperó en el huerto y rezó.

Reflection

- God had a plan from the very beginning of creation to save the world from sin and bring people back to God.

- What can you do tomorrow to show God how thankful you are for Jesus?

- Jesus is the bridge between mankind and God. Accepting Jesus as Savior and Lord is the way to have a relationship with God on earth now and later with him in heaven.

Prayer

Dear God, thank you for sending Jesus to be Savior of the world. Thank you, Jesus, for coming as the Lamb of God to rescue me from my sins.

Help me love others so much that I want to tell them about you. Help me serve others just like you did. Amen.

Reflexión

- Dios tuvo un plan desde el principio de la creación para salvar al mundo del pecado y regresar a la gente hacia Dios.

- ¿Qué puedes hacer mañana para demostrarle a Dios lo agradecido que estás por Jesús?

- Jesús es el puente entre la especie humana y Dios. Aceptar a Jesús como Salvador y Señor es la manera de tener una relación con Dios en la tierra ahora, y más adelante con él en el cielo.

Oración

Querido Dios: gracias por enviar a Jesús para que fuera el Salvador del mundo. Gracias, Jesús, por venir como el Cordero de Dios a rescatarme de mis pecados.

Ayúdame a amar tanto a los demás que quiera contarles acerca de ti. Ayúdame a servir a los demás igual que lo hiciste tú. Amén.

The Crucifixion and Resurrection

MATTHEW 26:14–16, 47–48;
MARK 14:43–16:8, 19;
LUKE 22:1–6; 22:47–24:12, 50–52;
JOHN 18–20:18

When Jesus finished praying, a crowd burst into the garden. In the crowd were guards, soldiers, and others sent by the chief priests. Judas, the apostle, led the way. Filled with greed, Judas had secretly made a deal with the chief priests to tell them how to find Jesus. The chief priests had paid Judas 30 pieces of silver.

The chief priests were jealous of Jesus. They didn't believe he was the Son of God. They had tricked the Roman soldiers into believing that Jesus had said he wanted to be king of the land. So the soldiers had come to arrest Jesus.

God's plan wasn't for Jesus to be the king of a country. God's plan was way bigger than that!

But the Roman guards didn't get it.

The chief priests didn't get it.

Judas didn't get it.

Even the apostles and followers didn't understand it completely.

The whole world would soon see, though.

The story gets pretty sad at this point. It's like when you're watching a movie and all those bad things start happening. And the good guy has been captured, and you think the bad guy is going to win.

La crucifixión y la resurrección

MATEO 26:14-16, 47-48;
MARCOS 14:43-16:8, 19;
LUCAS 22:1-6; 22:47-24:12, 50-52;
JUAN 18-20:18

Cuando Jesús terminó de rezar, una muchedumbre irrumpió en el huerto. Había guardias, soldados y otra gente enviada por los principales sacerdotes. Judas, el apóstol, los guiaba. Lleno de codicia, Judas había hecho un trato en secreto con los principales sacerdotes para decirles cómo encontrar a Jesús. Ellos le habían pagado a Judas treinta piezas de plata.

Los principales sacerdotes estaban celosos de Jesús. No creían que fuera el Hijo de Dios. Habían engañado a los soldados romanos para que creyeran que Jesús había dicho que quería ser rey de la tierra. Así que los soldados venían a arrestarlo.

El plan de Dios no era que Jesús fuera el rey de un país. ¡El plan de Dios era mucho más grande!

Pero los guardias romanos no lo entendían.

Los principales sacerdotes no lo entendían.

Judas no lo entendía.

Hasta los apóstoles y los seguidores no lo entendían del todo.

Pero el mundo entero pronto lo vería.

La historia se vuelve muy triste en este punto. Es como cuando estás mirando una película y empiezan a ocurrir todas esas cosas malas. Y atraparon al bueno y crees que el villano va a ganar.

But God always wins!

Because God is holy and perfect, he cannot tolerate sin. Sin cannot go unpunished. Jesus willingly took on the sins of the world that day, to take away our punishment. This was God's longtime plan to take away the sins of the world.

The guards arrested Jesus and took him to the Roman governor, named Pontius Pilate. Pilate told the chief priests that he could find no wrong in the man they called Jesus. Pilate wanted to let Jesus go free.

But the priests stirred up the crowd, and they yelled, "Crucify him!"

Some of the guards whipped and kicked and hit Jesus. They put a crown of thorns on his head. They dressed him in a purple robe, because purple meant royalty, and they made fun of him.

They spit on him and said, "Hail, king of the Jews." They had no idea that they spoke the truth. They meant for their words to be mean.

The story gets even harder to hear, but I promise it has a really great ending.

The guards forced Jesus to carry a heavy wooden cross up the hill of Golgotha. On top of the hill, guards hammered thick nails through Jesus' hands and feet and into the wooden cross. Then the guards stood up the cross with Jesus on it.

¡Pero Dios siempre gana!

Como Dios es santo y perfecto, no puede tolerar el pecado. El pecado debe castigarse. Ese día, Jesús tomó el pecado del mundo por su propia voluntad, para que no fuéramos castigados. Este era el plan que siempre había tenido Dios para quitar el pecado del mundo.

Los guardias arrestaron a Jesús y lo llevaron ante el gobernador romano, llamado Poncio Pilato. Pilato les dijo a los principales sacerdotes que no encontraba que el hombre al que llamaban Jesús hubiera hecho nada malo. Pilato quería liberar a Jesús.

Pero los sacerdotes agitaron a la muchedumbre y gritaron: «¡Crucifícalo!».

Algunos guardias le dieron latigazos y patadas y puñetazos a Jesús. Le pusieron una corona de espinas en la cabeza. Lo vistieron con un manto violeta, porque el violeta significaba realeza, y se burlaron de él.

Lo escupieron y le dijeron: «¡Viva el rey de los judíos!». No tenían idea de que estaban diciendo la verdad. Pretendían que sus palabras fueran crueles.

La historia se vuelve aún más difícil de oír, pero te prometo que tiene un final realmente increíble.

Los guardias forzaron a Jesús a llevar una pesada cruz de madera cuesta arriba en el Gólgota. En la cima de la cuesta, los soldados clavaron a Jesús a la cruz con gruesos clavos que atravesaron las palmas de sus manos y sus pies. Luego los soldados levantaron la cruz con Jesús colgando de ella.

Even though Jesus had lived a perfect, sinless life, he took on every past, present, and future sin of every human being. He loved everyone so much that he was willing to die for them.

He even loved the ones who were punishing him. Jesus said, "Father, forgive them, because they do not understand what they are doing."

Hours later, Jesus said, "It is finished," and took his last breath.

At that very moment, the earth shook violently. Jesus was dead.

A disciple of Jesus took his body to a tomb and placed him there. The disciple rolled a big stone in front of the opening.

Jesus' friends and followers mourned his death.

They had no idea what was about to happen!

Three days later, a follower of Jesus named Mary Magdalene, along with some other women, went to his tomb. The stone had been rolled away. The tomb was empty. And an angel was there!

The angel said, "Jesus is not here. He is risen!"

The women hurried from the tomb. They didn't know whether to be scared or joyful, or a mixture of both!

Suddenly, the women saw Jesus. They bowed and hugged his feet and worshipped him. And they probably cried tears of joy too.

"Do not be afraid," Jesus said. "Go and tell my disciples that I am alive."

A pesar de que Jesús había vivido una vida perfecta y libre de pecado, asumió todos los pecados pasados, presentes y futuros de cada ser humano. Amaba tanto a todos que estaba dispuesto a morir por ellos.

Hasta amaba a aquellos que lo estaban castigando. Jesús dijo: «Padre, perdónalos, porque no saben lo que hacen».

Horas más tarde, Jesús dijo «¡Todo está cumplido!», y dio su último respiro.

En ese preciso instante, la tierra tembló con violencia. Jesús había muerto.

Un discípulo de Jesús llevó su cuerpo hasta una tumba y lo ubicó allí. El discípulo hizo rodar una gran piedra y tapó la entrada.

Los amigos y seguidores de Jesús lloraron su muerte.

¡No tenían idea de lo que estaba por ocurrir!

Tres días más tarde, una seguidora de Jesús llamada María Magdalena fue hasta la tumba junto con otras mujeres. La piedra se había movido a un lado. La tumba estaba vacía. ¡Y había un ángel!

El ángel dijo: «¡Él no está aquí! ¡Ha resucitado!».

Las mujeres se alejaron corriendo. No sabían si sentir miedo o felicidad, ¡o una mezcla de ambos!

De pronto, las mujeres vieron a Jesús. Se inclinaron y abrazaron sus pies y lo adoraron. Y seguramente también lloraron lágrimas de alegría.

«¡No teman!», les dijo Jesús. «Digan a mis hermanos que vayan a Galilea y allí me verán».

Jesus appeared to his disciples several times after he had died and risen again. Now the disciples finally understood God's plan.

Jesus told them he would soon rise up to heaven. But he promised that they too would one day come and live in heaven.

Jesus blessed the disciples. Then, as they stood around him, Jesus floated upward toward the sky. He rose up into heaven.

It's a happy ending—or a new beginning—of God's perfect plan.

Jesús se apareció a sus discípulos varias veces después de haber muerto y resucitado. Ahora los discípulos por fin entendían el plan de Dios.

Jesús les dijo que pronto se elevaría a los cielos. Pero les prometió que algún día ellos también irían a vivir al cielo.

Jesús bendijo a sus discípulos. Luego, mientras los tenía alrededor de él, Jesús flotó y se elevó. Subió a los cielos.

Es un final feliz —o un nuevo comienzo— para el plan perfecto de Dios.

Reflection

🌑 When Jesus was crucified, he took the punishment that everyone else deserved. He loves us that much!

🌑 How can you thank God tonight for Jesus?

🌑 When we believe that Jesus is God's Son and that he died on the cross to save us from our sins, salvation is our gift. Salvation allows us to one day live in heaven with God.

🌑 The crucifixion and resurrection had been part of God's perfect plan all along.

Prayer

Dear God, it hurts to know how much Jesus suffered for me and for the world. Help me remember that it was my sins too that put Jesus on the cross.

Thank you, Jesus, for forgiveness and the gift of salvation, so that one day I can live in heaven with you. Amen.

Reflexión

🌑 Cuando crucificaron a Jesús, él asumió el castigo que merecían todos los demás. ¡Nos amaba así de mucho!

🌑 ¿Cómo puedes agradecerle a Dios por Jesús esta noche?

🌑 Cuando creemos en que Jesús es el hijo de Dios y en que murió en la cruz para salvarnos de nuestros pecados, la salvación es nuestro regalo. La salvación nos permite algún día vivir en el cielo con Dios.

🌑 La crucifixión y la resurrección habían sido parte del plan perfecto de Dios desde un principio.

Oración

Querido Dios: duele saber lo mucho que sufrió Jesús por mí y por el mundo. Ayúdame a recordar que también fueron mis pecados los que pusieron a Jesús en la cruz.

Gracias, Jesús, por el perdón y el regalo de la salvación, para que un día pueda vivir en el cielo contigo. Amén.

God Sends the Holy Spirit Helper

ACTS 1:1–11; 2

After Jesus came back to life and left the tomb, he appeared to his disciples. Their hearts filled with joy! They were so happy to be in the presence of Jesus again.

Jesus wanted to tell them one more time how much he loved them. And he wanted the disciples to tell everybody in the whole world how much Jesus loved them too.

He said, "Tell people in every nation that they can have forgiveness and salvation if they believe in me."

Just before he went back to heaven, Jesus told the disciples to stay in Jerusalem and wait there for a special gift from God—his wonderful Holy Spirit. Jesus said, "Now that I am going back to live with my Father in heaven, God will send his Holy Spirit to be with you and help you as you teach people about God."

Jesus went back to heaven before their very eyes, rising up into the sky, until a cloud covered him. Then the disciples couldn't see him anymore.

Two angels appeared next to the disciples and said, "One day, Jesus will come back the same way you saw him go into heaven."

That means Jesus will one day come back to earth by floating down from the sky.

Dios envía la ayuda del Espíritu Santo

HECHOS 1:1-11; 2

Luego de que Jesús resucitó y abandonó la tumba, se apareció a sus discípulos. ¡Sus corazones se llenaron de alegría! Estaban tan felices de volver a estar ante la presencia de Jesús.

Jesús quería decirles una vez más cuánto los amaba. Y quería que los discípulos les dijeran a los habitantes del mundo entero cuánto los amaba a ellos también. Les pidió que le dijeran a la gente de todas las naciones que si creían en él recibirían el perdón y la salvación.

Justo antes de regresar al cielo, Jesús les pidió a sus discípulos que se quedaran en Jerusalén para aguardar el regalo especial de Dios: su maravilloso Espíritu Santo. Jesús les dijo: «Recibirán poder cuando el Espíritu Santo descienda sobre ustedes; y serán mis testigos, y le hablarán a la gente acerca de mí en todas partes».

Jesús regresó al cielo ante sus ojos, elevándose ante ellos hasta que lo cubrió una nube. Luego los discípulos no lo pudieron ver más.

Aparecieron dos ángeles junto a los discípulos y dijeron: «¡Un día Jesús volverá del cielo de la misma manera en que lo vieron irse!».

Eso significa que Jesús un día volverá a la tierra flotando desde el cielo.

Then the angels left.

The disciples stayed in Jerusalem, just like Jesus had told them to do.

About 10 days after Jesus went back to heaven, the apostles sat in a house together. Suddenly, they heard a really loud rushing sound. It sounded like the worst storm they'd ever heard. But, amazingly, there was no wind. Only the sound of one.

As the sound rushed and roared, small flames of fire appeared and rested on each disciple. But nobody got burned.

Surely the disciples wondered aloud, "What in the world is going on?"

The funny thing was, each disciple spoke in a different language, a language they had never spoken before!

That was God's plan too! Isn't God cool like that? He always has a plan. He has the best plans ever.

As the tiny flames sat on the disciples, the Holy Spirit filled their hearts. This is the wonderful helper Jesus had promised to send.

It just so happened that a lot of Jewish people from many countries were in Jerusalem. All those visitors spoke their own languages.

The apostles hurried outside and started telling the crowd what had just happened.

Because each disciple spoke in a different language, all the different visitors could understand them.

Luego los ángeles se fueron.

Los discípulos se quedaron en Jerusalén, tal como les había dicho Jesús que lo hicieran.

Unos diez días después de que Jesús regresara al cielo, los apóstoles se reunieron en una casa. De pronto, oyeron un gran ruido, como una fuerte ráfaga. Sonaba como la peor tormenta que hubieran oído jamás. Pero, para su gran sorpresa, no había viento. Solo el ruido.

Mientras el ruido bramaba y rugía, aparecieron lenguas de fuego y se posaron sobre cada uno de los discípulos. Pero nadie se quemó.

Seguramente los discípulos se preguntarían en voz alta: «¿Qué locura es esta?».

Lo gracioso fue que cada discípulo empezó a hablar en un idioma diferente, ¡un idioma que nunca habían hablado!

¡Eso también era parte del plan de Dios! ¿No es increíble Dios? Siempre tiene un plan. Tiene los mejores planes del mundo.

Mientras las lenguas de fuego se posaban sobre los discípulos, el Espíritu Santo llenó sus corazones. Este es el maravilloso ayudante que Jesús había prometido enviarles.

Lo que pasaba era que en Jerusalén había muchos judíos de muchos países. Todos esos visitantes hablaban en sus propios idiomas.

Los apóstoles salieron a toda prisa y empezaron a contarle a la multitud lo que acababa de ocurrir.

Como cada discípulo hablaba un idioma distinto, todos los visitantes pudieron entenderlos.

Peter told the people about Jesus. He said, "God sent Jesus, the Savior, to earth to save the whole world. God raised Jesus back to life, and we've all seen him. Jesus is alive! Jesus rose into heaven and now sits at the right hand of God."

Peter talked some more.

The people listened.

And everyone heard in their own language.

People from many nations wanted to know how they could have salvation too. They wanted the Holy Spirit to live in their hearts.

Peter said, "Turn away from your sins and leave them behind you. Ask for forgiveness in the name of Jesus and be baptized. Believe that Jesus is God's Son. Accept him as your Savior."

Peter told the crowd of people that God loved every one of them. He said, "God's message is for each person, from every country in the world."

On that day, 3000 more people believed in Jesus.

Each day after that, the believers met together to learn more about Jesus. They shared everything they had with each other and ate meals together. They worshipped, prayed, and praised God.

More and more people came to know Jesus. The news about Jesus started spreading around the world.

All of this was part of God's great plan.

Pedro le habló a la gente acerca de Jesús. Le dijo que Dios había enviado al Salvador a la tierra para salvar al mundo. Y agregó: «Dios levantó a Jesús de los muertos y de esto todos nosotros somos testigos. Ahora él ha sido exaltado al lugar de más alto honor en el cielo, a la derecha de Dios».

Y Pedro siguió hablando.

La gente escuchaba.

Y todos lo escucharon en su propia lengua.

La gente de otras naciones también quisieron saber cómo obtener la salvación. Querían que el Espíritu Santo viviera en sus corazones.

Pedro les dijo: «Cada uno de ustedes debe arrepentirse de sus pecados y volver a Dios, y ser bautizado en el nombre de Jesucristo para el perdón de sus pecados. Entonces recibirán el regalo del Espíritu Santo».

Le dijo a la multitud de gente que Dios los amaba a todos y cada uno de ellos. Les dijo: «El mensaje de Dios es para cada persona, de todas las naciones del mundo».

Ese día, creyeron en Jesús tres mil personas más.

A partir de entonces, los creyentes se reunieron todos los días para aprender más acerca de Jesús. Compartían todo lo que tenían y comían juntos. Adoraban, rezaban y alababan a Dios.

Más y más gente llegó a conocer a Jesús. La noticia sobre Jesús empezó a difundirse por el mundo.

Todo esto era parte del gran plan de Dios.

Reflection

- God loved the people too much to leave them alone, and Jesus was no longer there to guide them.

- God sent his Spirit, the Holy Spirit, to live in the hearts of those who believe that Jesus is God's Son and accept Jesus as their Savior.

- The Holy Spirit guides us, and the Holy Spirit helps us to tell people about God.

- Who can you tell about God tomorrow?

Prayer

Dear God, thank you for the amazing gift of your Holy Spirit! Thank you for a helper who lives inside my heart to guide me each day.

Thank you that the Holy Spirit helps me know right from wrong. Thank you that the Holy Spirit helps me know you better and shows me how to love you and others.

Thank you for loving me so much, God, that you are always with me. Amen.

Reflexión

- Dios ama demasiado a la gente como para dejarla sola, y Jesús ya no estaba allí para guiarla.

- Dios envió a su Espíritu, el Espíritu Santo, para que viviera en los corazones de aquellos que creen en que Jesús es el Hijo de Dios y aceptan a Jesús como su Salvador.

- El Espíritu Santo nos guía, y el Espíritu Santo nos ayuda a contarle a la gente acerca de Dios.

- ¿A quién puedes hablarle acerca de Dios mañana?

Oración

Querido Dios: ¡gracias por el increíble regalo del Espíritu Santo! Gracias por darme un ayudante que vive dentro de mi corazón para guiarme todos los días.

Gracias porque el Espíritu Santo me ayuda a distinguir entre el bien y el mal. Gracias porque el Espíritu Santo me ayuda a conocerte mejor y me muestra cómo amarte a ti y a los demás.

Gracias por quererme tanto, Dios, que estás siempre conmigo. Amén.

Saul's Conversion

ACTS 9:1–31; 13:9

The disciples and new believers spoke boldly about Jesus. They told everybody they met about the Savior. Because of their boldness, many people believed that Jesus was God's Son. The people turned away from sin to live a good life. They treated their families with kindness. They helped their neighbors and friends. And they worshipped, prayed, and praised the Lord.

However, not everybody was happy about all these new believers. Many of the priests didn't like so many people talking about Jesus.

You're probably not surprised, right? After all, some of them were the same ones who'd wanted to get rid of Jesus!

One Jewish man named Saul wanted to put an end to the talk about Jesus. He wanted to get rid of the new believers.

Saul traveled north to the country of Syria. He'd heard that a bunch of new believers lived there. Saul had convinced the Jewish council to give him permission to arrest followers of Jesus in the city of Damascus.

But guess what God did before Saul could get there?

As Saul walked along, a bright light from heaven suddenly flashed around him, like lightning. The light was so bright that Saul fell to the ground and shut his eyes.

La conversión de Saulo

HECHOS 9:1-31; 13:9

Los discípulos y nuevos creyentes hablaban con valentía acerca de Jesús. Le contaban a quien se les cruzara acerca del Salvador. Como eran tan audaces, ahora mucha gente creía en que Jesús era el Hijo de Dios. La gente se alejó del pecado para vivir una buena vida. Trataban a sus familias con bondad. Ayudaban a sus vecinos y amigos. Y alababan, rezaban y adoraban al Señor.

Sin embargo, no todos estaban contentos con todos estos nuevos creyentes. A muchos de los sacerdotes no les gustaba que tanta gente hablara sobre Jesús.

Seguro que no te sorprende, ¿verdad? Después de todo, ¡algunos de ellos eran los mismos que habían querido deshacerse de Jesús!

Un hombre judío llamado Saulo quería ponerle fin al tema de Jesús. Quería deshacerse de los nuevos creyentes.

Saulo viajó hacia el norte, al país de Siria. Había oído que allí vivía un puñado de nuevos creyentes. Saulo había convencido al consejo judío de que le diera permiso para arrestar a los seguidores de Jesús en la ciudad de Damasco.

Pero ¿adivina qué hizo Dios antes de que Saulo llegara allí?

Mientras Saulo iba caminando, de pronto apareció a su alrededor un fuerte destello, como un relámpago. La luz era tan fuerte que Saulo cayó al suelo y cerró los ojos.

And as if that weren't enough to scare the sandals right off Saul's feet, guess what happened next?

Saul heard a voice.

"Saul, Saul, why do you want to hurt me? Why are you persecuting me?"

He still lay on the ground with his eyes shut. Saul had no idea who was speaking to him. "Who are you, Lord?" Saul asked.

"I am Jesus. The one you are persecuting." Jesus told Saul to get up, go into the city, and wait for instructions.

Saul had two big problems at that point.

Problem one: Most likely, Saul's knees were shaking so badly from fear that he had trouble standing up.

And problem two: The bright flash of light had taken away Saul's eyesight. Saul was blind.

The men traveling with Saul were just as terrified as Saul. They'd heard the conversation between Saul and Jesus, but they didn't see anyone but Saul.

The men led Saul into Damascus, where he spent the next three days neither eating nor drinking.

God spoke to a man named Ananias in a vision and told him to go visit Saul.

When Ananias heard Saul's name, he was afraid. "But, Lord," Ananias said, "I've heard about this man named Saul. He's harmed your holy people in Jerusalem, and now he wants to harm us."

Ananias must have been shaking in his sandals.

Y, como si eso no hubiera sido suficiente para asustarlo de pies a cabeza, ¿adivina qué pasó después?

Saulo escuchó una voz.

«¡Saulo, Saulo! ¿Por qué me persigues?».

Él seguía en el suelo con los ojos cerrados. Saulo no tenía idea de quién le hablaba. «¿Quién eres, señor?», preguntó.

«Yo soy Jesús, ¡a quien tú persigues!». Jesús le dijo a Saulo que se levantara y fuera a la ciudad a esperar instrucciones.

Ahora Saulo tenía dos grandes problemas.

Primer problema: es bastante probable que a Saulo le temblaran tanto las rodillas que le costara levantarse.

Y, segundo problema: el gran destello de luz lo había dejado ciego.

Los hombres que viajaban con Saulo estaban tan aterrorizados como él. Habían oído la conversación entre Saulo y Jesús, pero al único que veían era a Saulo.

Los hombres guiaron a Saulo hasta Damasco, donde pasó los próximos tres días sin comer ni beber.

Dios le habló a un hombre llamado Ananías a través de una visión y le dijo que fuera a ver a Saulo.

Cuando Ananías oyó el nombre de Saulo, tuvo miedo: «¡Pero Señor! —exclamó Ananías—. ¡He oído a mucha gente hablar de las cosas terribles que ese hombre les ha hecho a los creyentes de Jerusalén!».

De seguro Ananías estaría temblando como una hoja.

God said, "Saul is a new person. I chose Saul to tell the good news to the Gentiles."

Are you wondering what *gentiles* are? Back then, people who were not Jewish were called gentiles. Most gentiles lived in countries other than Israel.

Meanwhile, in the house where Saul was staying, Saul prayed. He was probably getting hungry by now, after not eating for three days, but food didn't seem very important to him at this time. Jesus was the most important thing to him, and he was afraid because he couldn't see.

While he prayed, Saul had a vision in his thoughts about a man coming to him to restore his sight.

And that's just what happened.

Ananias came to the door. Even though Ananias trusted God and obeyed, he must have been really nervous to meet Saul, the enemy of people who believed in Jesus.

But just like God had told Ananias, Saul was no longer the enemy of Jesus' people. Saul now loved Jesus as God's Son and wanted to be a follower too.

Ananias placed his hands on Saul. Right away, something like scales fell away from Saul's eyes.

"I can see," Saul announced. "I'm no longer blind!"

Dios le aseguró que Saulo era una persona nueva y le dijo: «Ve, porque él es mi instrumento elegido para llevar mi mensaje a los gentiles».

¿Te estás preguntando qué son los *gentiles*? En esa época, a los que no eran judíos los llamaban gentiles. La mayoría de los gentiles no vivían en Israel, sino que en otros países.

Mientras tanto, en la casa en la que se hospedaba Saulo, este rezaba. Es probable que a esta altura ya tuviera hambre después de no haber comido durante tres días, pero la comida no parecía importarle demasiado en ese momento. Jesús era lo más importante para él, y tenía miedo porque no podía ver.

Mientras rezaba, Saulo tuvo una visión en sus pensamientos sobre un hombre que venía a devolverle la vista.

Y eso es precisamente lo que ocurrió.

Ananías llegó a su puerta. A pesar de que Ananías confiaba en Dios y le obedecía, debe de haber estado muy nervioso de encontrarse con Saulo, el enemigo de la gente que creía en Jesús.

Pero, tal como le había dicho Dios a Ananías, Saulo ya no era el enemigo del pueblo de Jesús. Ahora Saulo amaba a Jesús como el Hijo de Dios y también quería ser un seguidor.

Ananías posó sus manos sobre Saulo. De inmediato, cayeron de los ojos de Saulo unas especies de escamas.

¡Y Saulo recobró la vista!

Saul traveled to Jerusalem to spend time with Jesus' disciples and learn about his Savior. Saul wanted to know every single detail so that he could tell others.

At first, the disciples didn't trust that Saul was really a changed man. But it didn't take them long to see the change in Saul's heart.

Saul had two names: Saul was his Hebrew name and Paul was his Roman name. He was so glad to be different now that from here on out, Saul only went by Paul.

From that time on, the Holy Spirit lived in Paul's heart. Paul spent the rest of his life traveling from nation to nation, telling the people about Jesus.

Saulo viajó a Jerusalén para pasar un tiempo con los discípulos de Jesús y aprender acerca de su Salvador. Saulo quería aprender cada detalle así luego podría contárselo todo a otros.

Al principio los discípulos no confiaban en que Saulo hubiera cambiado. Pero no tardaron en ver el cambio en su corazón.

Saulo tenía dos nombres: Saulo era su nombre hebreo y Pablo su nombre romano. Ahora estaba tan feliz de ser diferente que a partir de entonces Saulo se hizo llamar Pablo.

De allí en más, el Espíritu Santo vivió en el corazón de Pablo. Pablo pasó el resto de su vida viajando de nación en nación, hablándole a la gente acerca de Jesús.

Reflection

- God used Saul, who had once bullied believers, to tell thousands of people about Jesus.

- We may sometimes think God can't use us because of some of the sins in our lives. But if God can use a man like Saul to change the world with the message of Jesus, then God can use us too.

- Do you have something big you want to do for God someday?

Prayer

Dear God, I'm sorry when I do things that hurt you. I'm sorry when I do things that hurt others. Please forgive me for those sins. Change my heart like you changed Saul's heart.

Help me want to tell everybody I meet about Jesus, just like Paul did.

Thank you for loving me. Amen.

Reflexión

- Dios usó a Saulo, que antes había acosado a creyentes, para contarles a miles de personas acerca de Jesús.

- A veces tal vez creamos que Dios no puede usarnos por los pecados que cometemos en nuestras vidas. Pero si Dios puede usar a un hombre como Saulo para cambiar el mundo con el mensaje de Jesús, entonces Dios también puede usarnos a nosotros.

- ¿Tienes algo importante que quieras hacer por Dios algún día?

Oración

Querido Dios: siento mucho hacer cosas que te lastimen. Siento mucho hacer cosas que lastimen a los demás. Por favor perdóname por esos pecados. Cambia mi corazón como cambiaste el corazón de Saulo.

Ayúdame a querer hablarle sobre Jesús a toda persona con la que me cruce, igual que hizo Pablo.

Gracias por amarme. Amén.

Peter and Cornelius

ACTS 10

Long ago, God had asked Abram to leave his home and move to a new place. God had made a promise, or covenant, with Abraham. In God's promise, he said that Abraham would become the father of a great nation.

Remember, Abraham was like, "Whaaat? I don't even have one kid right now, and my wife and I are old."

Well, fast forward a bunch of years, and that's just what God did. Abraham's descendants—his children and their children and their children, and so on—were now a big nation, the Jewish people.

God had also promised Abraham that he would give the Promised Land, Canaan, to his chosen people. That had taken a lot of years, a lot of people's grumbling, some spies, and tons of manna and quail, but God had made that part of the covenant come true too. That Promised Land was now called the country of Israel.

If God says it, he'll do it!

God had said to Abraham, "And all peoples on earth will be blessed through you."

Pedro y Cornelio

HECHOS 10

Hacía mucho tiempo, Dios le había pedido a Abraham que dejara su hogar y se mudara a un nuevo lugar. Dios le había hecho una promesa, había hecho un pacto con Abraham. En su promesa, Dios dijo que Abraham se convertiría en el padre de una gran nación.

Recuerdas que Abraham reaccionó tipo, «¿Que quéeeeee? No tengo un solo hijo, y yo y mi esposa somos viejos».

Pues, saltemos a un puñado de años más tarde y eso es exactamente lo que hizo Dios. Los descendientes de Abraham —sus hijos y los hijos de sus hijos, y los hijos de estos hijos y así sucesivamente— ahora eran una gran nación: el pueblo judío.

Dios también le había prometido a Abraham que le daría la Tierra Prometida, Canaán, a su pueblo elegido. Eso había llevado muchos años, mucha gente quejosa, algunos espías, toneladas de maná y codornices, pero Dios también había hecho realidad esa parte del pacto. Esa Tierra Prometida ahora era Israel.

Si Dios lo dice, ¡lo hace!

Dios le había dicho a Abraham: «Todas las familias de la tierra serán bendecidas por medio de ti».

All people on earth were blessed through Abraham. Through his nation of Israel, God showed people of all countries how to live. And through Jesus, who had descended from Abraham, all peoples on earth could receive the forgiveness of sins and one day be in heaven with God.

God had done everything he'd promised.

His plan all along was for everybody to know him and to love him.

After Jesus rose to heaven and the Holy Spirit came into people's hearts, the disciples shared the good news about Jesus only with the Jewish people.

Here's what happened next.

A man named Cornelius was an officer in the Roman guard. Cornelius loved God. He also treated people kindly and helped people in need. His whole family loved and worshipped God. One afternoon, an angel appeared to Cornelius. The angel said, "God is pleased with your prayers and your gifts to the poor. Now, send some men to get Simon Peter and bring him here to talk with you."

Cornelius trusted God and obeyed. He sent three of his men to get Jesus' apostle Peter, even though Jewish people and non-Jewish people didn't hang out together back then.

Meanwhile, Peter had a vision. This was like a dream, but he was wide awake.

Toda la gente de la tierra fue bendecida por medio de Abraham. A través de su nación de Israel, Dios le mostró a la gente de todo el mundo cómo vivir. Y, a través de Jesús que había descendido de Abraham, la gente de toda la tierra podía recibir el perdón de sus pecados y algún día podría estar en el cielo con Dios.

Dios había hecho todo lo que había prometido.

Su plan fue siempre que todos lo conocieran y lo amaran.

Luego de que Jesús ascendiera a los cielos y de que el Espíritu Santo ingresara en el corazón de la gente, los discípulos compartieron la buena noticia sobre Jesús solamente con el pueblo judío.

Esto es lo que pasó después.

Un hombre llamado Cornelio era un oficial de la guardia romana. Cornelio amaba a Dios. También trataba a la gente con bondad y ayudaba a los más necesitados. Toda su familia amaba y adoraba a Dios. Una tarde se le apareció un ángel. El ángel le dijo: «¡Dios ha recibido tus oraciones y tus donativos a los pobres como una ofrenda! Ahora pues, envía a algunos hombres y manda llamar a un hombre llamado Simón Pedro».

Cornelio confiaba en Dios y obedeció. Envió a tres de sus hombres a que buscaran a Pedro, el apóstol de Jesús, a pesar de que en ese entonces los judíos y los no judíos no se juntaban.

Entretanto, Pedro tuvo una visión. Fue como tener un sueño, pero estaba bien despierto.

In his dream, a large sheet came down from heaven. The sheet contained all kinds of animals. It was like Noah's Ark on a sheet!

Peter heard a voice say to eat the animals.

Whaaat? thought Peter. He said, "I have never eaten anything unclean!" Peter knew the Jewish laws about what he could and could not eat.

Peter heard the voice again. This time, the voice said, "Do not call anything unclean that God has made clean."

Peter had the same vision, not once, or even twice. But three times. Then the dream ended.

While Peter was still thinking about the vision, the Holy Spirit told Peter, "Three men are outside looking for you. Do not be afraid to go with them, because I sent them."

The men told Peter about Cornelius's vision.

Peter may have thought, *I can't even figure out what my own vision means, and now you're telling me about your boss's vision!*

The next day, Peter traveled with the men to Cornelius's house. The house was full of people. Not Jewish people, though. Gentiles. They were Cornelius's relatives and friends. They wanted to hear about Jesus.

En su sueño, del cielo caía una gran sábana con todo tipo de animales: ¡Era como el arca de Noé en una sábana!

Pedro oyó una voz que decía que comiera los animales.

¿Que quéee? habrá pensado Pedro y dijo: «Jamás he comido algo que nuestras leyes judías declaren impuro e inmundo». Pedro conocía las leyes judías sobre lo que podía y no podía comer.

Pedro oyó la voz de nuevo. Esta vez la voz dijo: «No llames a algo impuro si Dios lo ha hecho limpio».

Pedro tuvo la misma visión no una ni dos veces, sino tres veces. Luego el sueño terminó.

Mientras Pedro seguía pensando en la visión que había tenido, el Espíritu Santo le dijo: «Tres hombres han venido a buscarte. Levántate, baja y vete con ellos. No te preocupes, porque yo los he enviado».

Los hombres le contaron a Pedro acerca de la visión de Cornelio.

Pedro habrá pensado: *No puedo ni descifrar mi propia visión, ¡y ahora me hablan de la visión de su jefe!*

Al día siguiente, Pedro fue con los hombres a la casa de Cornelio. La casa estaba llena de gente. Pero no eran judíos. Eran gentiles. Eran los parientes y amigos de Cornelio. Querían oír acerca de Jesús.

Peter realized that his vision from God meant he should tell everyone about God, not just Jewish people. He should even eat meals with them, like friends do, even if they served food that Jewish people had once thought was "unclean."

As the people listened to Peter, he said, "I now know that God does not have favorites. God loves everyone, from every single nation in the world." Then Peter said, "The good news of Jesus is that anyone who accepts him as God's Son, and worships God, and does what is right, can receive forgiveness of their sins and be called a child of God."

At that moment, the Holy Spirit came upon all who believed.

The people were eager to know more about Jesus, so Peter stayed and taught them more.

Pedro se dio cuenta de que la visión que le había llegado de Dios significaba que debía contarle a todo el mundo acerca de Dios, no solo a los judíos. Debía incluso comer con ellos, como hacen los amigos, aunque sirvieran comida que los judíos habían considerado «impura».

Mientras la gente escuchaba a Pedro, él les dijo: «Veo con claridad que Dios no muestra favoritismo. En cada nación, él acepta a los que le temen y hacen lo correcto». Luego Pedro agregó: «a todo el que cree en él se le perdonarán los pecados por medio de su nombre».

En ese momento, el Espíritu Santo descendió sobre todos los que creyeron.

La gente estaba ansiosa por saber más acerca de Jesús, así que Pedro se quedó y siguió enseñándoles.

Reflection

- God's plan to rescue the world through his Son, Jesus, began with the Jewish people. But God wanted everyone to come to know him.

- Jesus loves every single person in every part of the world. He wants all people on earth to hear the good news of Jesus.

- God doesn't have favorites. God loves everybody the same. And he wants us to love everybody as well.

- How can you show love to all people?

Prayer

Dear God, thank you for loving everybody in the whole world. Help me to show love and kindness to everybody too.

Help me want to tell everyone about Jesus. Amen.

Reflexión

- El plan de Dios de rescatar al mundo a través de su Hijo, Jesús, empezó con el pueblo judío. Pero Dios quería que todos llegaran a conocerlo.

- Jesús ama a cada individuo en cada parte del mundo. Quiere que toda la gente de la tierra oiga la buena noticia de Jesús.

- Dios no tiene favoritos. Dios ama a todo el mundo por igual. Y quiere que nosotros también amemos a todo el mundo.

- ¿Cómo puedes demostrarle amor a todo el mundo?

Oración

Querido Dios: gracias por amar a todos en el mundo entero. Ayúdame a demostrar amor y bondad a todos también.

Ayúdame a querer contarle a todo el mundo acerca de Jesús. Amén.

Rhoda Helps Peter

ACTS 11:1–18; 12:1–17

At first, the other disciples didn't approve of Peter's time with Cornelius and his family.

"You ate with the gentiles?" someone asked Peter.

"That's not how we do things, Peter," another disciple might have said.

Peter wanted the others to know that God wanted everybody to hear the good news of Jesus.

"Let me start from the beginning," Peter said.

Apparently, Peter liked details. He liked telling the WHOLE story to everyone. Which is a good thing, because after Peter's WHOLE story of Jesus, Cornelius's WHOLE household became believers and followers of Jesus.

Peter told the disciples about his vision. And the sheet full of animals—Noah's Ark on a sheet. And the voice.

He told them the dream happened one, two, THREE times.

He told them about the three men showing up at his house.

And Cornelius's vision.

That he and his friends had gone to Cornelius's house.

That he'd spoken to Cornelius and the family and a house full of people.

The whole household had believed in Jesus.

And the Holy Spirit had come into the hearts of the new believers.

Rode ayuda a Pedro

HECHOS 11:1-18; 12:1-17

Al principio los otros discípulos no veían con buenos ojos el tiempo que Pedro pasaba con Cornelio y su familia.

«¿Comiste con gentiles?», le preguntaron.

«Nosotros no hacemos ese tipo de cosas, Pedro», tal vez le dijera alguno.

Pedro quería que los demás supieran que Dios quería que todos oyeran la buena noticia de Jesús. Y les contó lo que había sucedido.

Al parecer, a Pedro le gustaban los detalles. Le encantaba contarle la historia COMPLETA a todo el mundo. Lo cual es bueno, porque después de la historia COMPLETA de Jesús, la casa de Cornelio COMPLETA se transformó en creyente y en seguidora de Jesús.

Pedro les contó a los discípulos acerca de su visión. Y acerca de la sábana llena de animales: el arca de Noé en una sábana. Y acerca de la voz.

Les contó que había tenido el sueño una, dos, TRES veces.

Les contó acerca de los tres hombres que llegaron a su casa.

Y acerca de la visión de Cornelio.

Que él y sus amigos fueron a la casa de Cornelio.

Que le había hablado a la familia de Cornelio y a una casa llena de gente.

Toda la casa creyó en Jesús.

Y el Espíritu Santo ingresó en los corazones de los nuevos creyentes.

Then Peter said, "If God gave them the same gift of the Holy Spirit that he gave all of us who believe in Jesus, who was I to think that I could stand in God's way?"

And the disciples said, "Okay, cool."

They might not have used those exact words, come to think of it. But they said something similar.

After Peter had spoken, the disciples realized that God wanted everyone to know about Jesus—Jews and Gentiles.

The disciples were so excited about the good news of Jesus, and their hearts were full of such joy, that they couldn't help but tell everyone they met about the Savior.

King Herod, however, didn't like the hubbub about this man named Jesus. Jealousy seeped into his heart, instead of joy.

King Herod told his guards to arrest Peter. So they put Peter in jail.

They chained Peter between two soldiers. Two other soldiers guarded the prison entrance.

"There's no chance this man will escape," King Herod might have sneered.

But King Herod didn't know Peter's God! And he didn't know that all of Peter's friends were praying for a miracle for Peter.

Luego Pedro dijo: «Y, como Dios les dio a esos gentiles el mismo don que nos dio a nosotros cuando creímos en el Señor Jesucristo, ¿quién era yo para estorbar a Dios?».

Y los discípulos seguramente le dijeron: «Okey, todo bien».

Ahora que lo pienso, tal vez no usaron esas palabras exactas. Pero dijeron algo parecido.

Luego de que Pedro habló, los discípulos se dieron cuenta de que Dios quería que todos supieran acerca de Jesús: los judíos y los gentiles.

Los discípulos estaban tan entusiasmados con la buena noticia de Jesús, y sus corazones estaban tan llenos de tamaña alegría, que no podían hacer otra cosa más que contarle a quien se les cruzaran acerca del Salvador.

Sin embargo, al rey Herodes no le gustaba el alboroto sobre este hombre llamado Jesús. El corazón se le llenó de envidia en lugar de alegría.

El rey Herodes les dijo a sus guardias que arrestaran a Pedro. Así que metieron a Pedro a la cárcel.

Encadenaron a Pedro entre dos soldados. Otros dos soldados hicieron guardia en la puerta de la cárcel.

«No hay manera de que este hombre escape», se debe de haber jactado el rey Herodes.

¡Pero el rey Herodes no conocía al Dios de Pedro! Y no sabía que todos los amigos de Pedro estaban rezando para que ocurriera un milagro.

In the middle of the night, an angel appeared and a bright light filled the prison cell. The angel shook Peter and said, "Hurry, Peter! Get up!"

And just like that, the chains fell off Peter's arms!

The angel and Peter walked right past the first guard.

The angel and Peter walked right past the second guard.

When they came to the iron gate that led into the city, the gate opened by itself!

Peter suddenly realized he wasn't dreaming. He said, "The Lord sent an angel to rescue me!"

The angel vanished as quickly as he'd appeared. Peter hurried to the house of Mary, the mother of John, who was also called Mark, or John Mark. Peter knew his friends had been there all night long praying for him.

Peter knocked at the door.

A female servant named Rhoda came to the door. "Who's there?" she asked.

"It's me, Peter."

Rhoda got so excited when she heard Peter's voice that she didn't even open the door! She left Peter standing there and ran to tell everyone that Peter was outside.

Have you ever been so excited about something that you forgot about everything else? Or so excited that you could barely speak?

When Rhoda told the others, no one believed her! Maybe they thought she was dreaming.

Someone might have said, "Don't bother us now, Rhoda. We're praying for a miracle for Peter."

En la mitad de la noche, se apareció un ángel y una luz brillante llenó la celda. El ángel sacudió a Pedro y le dijo: «¡Rápido! ¡Levántate!».

Y así como así, ¡las cadenas de los brazos de Pedro cayeron al suelo!

El ángel y Pedro pasaron al primer guardia.

El ángel y Pedro pasaron al segundo guardia.

Cuando llegaron al portón de hierro que llevaba a la ciudad, ¡el portón se abrió solo!

De pronto Pedro se dio cuenta de que no estaba soñando. Dijo: «¡El Señor envió a su ángel y me salvó!».

El ángel desapareció tan rápido como había aparecido. Pedro se dirigió a toda prisa a la casa de María, la madre de Juan, también llamado Marcos, o Juan Marcos. Pedro sabía que sus amigos habían estado allí toda la noche rezando por él.

Pedro tocó a la puerta.

Una sirvienta llamada Rode se acercó a la puerta y preguntó quién golpeaba.

Pedro le dijo que era él.

¡Rode se emocionó tanto cuando oyó la voz de Pedro que ni siquiera abrió la puerta! Dejó a Pedro ahí parado y corrió a decirles a todos que Pedro estaba afuera.

¿Alguna vez estuviste tan entusiasmado por algo que te olvidaste de todo lo demás? ¿O tan emocionado que casi no podías hablar?

Cuando Rode le contó al resto, ¡nadie le creyó! Tal vez creyeron que había estado soñando.

Quizá alguno dijera: «No nos molestes ahora, Rode. Estamos rezando por un milagro para Pedro».

Rhoda insisted it was Peter, while Peter pounded on the door. Finally, someone opened the door. They were amazed to find that it really was Peter!

Peter told them the WHOLE story of his miraculous escape.

Peter was happy that his friends had prayed for him. He was thrilled that God had rescued him. And he was really glad a servant named Rhoda had helped him too.

Rode insistió en que era Pedro, mientras Pedro seguía dando golpes a la puerta. Por fin alguien abrió la puerta. ¡No lo podían creer cuando vieron que realmente era Pedro!

Pedro les contó la historia COMPLETA de su milagroso escape.

A Pedro lo alegraba que sus amigos hubieran rezado por él. Estaba encantado de que Dios lo hubiera rescatado. Y estaba realmente feliz de que una sirvienta llamada Rode también lo hubiera ayudado.

Reflection

🐾 Even though she was just a servant, Rhoda's prayers for Peter were important. God heard the prayers and saved Peter.

🐾 God loves when we talk to him. He tells us that we can talk to him about anything! All our prayers are important.

🐾 Where is your favorite place to pray?

🐾 Why is that your favorite place to pray?

Prayer

Dear God, thank you for hearing all my prayers. Help me remember to talk to you when I'm scared or in trouble. Help me remember to thank you when everything is going well. Help me to always want to talk to you.

Please remind me to pray for others, especially when they're having a difficult time.

Thank you for listening, God. Thank you for the gift of prayer. Amen.

Reflexión

🐾 A pesar de que era tan solo una sirvienta, las oraciones de Rode para Pedro fueron importantes. Dios oyó las oraciones y salvó a Pedro.

🐾 A Dios le encanta cuando le hablamos. ¡Nos dice que podemos hablarle de lo que queramos! Todas nuestras oraciones son importantes.

🐾 ¿Cuál es tu lugar favorito para rezar?

🐾 ¿Por qué es tu lugar favorito para rezar?

Oración

Querido Dios: gracias por escuchar todas mis oraciones. Ayúdame a recordar hablarte cuando tengo miedo o estoy en problemas. Ayúdame a recordar agradecerte cuando todo va bien. Ayúdame a siempre querer hablarte.

Por favor recuérdame que rece por los demás, en especial cuando lo están pasando mal.

Gracias por escucharme, Dios. Gracias por el regalo de la oración. Amén.

Paul Preaches and Writes Letters

ACTS 13–14; 16–28; ROMANS 10:9; 1 CORINTHIANS 13:4–8; GALATIANS 3:28; EPHESIANS 2:4–9

From the moment Saul met Jesus on the road to Damascus, his heart filled with love and joy for his Savior. He spent the rest of his life as Paul, telling others about Jesus.

Over the years, Paul went on several journeys to preach. At many of the places he traveled, the people had never heard about Jesus. Paul shared the good news with the people he met and helped them to start churches.

A *church* wasn't always a building where people met to worship. Sometimes a church was simply a group of people who loved Jesus and wanted to serve him.

Paul told the people, "Because of God's great love for us, he sent his only Son, Jesus, to die on the cross for our sins. God's grace—his gift of love to us—saves us. Nothing more, nothing less. Salvation is a free gift to us when we believe in Jesus."

Paul told the people stories of Jesus' birth and life on earth. He told them about his death on the cross and his resurrection. Paul described how Jesus went back up to heaven. He described how God sent the Holy Spirit to live in believer's hearts, so that they could always be close to God.

Pablo predica y escribe cartas

HECHOS 13-14; 16-28; ROMANOS 10:9; 1 CORINTIOS 13:4-8; GÁLATAS 3:28; EFESIOS 2:4-9

Desde el momento en que Saulo conoció a Jesús camino a Damasco, su corazón se llenó de amor y alegría por su Salvador. Pasó el resto de su vida como Pablo, hablándoles a los demás sobre Jesús.

A lo largo de los años, Pablo hizo varios viajes para predicar. En muchos de los lugares a los que viajó, la gente nunca había oído hablar de Jesús. Pablo compartía la buena noticia con la gente que conocía y los ayudaba a armar Iglesias.

Una *Iglesia* no siempre era un edificio en el que la gente se reunía a adorar. A veces una Iglesia era simplemente un grupo de personas que amaban a Jesús y querían servirlo.

Pablo le dijo a la gente que, por su gran amor hacia nosotros, Dios había enviado a su único Hijo, Jesús, para que muriera en la cruz por nuestros pecados. Dijo que la gracia de Dios —su regalo de amor para nosotros— nos salva. Nada más, nada menos. La salvación es un regalo cuando creemos en Jesús.

Pablo le contó a la gente historias sobre el nacimiento de Jesús y su vida en la tierra. Les contó acerca de su muerte en la cruz y su resurrección. Pablo describió cómo Jesús regresó a los cielos. Describió cómo Dios envió al Espíritu Santo para que viviera en los corazones de los creyentes, así siempre podrían estar cerca de Dios.

He also said, "If you say with your mouth, 'Jesus is Lord,' and believe in your heart that God raised him from the dead, you will be saved. And you can live in heaven forever with God one day."

Paul loved Jesus so much that he just couldn't stop talking about him!

In one town, Paul preached for such a long time that it was way past midnight. He and the other people were in an upstairs room, three floors up. A young man named Eutychus wanted to hear every word. He sat in an open window, listening to Paul. He tried to stay awake, but his eyelids got heavier and heavier.

Eutychus couldn't help it—he fell asleep and tumbled right out the window. The young man fell down, down, down to the ground.

Paul ran downstairs and brought Eutychus back to life!

Have you ever fallen asleep in church? At least you didn't fall out of a window, right?

Sometimes another preacher or helper traveled with Paul, and they worked together to tell others about Jesus.

Most of Paul's travels were not easy ones. Three different times while Paul traveled by ship, terrible storms caused the ships to crash.

Many people were excited to hear the message of Jesus. But other people didn't want to listen. Some of the leaders got so angry with Paul that they had him arrested.

Dijo también: «Si declaras abiertamente que Jesús es el Señor y crees en tu corazón que Dios lo levantó de los muertos, serás salvado. Y así un día podrás vivir con Dios por siempre en el cielo».

Pablo amaba tanto a Jesús que no podía dejar de hablar de él.

En un pueblo, Pablo predicó tanto tiempo que siguió hasta pasada la medianoche. Él y el resto de la gente estaban en un cuarto en la tercera planta de una casa. Un joven llamado Eutico quería escuchar hasta la última palabra. Se sentó en una ventana abierta para escuchar a Pablo. Intentó permanecer despierto, pero se le empezaron a cerrar los ojos.

Eutico no lo pudo evitar; se quedó dormido y se cayó por la ventana. Cayó y cayó hasta dar con el suelo.

¡Pablo corrió escaleras abajo e hizo que Eutico resucitara!

¿Alguna vez te quedaste dormido en la iglesia? Al menos no te caíste por una ventana, ¿no cierto?

A veces viajaba con Pablo otro predicador o un ayudante, y trabajaban juntos para contarles a otro acerca de Jesús.

La mayoría de los viajes de Pablo no eran fáciles. Tres veces, mientras Pablo viajaba en barco, unas tormentas terribles provocaron que los barcos naufragaran.

Había mucha gente que estaba muy ansiosa por recibir el mensaje de Jesús. Pero otras personas no querían oírlo. Algunos líderes se enojaron tanto con Pablo que hicieron que lo arrestaran.

Paul became a prisoner in his own home. He was guarded and could no longer come and go as he pleased.

Do you think that stopped him from telling people about Jesus? Not at all!

Paul used his time in the house prison to write long letters to new believers and new churches, teaching them about Jesus.

In his letters, Paul reminded the people they were all equal in God's eyes. "God loves everyone the same," Paul wrote.

And he wrote a lot more.

"God doesn't have favorites between Jews and gentiles."

"God loves servants just as much as he loves important rulers and officers."

"God loves men and women the same too."

As he wrote, Paul reminded believers to keep *running the good race*. Running the good race meant that following Jesus might be hard on some days, but they should keep following him anyway. Paul told them to never give up.

Paul wrote a lot about love in his letters too. He told the people that love is the greatest, most important thing. He wrote, "Love is patient. Love is kind. Love isn't jealous. Love isn't boastful or proud. Love isn't unkind to others. Love means thinking of others first, not yourself. Love forgives. Love protects and trusts. Love hopes for the best in others. And love lasts forever."

Paul let people know that God's love never ends.

Pablo se convirtió en prisionero en su propio hogar. Tenía una guardia permanente y ya no podía ir y venir como le placiera.

¿Crees que eso le impidió hablarle a la gente sobre Jesús? ¡De ninguna manera!

Pablo usó ese tiempo en su casa para escribir largas cartas a nuevos creyentes y nuevas Iglesias, enseñándoles acerca de Jesús.

En sus cartas, Pablo les recordaba que eran todos iguales ante los ojos de Dios. También escribió que Dios nos ama a todos por igual.

Y escribió mucho más.

«Dios no tiene favoritos entre los gentiles y los judíos».

«Dios ama a los sirvientes tanto como ama a los líderes y oficiales importantes».

«Dios ama a los hombres y las mujeres por igual».

A medida que escribía, Pablo les recordaba a los creyentes que siguieran *corriendo la buena carrera*. Correr la buena carrera significaba que seguir a Jesús podría resultar difícil a veces, pero debían seguirlo de todos modos. Pablo les dijo que nunca se dieran por vencidos.

En sus cartas Pablo también escribió mucho acerca del amor. Le dijo a la gente que el amor era lo más grande e importante. Escribió: «El amor es paciente y bondadoso. El amor no es celoso ni fanfarrón ni orgulloso ni ofensivo. No exige que las cosas se hagan a su manera. El amor perdona y protege. No pierde la fe, sino que espera lo mejor de otros. ¡El amor dura para siempre!»

Pablo le mostró a la gente que el amor de Dios es eterno.

Reflection

- When Paul met Jesus, his heart filled with such happiness that he couldn't wait to tell everybody about Jesus. His journeys to tell others weren't easy, but he still traveled all over.

- And when Paul couldn't travel, he wrote letters to keep telling people about Jesus.

- God wants us to tell others about Jesus too. Even when the journey is tough, God wants us to keep going.

- How can you tell people about God?

Prayer

Dear God, help me run the race of following Jesus every day. Bless me to have Paul's excitement for telling others about you.

And help me to love others because love is the greatest gift of all.

Thank you, God, for loving me. Amen.

Reflexión

- Cuando Pablo conoció a Jesús, su corazón se llenó de tanta alegría que no veía la hora de contarle a todo el mundo acerca de Jesús. Sus viajes para compartir la noticia no fueron fáciles, pero igual viajó por todos lados.

- Y cuando Pablo no pudo viajar, escribió cartas para seguir hablándole a la gente acerca de Jesús.

- Dios quiere que nosotros también les hablemos a los demás acerca de Jesús. Incluso cuando el viaje se hace difícil, Dios quiere que sigamos adelante.

- ¿Cómo puedes contarle a la gente acerca de Dios?

Oración

Querido Dios: ayúdame a correr la carrera en la que sigo a Jesús todos los días. Bendíceme para que tenga el entusiasmo de Pablo por contarles a otros acerca de ti.

Y ayúdame a amar a los demás porque el amor es el mayor regalo del mundo.

Gracias, Dios, por amarme. Amén.

John's Vision about a New Heaven and Earth

REVELATION 1; 4–5; 21–22

News about Jesus spread all over the world with the help of his apostles and other followers. Much like Paul, Jesus' apostle John enjoyed telling others about Jesus.

Roman leaders didn't want John telling people about Jesus. One of the Roman officials called for the arrest of John. Then he banished him to an island for prisoners, called Patmos.

One day, John had a vision that lasted a long time.

In the vision, John heard a voice as loud as a trumpet behind him. He turned and realized it was Jesus!

Right before John's eyes, he saw Jesus wearing a long robe with a golden sash. Jesus was glowing with brilliant light. So much light that his face looked bright as a sun, his hair looked as white as snow, and his eyes glowed like a blazing fire. His feet glowed too. This was the holy Son of God in all his glory.

What a magnificent sight that must have been for John, who'd been sent to a lonely prison far from home! To see Jesus face-to-face!

La visión de Juan sobre un nuevo cielo y una nueva tierra

APOCALIPSIS 1; 4-5; 21-22

Con la ayuda de los apóstoles y los demás seguidores, las noticias sobre Jesús recorrieron todo el mundo. Al igual que a Pablo, al apóstol de Jesús, Juan, también le gustaba contarles a otros acerca de Jesús.

Los líderes romanos no querían que Juan hablara acerca de Jesús. Uno de los oficiales romanos pidió que arrestaran a Juan. Luego lo desterró a una isla de prisioneros llamada Patmos.

Un día Juan tuvo una visión que duró mucho tiempo.

En la visión, Juan oyó una voz tan fuerte como una trompeta detrás de él. ¡Se dio vuelta y se dio cuenta de que era Jesús!

Allí, ante sus ojos, vio a Jesús vestido con una larga túnica y una banda dorada que le cruzaba el pecho. Jesús resplandecía con una luz brillante. Tanta luz que su cara parecía tan brillante como el sol, su pelo parecía tan blanco como nieve y sus ojos resplandecían como una llama ardiente. Sus pies también brillaban. Era el sagrado Hijo de Dios en toda su gloria.

¡Qué aparición magnífica habrá sido para Juan que había sido enviado a una prisión solitaria lejos de casa! ¡Ver a Jesús cara a cara!

Jesus placed a hand on John and said, "Do not be afraid, John. I am the First and the Last. I am alive. I will live forever and ever."

Jesus had appeared to John to give him an important message. Jesus told John to write down his vision in a letter to send to churches in seven cities. He wanted the churches to know more about heaven. He wanted them to know what would happen in the future.

John's vision continued. In his vision, the door to heaven stood open. All at once, John went through the doorway, and then he was standing before a throne. God sat on the throne, and his radiance and glory shimmered in many colors. A dazzling rainbow surrounded the throne. It was shimmering too.

John saw a clear lake in front of the throne. Its water was as smooth as glass.

Four creatures were near the throne. Creatures like John had never seen before. One looked like a lion. Another resembled an ox. One creature had the face of a man. And the last creature looked like an eagle. Each of the creatures had six wings and lots of eyes.

The creatures spoke the same words over and over. They said, "Holy, holy, holy is the Lord God Almighty, who was, and is, and is to come."

Jesús apoyó su mano sobre Juan y le dijo: «¡No tengas miedo! Yo soy el Primero y el Último. Yo soy el que vive. Estuve muerto, ¡pero mira! ¡Ahora estoy vivo por siempre y para siempre!».

Jesús se había aparecido ante Juan para darle un mensaje muy importante. Jesús le dijo que escribiera su visión en una carta para enviar a las Iglesias en siete ciudades. Quería que las Iglesias supieran más acerca del cielo. Quería que supieran lo que pasaría en el futuro.

La visión de Juan continuó. En su visión, la puerta al cielo estaba abierta. De pronto, Juan atravesó el umbral y luego estaba parado frente a un trono. Allí estaba sentado Dios, y su resplandor y gloria brillaban de muchos colores. Un arcoíris deslumbrante rodeaba el trono. También brillaba.

Juan vio un lago claro frente al trono. El agua era lisa como el vidrio.

Había cuatro criaturas cerca del trono. Criaturas que Juan no había visto jamás. Una se parecía a un león. La otra se parecía a un buey. Una criatura tenía la cara de un hombre. Y la última criatura parecía un águila. Cada una de las criaturas tenía seis alas y muchos ojos.

Las criaturas repetían lo mismo una y otra vez. Decían: «Santo, santo, santo es el Señor Dios, el Todopoderoso, el que siempre fue, que es, y que aún está por venir».

Twenty-four elders wearing white robes and golden crowns sat around the throne. John saw the elders lay their crowns before the throne. And he heard them say, "You are worthy, our Lord and God, to receive glory and honor and power, for you created all things. By your will, all things were created and have their being."

Then John saw a lamb standing on the throne. He knew it was a symbol of the Lamb of God. It was Jesus. The lamb took a scroll from God's hand, opened it, and read from the scroll.

The scroll contained words about the future of the world. The scroll explained that Jesus will come back to earth one day. The old earth, full of sin and evil, will be destroyed. God will make a beautiful new heaven and earth.

John saw a vision of the Holy City—the new name for Jerusalem—coming down from the heavens. The Holy City shone with God's glory. It was made of pure gold, with high walls and 12 gates. A river as clear as crystal ran down the middle of the great street, which was also made of bright, beautiful gold. The tree of life, which had once stood in earth's Garden of Eden, was there, its branches full of leaves and fruit.

John learned that when Jesus returns, God will live among his people. God will make sure there is no more sin and no more evil. God will wipe away tears and take away sadness. No one will ever be sad again in that day. Every pain and ache and hurt will disappear.

Alrededor del trono habían sentados veinticuatro ancianos que llevaban túnicas blancas y coronas doradas. Juan vio cómo los ancianos ponían sus coronas delante del trono. Y los oyó decir: «Tú eres digno, oh Señor nuestro Dios, de recibir gloria y honor y poder. Pues tú creaste todas las cosas, y existen porque tú las creaste según tu voluntad».

Luego Juan vio un cordero parado sobre el trono. Sabía que era un símbolo del Cordero de Dios. Era Jesús. El cordero tomó un rollo de las manos de Dios, lo abrió y leyó del rollo.

El rollo contenía palabras acerca del futuro del mundo. El rollo explicaba que algún día Jesús volverá a la tierra. La vieja tierra, la tierra llena de pecado y maldad, será destruida. Dios creará un hermoso nuevo cielo y una hermosa nueva tierra.

Juan tuvo una visión de la Ciudad Santa —el nuevo nombre de Jerusalén— que descendía de los cielos. La Ciudad Santa brillaba con la gloria de Dios. Estaba hecha de oro puro, con murallas altas y doce puertas. A través de la gran calle principal, también hecha de oro brillante y hermoso, fluía un río cristalino. El árbol de la vida, que una vez había estado en el jardín del Edén, estaba allí, con sus ramas llenas de hojas y frutas.

Juan supo que cuando Jesús regrese, Dios vivirá entre su pueblo. Dios se asegurará de que no haya más pecado ni maldad. Dios limpiará las lágrimas y eliminará la tristeza. A partir de ese día, nadie estará triste. Desaparecerán cada sufrimiento, cada dolor, cada herida.

Death will happen no more.

John heard God say from his throne, "I am making all things new. I am the *Alpha* and the *Omega*, which means the Beginning and the End."

John also heard God say that he will cast away all the evil people who didn't trust in God. The ones who didn't believe in Jesus will be banished from God forever.

Those with Jesus in their hearts will walk the streets of gold forever, in the presence of the holy and perfect God.

God loves his children—all his children— so much that he wants them to live with him forever.

Ya no habrá muerte.

Juan oyó a Dios decir desde su trono: «Yo soy el Alfa y la Omega, el Principio y el Fin».

Juan también oyó que Dios decía que se deshará de toda la gente mala que no confiaba en Dios. Los que no creían en Jesús también serán desterrados de Dios para siempre.

Aquellos con Jesús en sus corazones caminarán por las calles de oro para siempre, ante la presencia del Dios sagrado y perfecto.

Dios ama a sus hijos —a todos sus hijos—, tanto que quiere que vivan con él para siempre.

Reflection

- What is your favorite Bible story about Jesus?

- One day, God will send Jesus back to earth. He'll take away sin and evil, pain and sadness and tears. The people who love God and have Jesus in their hearts will live with God in a new heaven.

- It will be a joyous time when we are able to live forever with God!

Prayer

Dear God, thank you for being the Beginning and the End. Thank you that you created the world a long time ago. Thank you that you'll one day come again so that we can live forever with you.

Thank you for loving me with an everlasting love and for sending Jesus to save the world so that I can live with you always.

I love you, God. Amen.

Reflexión

- ¿Cuál es tu historia bíblica favorita?

- Un día Dios enviará a Jesús de regreso a la tierra. Quitará el pecado y el mal, el dolor, la tristeza y las lágrimas. La gente que ame a Dios y tenga a Jesús en su corazón vivirá con Dios en un nuevo cielo.

- ¡Será un momento lleno de alegría cuando podamos vivir para siempre con Dios!

Oración

Querido Dios: gracias por ser el Principio y el Fin. Gracias por haber creado el mundo hace mucho tiempo. Gracias porque un día volverás para que podamos vivir contigo para siempre.

Gracias por amarme con un amor eterno y por enviar a Jesús para que salve al mundo y que yo pueda vivir siempre contigo.

Te amo, Dios. Amén.

ACKNOWLEDGMENTS

A special thanks to my husband, David. You're my biggest cheerleader, a wonderful husband, father, and granddaddy, and my best friend forever. Thank you for taking such good care of our family!

To the four J's who made me a mommy—Jeremy, Jenifer, Jeb Daniel, and Jessica. Thank you for listening attentively to the Bible stories we read again and again, and for living out God's Word each day. You are so precious to me, and I love you more than I can ever express. And to my son-in-love, Adam. Thank you for being a godly husband and daddy. I am so grateful God added you to our family!

To Benaiah (and other sweet Lavender grandchildren to come). Thank you for giving us the titles of Grandmommy and Granddaddy.

To my agent, Cyle Young, and his wife, Patty. Thank you for being the best agents ever!

To Penguin Random House. A huge thank you for the opportunity to join the PRH family. I'm thankful for each person who had a hand in making this book become a reality. You're amazing!

To those who've taught me to fall in love with God's Word—past, present, and future—I'm forever grateful.

Lastly, but first in my life, to my heavenly Father. *I've tasted and seen—YOU ARE GOOD!*

AGRADECIMIENTOS

Un agradecimiento especial a mi esposo, David. Eres mi mayor aliento, un maravilloso esposo, padre, y abuelo, y mi mejor amigo por siempre. ¡Gracias por cuidar tan bien de nuestra familia!

A las cuatro jotas que me hicieron mamá: Jeremy, Jenifer, Jeb Daniel y Jessica. Gracias por escuchar con atención las historias bíblicas que leímos una y otra vez, y por vivir la Palabra de Dios todos los días. Son lo más preciado para mí, y los amo más de lo que puedo expresar. A mi querido yerno, Adam. Gracias por ser un esposo y papá devoto. ¡Estoy tan agradecida de que Dios te haya sumado a nuestra familia!

A Benaiah (y a los demás dulces nietos Lavender que vendrán). Gracias por darnos los títulos de abuelita y abuelito.

A mi agente, Cyle Young, y a su esposa, Patty. ¡Gracias por ser los mejores agentes del mundo!

A Penguin Random House. Un agradecimiento enorme por la oportunidad de sumarme a la familia de PRH. A cada persona que tuvo algo que ver con hacer realidad este libro: ¡Gracias, son increíbles!

A aquellos que me enseñaron a enamorarme de la Palabra de Dios —pasados, presentes y futuros—, les estoy eternamente agradecida.

Por último, pero primero en mi vida, a mi Padre celestial. *He probado y he visto: ¡ERES BUENO!*

ABOUT THE AUTHOR

JULIE LAVENDER remembers hearing Bible stories ever since she was a little girl. Yet those stories have never grown old, as the Word of God is living and active. It's her prayer that many—young children and adults who are young at heart—will fall more in love with God's Word and draw closer to him with each reading.

An author, journalist, and former homeschooling mom of 25 years, Julie holds a master's degree in early childhood education. She is married to her high-school and college sweetheart, and Julie and David are the parents of four, in-laws of one, and grandparents to a precious grandson.

Julie loved living in various locations across the country as the wife of a United States Navy medical entomologist. She taught public school before becoming a stay-at-home, homeschooling mommy. After her husband retired from active duty, the Lavenders moved back to their hometown.

Julie's most recent book, *365 Ways to Love Your Child: Turning Little Moments into Lasting Memories*, encourages parents to show kids every day how much they are loved with simple but meaningful gestures and activities.

Julie loves to bake, travel, and spend time with her family.

Learn more about Julie at JulieLavenderWrites.com.

SOBRE LA AUTORA

JULIE LAVENDER recuerda haber oído historias bíblicas desde que era niña. Pero esas historias están siempre vigentes, porque la Palabra de Dios está viva y activa. Ruega que muchos —pequeños y adultos jóvenes de corazón— se enamoren aún más de la Palabra de Dios y se acerquen a él con cada lectura.

Autora, periodista y exmaestra de la educación en casa durante veinticinco años, Julie tiene una maestría en Educación para la Primera Infancia. Está casada con su novio de la secundaria y la universidad, y Julie y David son padres de cuatro hijos, suegros de uno y abuelos de un nieto adorado.

A Julie le encantó vivir en varios lugares a través del país por ser esposa de un entomólogo médico de la Marina de los Estados Unidos. Enseñó en escuelas públicas antes de convertirse en ama de casa y maestra en el hogar. Luego de que su esposo se retirara, los Lavender se mudaron de nuevo a su ciudad de origen.

El libro más reciente de Julie, *365 Ways to Love Your Child: Turning Little Moments into Lasting Memories*, alienta a los padres a mostrarles a sus hijos a diario cuánto los aman a través de gestos y actividades simples, pero significativos.

A Julie le encanta hornear, viajar y pasar tiempo con su familia.

Conoce más acerca de Julie en JulieLavenderWrites.com.

ABOUT THE ILLUSTRATOR

SHAHAR KOBER is an illustrator working from a very small studio, in a very small town, in a very small country. Over the years, Shahar has illustrated tens of books, but he also creates illustrations for newspapers, magazines, and animated films. He also teaches illustration. When Shahar doesn't illustrate, he enjoys the outdoors, taking care of his garden (which is very small as well!), and finding little insect friends there.

Learn more about Shahar at SKober.com.

SOBRE EL ILUSTRADOR

SHAHAR KOBER es un ilustrador que trabaja en un estudio muy pequeño, en una ciudad muy pequeña, en un país muy pequeño. A lo largo de los años, Shahar ha ilustrado decenas de libros, pero también crea ilustraciones para periódicos, revistas y películas animadas. También enseña Ilustración. Cuando Shahar no está ilustrando, disfruta del aire libre, de su huerta (¡que también es muy pequeña!) y de buscar amiguitos insectos allí.

Conoce más acerca de Shahar en SKober.com.